BIBLIOTECA MONUMENTA : 6

RETÓRICA A HERÊNIO

BIBLIOTECA MONUMENTA

*Direção*
Alexandre Hasegawa

*Conselho Editorial*
Adriane da Silva Duarte
Eleonora Tola
Jacyntho Lins Brandão
José Marcos Macedo
Maria Celeste Consolin Dezotti
Paulo Sérgio de Vasconcellos
Teodoro Rennó Assunção

# [CÍCERO]

# Retórica a Herênio

*Introdução, tradução e notas de*
Adriana Seabra
Ana Paula Celestino Faria

Copyright © 2024 Adriana Seabra e Ana Paula Celestino Faria.
1ª edição brasileira da tradução: Editora Hedra, 2005.
1ª edição revista e aumentada: Editora Mnēma, 2024.
Direitos reservados e protegidos pela Lei 9.610 de 19.02.1998.
É proibida a reprodução total ou parcial sem autorização, por escrito, da Editora Mnēma.

Título original: *Rhetorica ad Herennium*

| | |
|---|---|
| *Editor* | Marcelo Azevedo |
| *Direção da coleção* | Alexandre Hasegawa |
| *Edição e produção* | Felipe Campos |
| *Direção de arte* | Jonas de Azevedo |
| *Projeto gráfico e capa* | Marcelo Girard |
| *Preparação* | Alex Mazzanti Jr. |
| *Revisão técnica* | Alexandre Hasegawa |
| *Revisão final* | Felipe Campos |
| *Diagramação* | IMG3 |

Dados Internacionais de Catalogação na Publicação (CIP)
(Câmara Brasileira do Livro, SP, Brasil)

Cícero, Quinto Túlio, 102-43 A.C.
 Retórica a Herênio / [Cícero] ; introdução, tradução
e notas Adriana Seabra, Ana Paula Celestino Faria. –
Araçoiaba da Serra, SP : Editora Mnēma, 2024. –
(Biblioteca monumenta ; 6)

 Título original: Rhetorica ad Herennium
 Bibliografia.
 ISBN 978-65-85066-12-9

 1. Retórica antiga I. Seabra, Adriana. II. Faria,
Ana Paula Celestino. III. Título. IV. Série.

24-206393                    CDD-808.51

Índices para catálogo sistemático:
 1. Oratória : Retórica 808.51
  Cibele Maria Dias - Bibliotecária - CRB-8/9427

Editora Mnēma
Alameda Antares, 45
Condomínio Lago Azul – Bairro Barreiro
CEP 18190-000 – Araçoiaba da Serra – São Paulo
www.editoramnema.com.br

# Sumário

Introdução   9

RHETORICA AD HERENNIUM | RETÓRICA A HERÊNIO   29
    Liber I | Livro 1   31
    Liber II | Livro 2   69
    Liber III | Livro 3   135
    Liber IV | Livro 4   191

Apêndices   315
    Apêndice 1
      Índice analítico   317
    Apêndice 2
      Tabela de figuras de linguagem (Livro 4)   325

Referências bibliográficas   329

Sobre as tradutoras   335

# Introdução

É comum, ao abrir a tradução de um texto latino, encontrar nas primeiras páginas comentários sobre a vida do autor e o período em que a obra foi escrita. Não deixa de ser interessante saber, quando possível, quem foi a pessoa cujos escritos estamos prestes a ler, que acontecimentos lhe são contemporâneos, que lugar determinada tradição reservou ao texto, enfim, informações, por assim dizer, externas à obra. Porém, esse dispositivo, que visa a satisfazer a curiosidade do leitor, mostra-se bizarro quando notamos que pretende esclarecer o texto por meio de dados biográficos do autor e, ao mesmo tempo, enriquecer esses dados com informações extraídas do próprio texto.

A *Retórica a Herênio*, possivelmente composta entre os anos 86 e 82 AEC, é a mais remota arte retórica escrita em latim que a Antiguidade nos legou e uma das obras antigas de maior circulação na Idade Média. Permaneceu, durante longo tempo, desconhecida dos rétores romanos e as primeiras referências textuais a ela surgem apenas no século IV, em Jerônimo, Rufino e Prisciano, acompanhadas da atribuição a Cícero. Tal atribuição, justificada pela semelhança entre o *Sobre a invenção* e os três primeiros livros do manual dedicado a Herênio, só começou a ser questionada no século XV. Até então, a filiação fora asseverada pela transmissão do tratado em códices compartilhados com obras de Cícero nos quais o *Sobre a invenção* recebia a alcunha de *Retórica Primeira* e a *Retórica a Herênio*, de *Retórica Segunda*.

Dada a incerteza do nome do autor, tornou-se verdadeira obsessão entre editores e comentadores do texto, nos séculos XIX e XX, resgatar a personalidade do anônimo para revelar a subjetividade causadora da obra. Como a única fonte disponível para esse fim é o próprio texto da *Retórica a Herênio*, exaltam-se os estudiosos com a "irritante dificuldade"[1] da tarefa, que não decorre senão de buscarem na obra dados estranhos a ela, negligenciando os preceitos que regiam a produção e recepção dos discursos na Antiguidade. Por isso, sistematicamente, interpretam como elementos extratextuais ingredientes que pertencem à prescrição do gênero.

Um manual como a *Retórica a Herênio* fornece regras a que ele mesmo deve obedecer como discurso em geral e como discurso ligado a um gênero em particular. Ignorar essas regras para encontrar no texto a identidade do autor, sua filiação política, sua escola filosófica, por exemplo, é desconsiderar o que o próprio manual ensina. Compostos segundo certo costume, os preceitos que orientam os discursos persuasivos, acomodados a diferentes circunstâncias, logram primeiramente que o destinatário reconheça o gênero retórico que irá conferir sentido aos enunciados em questão.

As inferências que fazem os comentadores sobre a pessoa do autor apoiam-se, principalmente, na matéria do exórdio do Livro I. A retórica nos ensina que, nessa parte inicial do discurso, o orador, no caso, escritor, deve constituir favoravelmente a *persona* do enunciador e a do enunciatário para produzir a benevolência do ouvinte, no caso, leitor.

Aristóteles[2] distingue quatro aspectos determinantes na composição da *persona*: paixões, hábitos, idade e fortuna. Podemos encontrar no exórdio da *Retórica a Herênio* a matéria que preenche esses tópicos e determina o caráter (*êthos*) do enunciador.

Logo na primeira página, lemos:

1   Achard (1989: xxxiii).
2   Aristóteles, *Retórica* 1388b.

Ainda que, impedidos pelos negócios familiares, dificilmente possamos dedicar ócio suficiente ao estudo, e o que nos é dado de ócio, costumemos com mais satisfação consumir na filosofia; ainda assim, Caio Herênio, tua vontade moveu-nos a compilar este método do discurso, para que não penses que ou recusamos uma causa tua, ou nos esquivamos do trabalho. E com maior dedicação assumimos esse encargo, porque sabíamos que, não sem razão, gostarias de conhecer a retórica. Com efeito, não são poucos os frutos da variedade do dizer e da comodidade do discurso se dirigidas por reta inteligência e moderação precisa do ânimo.

Desprezamos, por isso, as coisas de que se apropriaram, por vã arrogância, os escritores gregos. Para não parecer que sabiam muito pouco, empenharam-se no que não era pertinente, a fim de que a arte fosse considerada mais difícil de conhecer. Nós, entretanto, adotamos aquilo que se considera pertencer ao método do discurso, pois não viemos a escrever movidos pela glória ou pela expectativa de lucro, como os demais, e sim, para, com diligência, atender a tua vontade. Antes que esta fala se estenda em demasia, começaremos a tratar do assunto. Apenas te advertiremos de que a arte sem a assiduidade no dizer não aproveita muito, e, assim, entenderás que este método preceptivo deve ser acomodado ao exercício.[3]

Dessas palavras introdutórias, os estudiosos rivalizam em extrair e interpretar supostos índices da personalidade do autor. O tópico da *fortuna*, atualizado no texto pela deferência com o destinatário, os faz pensar em uma ordem social inferior, especificamente, a equestre;[4] inferência corroborada pela preocupação com os "negócios familiares" que, bem como o estudo preferencial da filosofia, preenche o tópico do *hábito*. "Negócios" e "estudos" são ocupações indicativas da *idade*, compõem o caráter do adulto, cujo equilíbrio relativamente a paixões e ações garante a credibilidade da palavra. Essa maturidade, tópica, autoriza o ensinamento. Os comentadores, porém, entendem-na como prova da dignidade senatorial do autor. Finalmente, deduzem do tópico

---

3   *Retórica a Herênio* 1.1.
4   Ordem social composta de "homens novos", isto é, sem tradição na magistratura, e que, aos poucos, ganha força política em Roma apoiando-se, principalmente, na riqueza de parte de seu grupo, os publicanos, que arrendavam do Estado o direito à coleta das rendas públicas, ofício vetado aos senadores.

da *paixão,* realizada no favor para com o destinatário, uma confirmação para a suposta assimetria na relação entre o autor e Herênio. De uma outra *paixão,* a hostilidade aos gregos, deduzem ou a superficialidade do autor e de sua exposição da doutrina, ou um imperativo de originalidade, proposta como recusa dos predecessores.

Esses tópicos em que os comentadores pretendem encontrar vestígios da pessoa empírica do autor são tecnicamente prescritos para a conformação de um caráter, de uma *persona,* do sujeito produtor do discurso. Tal construção, já dissemos, deve ser apta a merecer a boa vontade do ouvinte a fim de obter sua adesão ao discurso que se inicia.

Além de produzir a benevolência, o exórdio tem outras duas finalidades, fazer o ouvinte atento e dócil. Atento Herênio está, pois solicitou o texto; e também dócil, porque deseja aprender a retórica. Ao orador cabe, ainda, mobilizar o afeto do ouvinte, caracterizando-o de modo favorável. Pode, ademais, falar mal de um adversário ou enaltecer a própria matéria a ser tratada. Todos esses preceitos podemos ler no manual e perceber sua aplicação ao próprio texto.

A reverência demonstrada a Herênio, por exemplo, imediatamente interpretada pelos comentadores como marca positiva da classe social do autor, cumpre a função de, ao caracterizar o destinatário de modo favorável, assegurar sua adesão ao texto. Como a *Retórica a Herênio* é um manual vazado em epístola, podemos considerar a adequação desse tópico ao gênero epistolar. A epístola aproxima-se do *sermo,*[5] ou conversa, que comporta, no âmbito do ócio, o interesse pelas artes e a doutrina.[6] Tal matéria determina, ainda, o tom familiar propício ao ensinamento. As epístolas terão, mais tarde, com a *ars dictaminis* medieval, uma regulação específica que, tributária dos ensinamentos retóricos antigos, vai além dos rudimentos teóricos neles esboçados para esse gênero. No entanto, desde as prescrições de Júlio Victor[7] – século IV EC –, encontramos, para o proêmio das cartas, indicações que

---

5  Cf. Horácio, *Epístolas* 2.1.4.
6  Cf. Cícero, *Sobre os deveres* 1.37 [132-135].
7  Halm (1863: 448).

se prestam a marcar a diferença de posição social entre o remetente e o destinatário. Conforme a tópica epistolar que o exórdio da *Retórica a Herênio* demonstra, a encenação das distinções sociais contribui para caracterizar o tratado como retribuição de um obséquio. A humildade do destinador perante o destinatário e o oferecimento do texto como um dom são meios de persuasão muito convenientes a um discurso cuja matéria são ensinamentos. Nada autoriza, portanto, inferir que as máscaras do remetente e do destinatário revelem o *status* do escritor ou do leitor empíricos.

O modo desabonador de se referir aos gregos, invariavelmente interpretado como idiossincrasia do autor, cumpre a função de caracterizar desfavoravelmente o adversário, figurado, no caso, pelos primeiros escritores da arte retórica. Várias são as implicações dessa caracterização dos gregos, uma delas é reverter em autoridade para o "autor", firmando-lhe posição num gênero de origem grega. Esse "ódio" aos gregos e suas matérias causa, no entanto, problemas para interpretar a dedicação alegada à filosofia, porque também aprendida dos gregos, o que conflita, além disso, com outro lugar-comum recebido como "fato empírico" até as últimas consequências: o caráter prático dos romanos.

A necessidade de abreviar o exórdio para começar logo o trabalho, bem como outras alegações de urgência encontradas nas introduções e conclusões dos livros, que são tomadas pelos comentadores como elementos para se inferir a data de confecção da obra,[8] ressaltam a importância da matéria e demonstram, uma vez mais, zelo para com o amigo, ou seja, preenchem o requisito da constituição favorável de matéria e destinatário.

Quanto à impropriedade de buscar fatos em elementos que são convenção dos discursos, aduziremos ainda este argumento: volumes contendo coleções de exórdios foram, até a Idade Média, bastante comuns, e, se quiséssemos incorrer em equívoco semelhante ao que ora criticamos, poderíamos citar como evidência disso o pedido de

---

8   Caplan (1999: xxiv).

desculpas de Cícero, em carta a Ático, por um texto enviado ao amigo conter exórdio já usado em outra obra. O engano deveu-se à prática confessa de recorrer a sua própria coleção de exórdios ao começar a compor um novo texto. Cícero pede, então, que o erro seja reparado, substituindo-se o antigo exórdio por um novo, redigido *ad hoc*, e enviado juntamente com a carta.[9]

É voz corrente entre os estudiosos que faltam à *Retórica a Herênio* e, por extensão, à retórica do período helenístico, incursões filosóficas e, sobretudo, a discussão do caráter do orador e dos afetos dos ouvintes como meios de persuasão, nos moldes de Aristóteles e Teofrasto.

A hostilidade aos gregos, com a qual identificamos um tópico do exórdio, o vitupério do adversário, é também frequentemente lida como recusa à pertinência das questões infinitas, de base moral, ao ofício do orador. Embora ao tratar a *invenção* o manual considere apenas as questões finitas, com pessoa, lugar e tempo determinados, não nos parece excluída a possibilidade de, para recorrer à moral, remeter essas mesmas questões às de maior amplitude, que são matéria das discussões dos filósofos. Mas, enquanto para os filósofos as questões infinitas são a própria substância do gênero, para os oradores são ornamentos que enobrecem a causa defendida e têm aplicação restrita e pontual para amplificar certas partes do discurso. É o que vemos na advertência quanto ao emprego das *sentenças*:

> Convém interpor as sentenças esparsamente para que nos vejam como advogados de uma causa, não como preceptores do viver. Quando dispostas assim, contribuem muito para o ornamento. E necessariamente o ouvinte dará seu assentimento tácito, quando vir que se acomoda à causa um princípio indiscutível, tomado da vida e dos costumes.[10]

A recomendação implica o recurso à matéria do preceptor do viver,

---

9  Cf. Cícero, *Cartas a Ático* 16.6.4.
10  *Retórica a Herênio* 4.25.

relocada, porém, segundo a conveniência do orador. Assim, como dizíamos, já não será matéria, mas ornamento.

Quando se trata de compor o caráter do orador, a conveniência que regula o bem viver e a conveniência do discurso coincidem. Como para a vida não são adequados os vícios, mas só a virtude, também para a *persona* do orador assim será, pois é seu *êthos* de homem probo, honrado e respeitador dos costumes o que sustentará a fé do ouvinte no discurso. O preceito acima transcrito dá a ver, ademais, que a demonstração da virtude não tem fim em si mesma, pois, como o ofício do orador não é ensinar a viver, mas defender causas perante juízes, discutir a matéria do filósofo só o auxilia se reverter em benefício para a causa defendida. No ofício do orador, portanto, cabe recorrer à virtude, mas como ornamento da justiça.

Digamos, enfim, que, se faltam incursões filosóficas ao tratado, é porque ele não pressupõe, como gostariam os comentadores, que a oratória seja ou deva ser disciplinada pela filosofia.

Quando nos voltamos para o "contexto histórico", tal qual nos apresentam os estudiosos, deparamos uma série de dados que se prestam a constatações entrelaçadas e que, frutos de uma questionável dedução, tornam-se por sua vez premissas de outras tantas. É de notar a circularidade na relação da *Retórica a Herênio* com esse emaranhado de argumentos, que invariavelmente aduzem a Plócio Galo, aos seguidores de Mário,[11] às escolas de rétores latinos, e ao edito censório que reprova tais escolas.

Temos notícia do advento das escolas de retórica em Roma por testemunho de alguns autores antigos[12] e, principalmente, porque a elas diz respeito um edito promulgado pelos censores Crasso e Aenobarbo em 92 AEC, desaprovando o ensino de professores, ditos "rétores latinos",

---

11 "Homem novo" que fizera fortuna como cavaleiro e publicano. General, comandou a guerra contra Jugurta e elegeu-se sete vezes cônsul.
12 Cícero, *Sobre o orador* 3.24.93; Sêneca, *Controvérsias* 2. Praef. 5; Quintiliano, *Instituição oratória* 2.4.42; Tácito, *Diálogo sobre os oradores* 35; Suetônio, *Sobre os gramáticos e os rétores* 25.

sob a alegação de não estarem de acordo com as práticas pedagógicas estabelecidas pelos ancestrais. Dizem-nos, ainda, que certo Plócio teria sido o primeiro professor a ensinar retórica em latim.[13] A partir daqui as inferências desafiam o limite do razoável.

Admite-se que o autor da *Retórica a Herênio* tivesse ligações com essa escola, com base, em princípio, no fato de haver um consenso de que a obra foi composta entre 86 e 82 AEC, o que a tornaria o mais antigo testemunho de um ensinamento da arte retórica divulgado em língua latina, no qual se tem o cuidado de traduzir até mesmo a terminologia especializada. Disso resulta que, baseando-se em passo de Cícero,[14] onde lemos que Mário tinha Plócio em alta conta e o julgava apto a celebrar seus feitos, Plócio seja considerado simpatizante de Mário, e, portanto, também da causa dos políticos *populares*. Surge, então, nova "evidência": a maioria dos exemplos que lemos na *Retórica a Herênio* é tida como francamente favorável aos *populares*, logo, também o autor comungava da "ideologia mariana", logo, pertencia à escola de Plócio Galo. Assim, conclui-se que o motivo do edito é político[15] e que, portanto, a reprovação das escolas tem a intenção de manter o monopólio da arte retórica entre os *optimates* (os "melhores cidadãos"). Estes, cientes do poder conferido pelo domínio dessa técnica, não a queriam ao alcance de homens novos, o que aconteceria se fosse ensinada em vernáculo.

A motivação política do edito não é inverossímil, mas os caminhos tortuosos pelos quais se chega a ela não são percorridos senão à custa de anacronismos e presunções infundadas. Chega-se mesmo a afirmar que o mestre do autor tenha sido aluno de Plócio Galo, pois, entre outras coincidências, é possível observar uma semelhança de caráter entre os

---

13   Suetônio nos dá essa informação citando uma carta, hoje perdida, de Cícero a Mário Titínio. É possível que essa carta tenha sido a fonte dos outros autores que se referem a Plócio. Cf. Sêneca, *Controvérsias* 2. Praef. 5; Quintiliano, *Instituição oratória* 2.4.42.

14   Cícero, *Em defesa de Árquias* 19: *Marius item eximie L. Plotium dilexit, cuius ingenio putabat ea quae gesserat posse celebrari* ("do mesmo modo, Mário apreciou enormemente L. Plócio, por cujo talento julgava que seus feitos poderiam ser celebrados").

15   Essa tese parece ter sido primeiramente aventada por Marx nos "Prolegômenos" de sua edição à *Retórica a Herênio* e, depois, largamente seguida por outros editores.

dois.[16] Além disso, para que se possa concluir pela adesão da escola aos ideais políticos de Mário, devemos acreditar na existência de partidos políticos com plataformas distintas, tal qual temos hoje. Certamente não se trata de negar a existência de facções, mas, sim, que a elas correspondessem doutrinas partidárias claramente definidas, que, no mais, seriam incompatíveis com as relações de parentesco, amizade e clientela que vigoravam então.[17]

Também o anti-helenismo é apontado como vínculo entre a *Retórica a Herênio,* a escola de rétores latinos e Mário. O fato de esse último afirmar desconhecer o grego e autodefinir-se como homem inculto faz parecer natural que se agradasse de uma escola que eliminara o grego do ensino da retórica. Também a "novidade" do ensino dos rétores latinos parece contribuir para sua simpatia, ele próprio um "homem novo". Assim, como em tudo o mais, assume-se o que se configurou em caráter de Mário como expressão da realidade empírica e deduz-se a convergência dos interesses da escola com os ideais políticos populares, que culminam na negação do costume dos antepassados. Mário é, de fato, *homo nouus.* Mas é a construção retórica dessa *nouitas* o que se deve levar em conta. Vemos, por exemplo, que, no discurso que Salústio compõe em *A Guerra de Jugurta* (§85), Mário defende sua *nouitas* apoiando-se em costumes tão tradicionais quanto aqueles propalados por Catão, exemplo maior das antigas virtudes romanas. Ao repreender os nobres em sua inexperiência, o que faz Mário é, afinal, atacá-los naquilo que os afasta dos próprios antepassados.

Ora, se a *Retórica a Herênio,* como afirmam, faz eco ao ensinamento das escolas de rétores latinos, a negação do *mos maiorum* não se sustenta nos ensinamentos que lemos ali. Ainda que se pense o manual como um meio de fornecer armas ao *homo nouus,* essa munição está longe de fiar-se na negação dos costumes.

16 Achard (1989: xxiv). Entre outras coisas, segundo Achard, aponta para essa semelhança o fato de que Suetônio (*Sobre os gramáticos e os rétores* 26) nos conte que Célio chama Plócio de empolado *(inflatus)* e que o professor do autor (*Retórica a Herênio* 1.18) se faça chamar pelo pomposo título de mestre *(doctor).*
17 Cf. Hellegouarc'h (1967).

Poder-se-ia considerar uma visada política para o edito de 92, sem que para isso fosse necessário desconsiderar a motivação alegada pelo próprio decreto, que é pedagógica. Já se propôs[18] que o alvo dos censores tenha sido a pretensão das escolas em oferecer-se como opção à última etapa da educação, substituindo o aprendizado prático nas assembleias e tribunais por exercícios declamatórios realizados em sala de aula. De fato, essa possibilidade é consistente com um lugar-comum da caracterização dos romanos que se provou bastante profícuo: a supervalorização da experiência. Podemos encontrá-lo no ataque de Mário aos nobres,[19] por exemplo, e também como fundamento da histórica oposição dos romanos aos gregos, retomada, com variações, por tantos autores latinos, como vemos no próprio exórdio da *Retórica a Herênio*. Opor-se aos gregos e a seus costumes é parte da caracterização da nobreza romana como meio de reforçar sua autoridade, que, afinal, repousa no vínculo com os antepassados e no respeito à severidade dos costumes.

Cabe aos censores, função de magistratura superior em Roma, zelar pela manutenção dos costumes. Perante o quadro institucional que acabamos de resumir, censurar rétores latinos por ensinarem no idioma natal,[20] e não em grego, pareceria estranho. A questão da língua, portanto, não é central na condenação apresentada pelo edito. Diremos que é coerente a justificativa que aponta uma falta coincidente com aquela desde sempre atribuída pelos romanos aos gregos: a teoria sem a prática.

No edito, sem que se exclua a intenção de preservar o poder do grupo hegemônico, o que temos é uma crítica à falta de conhecimento, mas de conhecimento empírico.[21]

A novidade apresentada pelas escolas dos rétores latinos estaria, pois, em romper com a tradição do *tirocinium fori*. A experiência do

---

18  Manfredini (1976).
19  Cf. Salústio, *A guerra de Jugurta* 85.13–14.
20  Achard (1989: li) julga que a *Retórica a Herênio*, seguindo a tradição das escolas de rétores latinos, facilita o acesso à arte retórica principalmente por parte dos jovens cavaleiros romanos ignorantes da língua grega.
21  O texto do edito fala de adolescentes que passam dias inteiros *sentados* nessas escolas. O verbo em latim é *desideo*, que por extensão também significa estar ocioso, desocupado, donde o substantivo desídia.

fórum era uma etapa da formação dos jovens que, após receberem a toga viril, símbolo da maioridade, estreavam na vida pública, ligando-se a um orador de sólida reputação, que teriam como modelo a imitar.[22] Durante o período de um ano, deveriam acompanhá-lo em todas as suas funções públicas.

Poderíamos, talvez, vislumbrar nisso a referida motivação política do edito. Aberta a possibilidade a tantos jovens de prescindir do auxílio de um patrono que os iniciasse na vida pública, perder-se-ia o controle sobre sua educação. Como os patronos eram, invariavelmente, cidadãos respeitados e de magistratura, ou seja, membros da nobreza, a perda desse controle poderia ser vista como perda de poder. Portanto, não é preciso rejeitar a justificativa que o edito oferece, isto é, a novidade da prática pedagógica, para observar o motivo político do fechamento das escolas de retórica.

Seja qual for o momento exato de publicação da *Retórica a Herênio*, é certo que a obra pertence ao último século AEC e, portanto, é contemporânea à crise das instituições da República, identificada aos conflitos entre *optimates* e *populares*. Tácito nos diz que esses tempos conturbados aumentam as vantagens que o orador pode obter, especialmente se souber tirar proveito da animosidade entre as facções.[23] O pleito judicial apresenta-se, pois, como meio excelente para conquistar essas vantagens.

Lemos em Cícero[24] que os casos que chegam ao fórum aumentam sobremaneira após o estabelecimento dos tribunais permanentes. Esses tribunais, instaurados em 149 AEC pela Lei Calpúrnia, foram inaugurados com um caso de extorsão, crime que proliferava com a expansão de Roma e a consequente facilidade de enriquecimento no governo das províncias. A lei Acília, de Caio Graco, regula posteriormente esses casos, estendendo aos latinos, aos aliados e aos

---

22  Cf. Cícero, *Sobre a amizade* 1.1; Quintiliano, *Instituição oratória* 10.5.19; e Tácito, *Diálogo sobre os oradores* 34.
23  Cf. Tácito, *Diálogo sobre os oradores* 36.
24  Cícero, *Bruto* 106–107.

estrangeiros o direito de acusar, que antes era exclusivo dos cidadãos romanos. Determina, ainda, seja excluído do júri qualquer magistrado ou senador, determinação que, com certa intermitência, se manteve até 81 AEC.[25]

Os processos judiciais contra a malversação senatorial regulados por Caio Graco podiam ser movidos em nome de outrem, isto é, qualquer cidadão respeitado, e não apenas a parte envolvida, podia registrar queixa. É verossímil, pois, que *novos* advogados vissem nesses processos populares, dada a celebridade dos réus,[26] a oportunidade de conseguir, além do reconhecimento público, uma via de ascensão política. A possibilidade de ingresso na carreira pública para homens que não pertenciam ao grupo dos melhores cidadãos era a *novidade* do período. No entanto, a credibilidade de seu discurso dependia de falarem como os bem-nascidos, como *homens bons*.

É comum encontrarmos em autores latinos a sugestão de coincidirem o início da acusação popular e certa imagem de degradação da arte oratória ou da ordem social e política.

Relatos como os de Cícero e Tácito podem, então, servir-nos, não para desvendar a tendência política do *Auctor*, sua ligação com a escola de Plócio Galo, ou o motivo pelo qual compôs a obra, mas para entender, por exemplo, por que, em seus preceitos e exemplos, o manual privilegia o gênero judiciário e se ocupa sobretudo da elocução, em especial das figuras ou ornamentos de linguagem. Não é mera coincidência que "ornado" conste entre os adjetivos que costumavam qualificar os homens públicos em Roma.

Ainda outra questão sobre a *Retórica a Herênio* tem sido alvo de constante interesse: a semelhança com o *Sobre a invenção*, composto por Cícero na juventude. Já se sugeriu que ambos os textos tenham fonte comum, possivelmente um mesmo professor, e que a *Retórica a Herênio* seja fruto de anotações de aula. Também já se disse que as diferenças são muitas

---

25  Cf. Warmington (1993: 316–370).
26  Cf. Tácito, *Diálogo sobre os oradores* 37.

para fazer supor a mesma fonte imediata. Além disso, a origem comum, imediata ou não, supõe-se que seria latina, pois, dentre os exemplos partilhados pelos dois tratados, há muitos tomados à oratória romana. Quanto aos exemplos de origem grega, traduzem-se em latim com as mesmas palavras, ou quase, em ambos os tratados, o que corrobora a tese da fonte comum latina, pois seria pouco provável que tradutores diferentes vertessem em termos idênticos.

A polêmica é antiga, muito frequentada, e os estudiosos empenhados no estabelecimento do texto consideram-na fundamental,[27] pois, no afã de encontrar a contribuição original do autor, sua "individualidade literária",[28] tentam expurgá-lo de tudo que lhes pareça empréstimo, cópia ou roubo. Por isso, procuram delimitar não só a fonte comum com o *Sobre a invenção*, mas também as demais fontes e, como dispõem de grande erudição, conseguem propor soluções, às vezes mirabolantes, para tais enigmas. Feito isso, que lhes resta? Não encontram a singularidade que procuram, mas um grande emaranhado de doutrinas.

É prática comum aos manuais do período helenístico servir-se de material variado, buscando aqui e ali o que seja mais apto à tarefa de ensinar e também mais propício à efetivação do que se aprendeu.

No exórdio do Livro 2 do *Sobre a invenção,* Cícero conta que os prósperos habitantes da Crotônia, desejando abrilhantar o templo de Juno, incumbiram da tarefa Zêuxis de Heraclea. Este, cuja fama excedia a de todos no retrato de mulheres, disse pretender pintar um retrato de Helena de modo que se encerrasse na imagem muda toda a beleza feminina. Para modelo, foram-lhe apresentadas as mais belas mulheres. Dessas, o famoso pintor escolheu cinco por julgar que não poderia encontrar em um só corpo tudo o que desejava da beleza, já que a própria natureza não talhou nada, em nenhum gênero, que fosse perfeito em todas as partes.

---

27 Cf. Caplan (1999: xxvi–xxxiv). Caplan expõe os argumentos-chave de estudiosos dos séculos XIX e XX sobre essa questão e acrescenta suas próprias conjecturas.
28 Caplan (1999: xxxi).

Cícero faz uso da tópica comparação com a pintura para ilustrar o que fez ao desejar escrever sobre a arte retórica: não tomou um único modelo que pudesse seguir em todas as partes, mas, tendo reunido tudo o que já se escrevera, retirou de cada um o que lhe pareceu mais adequadamente preceituado, colhendo, assim, o melhor de cada engenho.

Sobre o pintor, Cícero julga ter tido a vantagem de poder contar com maior fartura ao escolher o que lhe aprouve de exemplos que vinham desde os primórdios da doutrina, ao passo que Zêuxis teve de restringir-se às mulheres que então viviam naquela cidade. Assim, dispondo não só de compilações feitas por Aristóteles, que retrocediam à invenção da arte por Tísias, como também do que haviam escrito os alunos de Isócrates, pôde ajuntar algo de seu ao lote comum.

Esse *modus operandi* – escolher o que parece melhor entre os vários exemplos que se lhe apresentam –, que Cícero declara ter adotado ao escrever sua arte retórica, explicita-se ao fim do exórdio[29] como uma atitude a ser adotada na vida, diante de qualquer matéria de conhecimento. A atitude mental sempre aberta à dúvida, bem ao gosto da filosofia acadêmica seguida por Cícero, faz com que se pesem as vantagens e desvantagens de cada possibilidade, de modo que nada seja escolhido ou preterido sem a devida ponderação. Assim, servir-se de um único modelo de manual para em tudo imitá-lo seria agir irrefletida e obstinadamente, atitudes que ele rejeita como contrárias ao conhecimento.[30]

O que Cícero faz ao compor seu manual de retórica é, portanto, consoante não apenas à prática de compilação dos teóricos helenistas, que orienta também o autor da *Retórica a Herênio*, como ao método da escola filosófica que segue. É próprio dos acadêmicos manter a mente livre para investigar todos os lados de uma questão e só então aderir ao que pareça mais provável.[31] Como não creem numa verdade indubi-

---

29 Cícero, *Sobre a invenção* 2.10.
30 Cf. Cícero, *Sobre os deveres* 2.8.
31 Cf. Cícero, *Acadêmica* 2.7–9, e *Sobre a natureza dos deuses* 1.5–14.

tável, não hesitam em mudar de opinião caso lhes sejam apresentados melhores argumentos, isto é, argumentos mais verossímeis. É o que, afinal, nos diz Cícero:

> Se, advertido por alguém, perceber que irrefletidamente preteri algo de alguém, ou que o segui sem o discernimento suficiente, mudarei minha opinião facilmente e de bom grado. Vergonhoso não é saber pouco, mas obstinar-se tola e continuamente no pouco que se sabe, porque a ignorância se deve à fraqueza comum a todos os homens, a obstinação, ao erro de um só.[32]

O autor da *Retórica a Herênio*, embora não discorra sobre essa tópica, também apresenta uma compilação de preceitos.[33] No entanto, manifesta-se contrário à prática de tomar exemplos emprestados para ilustrá-los, especialmente quando recolhidos de vários poetas e oradores renomados. Crê ser mais didático o aluno acreditar que todos os recursos da arte possam ser alcançados por um só autor, e parece provar-se o contrário quando para cada tópico se elege um autor diferente como exemplo. Assim, seria mau exemplo tomar os melhores exemplos de vários autores, pois desanimaria o aluno de tentar a excelência em todas as partes da elocução.

De fato, compor os próprios exemplos é duplamente adequado: o professor mantém o caráter de autoridade conveniente a quem se propõe a ensinar uma disciplina e o aluno ganha exemplos redigidos *ad hoc*, nos quais a arte é mais claramente perceptível, ao contrário dos exemplos colhidos de oradores e poetas, cuja arte está em ocultar a arte.[34]

Muitos viram, nesses argumentos que perpassam o exórdio do Livro 4, um imperativo de originalidade do autor[35] e depois tiveram de haver-

---

32 Cícero, *Sobre a invenção* 2.9.
33 A edição de Caplan é cuidadosa em apontar as várias influências do autor em notas de rodapé.
34 Cf. *Retórica a Herênio* 4.10.
35 Cf. Marx (1894: 112 ss.), Caplan (1999: xxx-xxxii).

se com a incoerência ou falta de sinceridade do tratado, cujos exemplos de ornatos, em boa parte, têm fonte grega reconhecível. Outros, porém, foram mais razoáveis ao supor que tais exemplos não configurariam furto, mas emulação engenhosa da invenção alheia.

Como categoria retórica, o furto articula-se diretamente à imitação e à emulação. Diferencia-se da imitação, pois quem furta usurpa o alheio tal como este se lhe apresenta, mas quem imita adquire a arte de produzir seus próprios exemplos operando transposições de categorias no exemplo imitado. Emulação, por sua vez, é a imitação que visa a superar o modelo. Daí a importância de permitir o reconhecimento das fontes, para que o destinatário admire a novidade da variação. Nesse escrutínio os homens educados se comprazem, pois, ao reconhecer o produto do engenho de outros, dão provas de aptidão do engenho próprio e demonstram o saber que detêm.

Tal jogo destina-se a público muito específico, pois só estão aptos a participar dele os que compartem as regras de produção dos discursos e, como diz o *Sobre a invenção*, adquiriram, com muito exercício, copiosidade de palavras e sentenças.[36]

Como já sugerimos, nota-se nesse saber, distintivo dos homens bons que governam a República, também um poder; dominá-lo seria como deter o protocolo de condução da carreira política.

A emulação exaustiva é rasgo mais amplo de helenismo, que a *Retórica a Herênio* comunga, por exemplo, com os poetas novos latinos, resguardados os preceitos de cada gênero. Na poesia alexandrina, fonte, por exemplo, da tópica frequentada por Catulo, é regra dificultar a identificação de proveniência da matéria imitada, algo que se assemelha à sistemática omissão das fontes de preceitos e exemplos com que nos deparamos na *Retórica a Herênio*. Lá e cá, a autoridade que se emula é a mesma: a dos predecessores gregos.

Também o expediente de citar de fonte diversa, misturar gêneros, produzir até incongruências, é parte da poética alexandrina. Ao postular-se o alargamento do âmbito dessa prática, para abarcar também

---

[36] Cícero, *Sobre a invenção* 2.50.

o modo de agenciamento da doutrina na *Retórica a Herênio*, será um despropósito que a variedade das fontes e a dificuldade de identificar sua proveniência continuem a incomodar os estudiosos da retórica dita helenística. Ver-se-á, além disso, o quanto é estéril vasculhar entre os preceitos, ou nos critérios que teriam orientado sua escolha, para encontrar traços da "personalidade do autor", tais como inclinação política, escola filosófica, posição social, ou outros tantos elementos que presumidamente incidam sobre sua pessoa empírica.

A prática da compilação, todavia, não é prerrogativa do período helenístico. É anterior a ele e, no caso dos preceituários, perdura até a morte institucional da retórica. Desde o surgimento, na Magna Grécia, até reduzir-se às figuras de linguagem, nos currículos escolares dos séculos XIX e XX, a retórica sempre implicou a elaboração de compêndios.

Conta-se que, em sua origem siciliana, atendeu à necessidade de cidadãos que reivindicavam terras confiscadas, servindo, como codificação da prática oratória existente, à atividade judiciária e à defesa da propriedade.[37] Logo, porém, a mera sistemática desdobrou-se num discurso teórico regulador de todo o regime discursivo, abarcando tudo aquilo que a lógica e a gramática não contemplavam em suas prescrições.

Feita matéria de ensino, institucionalizou-se como instrumento para o exercício da autoridade e a encenação das posições sociais. A retórica permanecerá ordenadora do discurso por toda a Antiguidade Romana e a chamada Idade Média. Como sistema de educação, começará a declinar no século XVI, com a o surgimento da ciência moderna, e desaparecerá, no final do XVIII, com o advento da Literatura.

A ciência moderna exclui de seus enunciados as marcas linguísticas que remeteriam ao enunciador e ao enunciatário do discurso. Isso faz com que os enunciados pareçam sustentar-se independentemente de quem os tenha produzido e recebido. Já não é mais a *persona* do orador

---

37 Barthes (1975: 152) diverte-se com a ideia de que o início das reflexões sobre a linguagem tenha sido determinado pela sociabilidade em sua faceta menos sutil: o conflito pela posse de terras.

que afiança o discurso, mas o discurso que autoriza qualquer um que o profira. É principalmente por meio dessa pragmática neutralizadora das distinções entre o sujeito produtor e o receptor que o discurso da ciência moderna quer safar-se da retórica: eliminadas as *personae*, oculta-se o fazer persuasivo. O resultado dessa eliminação é um discurso árido, notável pela escassez de ornamentos e pela redução dos demais procedimentos elocutivos.

A elocução, minimizada no discurso científico, será, por outro lado, hipertrofiada no discurso literário. O Romantismo fará da *elocutio* um inventário de recursos expressivos, que já não se associam à matéria especificada pela conveniência de cada gênero discursivo, mas se empregam para obter um uso desviante da linguagem, conforme a exigência imposta à produção literária após o século XVIII. No discurso literário, enformado pelo Romantismo, o autor é reconhecido como causa da obra. O texto não mais se reporta a um paradigma genérico conservado pela imitação, mas encontra sua identidade no sujeito que, por meio dele, expressa uma singularidade. O exercício de imitação das autoridades do passado será, pois, repudiado em prol da originalidade, que só o homem de gênio pode alcançar.

O "gênio" invalida a distinção retórica entre *ars* e *ingenium*, que entendia a primeira como técnica e preceituário ensináveis e repetidos de modo a constituir um costume; o segundo, como talento natural que se exerce na imitação dos modelos e observação dos preceitos transmitidos. Concebido como disposição inata no artista, "pela qual a natureza dá regra à arte",[38] o gênio não pode, ele mesmo, prescrever ou ensinar e, assim, instrumentalizar outros para criar produtos artísticos equivalentes aos seus. A regra que ele estabelece não é uma fórmula, mas algo que só pode ser abstraído do produto e que só servirá ao talento de outros homens se a natureza os tiver provido de semelhante proporção de faculdades mentais. Assim, tomadas as regras da arte como naturais e manifestas pelo gênio, a preeminência de um código cultural como a retórica não faz mais sentido.

---

38   Kant (1790), *Crítica do juízo* § 46.

Quando a retórica inteira foi reduzida à elocução, o adjetivo "retórico" passou a designar, pejorativamente, um discurso que tentaria encobrir sua falta de substância por meio da ênfase na expressão.

Embora o Modernismo tenha "retoricizado" a cultura contemporânea, ao pôr em xeque, por exemplo, a objetividade na ciência e a subjetividade na literatura, o sentido pejorativo do termo "retórica" impera, até hoje, no senso comum. Despojando-nos desse peso e compreendendo a retórica estritamente como instituição teorizadora e reguladora das práticas discursivas na Antiguidade, podemos tentar ler os textos latinos segundo as determinações que teriam orientado sua produção e recepção. Com isso, evitaríamos aplicar a material antigo categorias de nossa própria instituição literária. Tal anacronismo, movido pelo anseio de encontrar as bases de nossa cultura no passado remoto, oculta-nos o que há de descontínuo entre nós e os antigos.

Mesmo tendo deixado de ordenar o discurso teórico e prático, a retórica persistiu de modo residual ao longo dos séculos em que esteve à margem do discurso. O saber que ela dominava, absoluta, até a modernidade, está hoje fragmentado nos currículos acadêmicos das várias ciências humanas. O retorno contemporâneo da retórica, agora problematizada nos quadros dessas disciplinas, é, por isso, também fragmentário e descontínuo. Não funciona como fator de unificação das várias práticas discursivas nas quais ressurge, que continuam a distinguir-se por seus objetos e corpos teóricos específicos.

Compreender essas novas retóricas demanda compreender de que maneira são descontínuas em relação a seu passado, o que só será possível se nos dispusermos a conhecê-lo. A isso pode ajudar-nos a leitura da *Retórica a Herênio* que, por seu empenho em sistematizar, verter em latim e adequar aos costumes romanos a totalidade do ensinamento retórico aprendido dos gregos, dá-nos uma visão panorâmica da instituição e de sua vigência na Roma republicana.

# Rhetorica ad Herennium*

# Retórica a Herênio

---

* Texto em latim segundo a edição de Marx, F. (ed.). *Incerti auctoris: De ratione dicendi ad C. Herennium libri iv*. Lipsiae: Teubner, 1894.

Liber I

# Livro 1

## Ad C. Herennium
### (De ratione dicendi)

[1]  I. Etsi negotiis familiaribus inpediti uix satis otium studio suppeditare possumus et id ipsum, quod datur otii, libentius in philosophia consumere consueuimus, tamem tua nos, Gai Herenni, uoluntas commouit, ut de ratione dicendi conscriberemus, ne aut tua causa noluisse aut fugisse nos laborem putares. Et eo studiosius hoc negotium suscepimus, quod te non sine causa uelle cognoscere rhetoricam intellegebamus: non enim in se parum fructus habet copia dicendi et commoditas orationis, si recta intellegentia et definita animi moderatione gubernetur.

Quas ob res illa, quae Graeci scriptores inanis adrogantiae causa sibi adsumpserunt, reliquimus. Nam illi, ne parum multa scisse uiderentur, ea conquisierunt, quae nihil adtinebant, ut ars difficilior cognitu putaretur, nos autem ea, quae uidebantur ad rationem dicendi pertinere, sumpsimus. Non enim spe quaestus aut gloria commoti uenimus ad scribendum, quemadmodum ceteri, sed ut industria nostra tuae morem geramus uoluntati.

---

1  "Método do discurso" ou "método do dizer" traduz *ratio dicendi*, que às vezes corresponde à palavra grega *rhetoriké*. Essa, no entanto, também é usada em latim com sentido mais amplo, para referir a instituição do discurso como um todo: o método do discurso, a prática oratória e a transmissão de ambos.

2  "Comodidade" é uma noção fundamental da arte retórica e deve ser entendida como adequação a uma medida. Esse sentido pode ser facilmente recuperado quando decompomos o vocábulo *commoditas: cum modus*, ou seja, com medida. Para que o orador alcance seu objetivo, sua fala deve sofrer uma série de "acomodações", tendo em vista, principalmente, o destinatário do discurso, mas também a própria

*Para Caio Herênio*
(SOBRE O MÉTODO DO DISCURSO)

[1] **I.** Ainda que, impedidos pelos negócios familiares, dificilmente possamos dedicar ócio suficiente ao estudo, e o que nos é dado de ócio, costumemos com mais satisfação consumir na filosofia, ainda assim, Caio Herênio, tua vontade moveu-nos a compilar este método do discurso,[1] para que não penses que ou recusamos uma causa tua, ou nos esquivamos do trabalho. E com maior dedicação assumimos esse encargo, porque sabíamos que, não sem razão, gostarias de conhecer a retórica. Com efeito, não são poucos os frutos da variedade do dizer e da comodidade[2] do discurso se dirigidas por reta inteligência e moderação precisa do ânimo.

Desprezamos, por isso, as coisas de que se apropriaram, por vã arrogância, os escritores gregos. Para não parecer que sabiam muito pouco, empenharam-se no que não era pertinente, a fim de que a arte fosse considerada mais difícil de conhecer. Nós, entretanto, adotamos aquilo que se considera pertencer ao método do discurso, pois não viemos a escrever movidos pela glória ou pela

---

*persona* do orador, o local e as circunstâncias de sua fala. Os comentadores referem essas adequações como externas ao discurso; mas tais injunções também impõem acomodações de ordem interna, como a adequação entre os argumentos, as palavras e o modo de proferi-las. Na maior parte de suas ocorrências, optamos por traduzir *commoditas* por "comodidade" ou "conveniência", mas, excepcionalmente, também por "vantagem" ou "proveito", quando o sentido apontava para o resultado favorável da justa acomodação. Em outros tratados de Retórica, o mesmo conceito é referido por meio dos vocábulos *decorum* ou *aptum*, que não ocorrem na *Retórica a Herênio*. Ver Lausberg (1972: 96 [§ 48], 97 [§ 49]).

Nunc, ne nimium longa sumatur oratio, de re dicere incipiemus, si te unum illud monuerimus, artem sine adsiduitate dicendi non multum iuuare, ut intellegas hanc rationem praeceptionis ad exercitationem adcommodari oportere.

[2] II. Oratoris officium est de iis rebus posse dicere, quae res ad usum ciuilem moribus et legibus constitutae sunt, cum adsensione auditorum, quoad eius fieri poterit. Tria genera sunt causarum, quae recipere debet orator: demonstratiuum, deliberatiuum, iudiciale. Demonstratiuum est, quod tribuitur in alicuius certae personae laudem uel uituperationem. Deliberatiuum est in consultatione, quod habet in se suasionem et dissuasionem. Iudiciale est, quod positum est in controuersia et quod habet accusationem aut petitionem cum defensione.

Nunc quas res oratorem habere oporteat, docebimus, deinde quo modo has causas tractari conueniat, ostendemus.

[3] Oportet igitur esse in oratore inuentionem, dispositionem, elocutionem, memoriam, pronuntiationem. Inuentio est excogitatio rerum uerarum aut ueri similium, quae causam probabilem

---

3 Aqui se define o ofício do orador, em seu caráter mais geral. Noutras passagens, quando o autor diz "ofícios", no plural, refere-se às tarefas que o orador deve cumprir em cada parte do discurso para torná-lo o mais persuasivo possível. Cícero, no *Sobre a invenção* 1.6, distingue o "ofício" da "finalidade" da eloquência. Ofício é o que o orador deve fazer: discursar com o propósito de persuadir; finalidade, o resultado pretendido: persuadir pelo discurso.
4 Isto é, restringe-se à deliberação política.
5 Aqui, as partes da Arte Retórica são apresentadas como atributos do orador.
6 A invenção é um esforço do pensamento (*excogitatio*) para encontrar e selecionar a matéria do discurso. Molinié (1992: 179-180) nota que isso se dá em duas frentes: inventar as coisas (os feitos e os acontecimentos) a respeito das quais o discurso versará e inventar os procedimentos lógico-discursivos necessários para produzir a persuasão. Nada disso, porém, se origina *do* orador. "As coisas" são determinadas pelo gênero da causa e os procedimentos argumentativos estão sedimentados em repertórios – tópicas, elencos, coleções de discursos. Os critérios para a seleção desse material determinam-se segundo a "constituição da causa" (*Retórica a Herênio* 1.18 a 2.30). Assim, é preciso precaver-nos de confundir a invenção retórica com os sentidos que modernamente atribuímos ao ato de inventar, como o de dar origem a algo, ou criar a partir do nada.

expectativa de lucro, como os demais, e sim, para, com diligência, atender a tua vontade. Antes que esta fala se estenda em demasia, começaremos a tratar do assunto. Apenas te advertiremos de que a arte sem a assiduidade no dizer não aproveita muito, e, assim, entenderás que este método preceptivo deve ser acomodado ao exercício.

[2]  II. O **ofício do orador** é poder discorrer sobre as coisas que o costume e as leis instituíram para o uso civil, mantendo o assentimento dos ouvintes até onde for possível.[3] Três são os gêneros de causas de que o orador deve incumbir-se: o demonstrativo, o deliberativo e o judiciário.

O **demonstrativo** é aquele que se emprega no elogio ou vitupério de uma pessoa determinada.

O **deliberativo** diz respeito à discussão,[4] que inclui aconselhar e desaconselhar.

O **judiciário** é aquele que diz respeito à controvérsia legal e comporta acusação pública ou reclamação em juízo com defesa.

Explicarei agora o que o orador deve conhecer, depois mostrarei de que modo é melhor tratar as causas.

[3]  O orador deve ter invenção, disposição, elocução, memória e pronunciação.[5]

**Invenção** é a descoberta[6] de coisas verdadeiras ou verossímeis[7] que tornem a causa provável.

---

7  À *Retórica a Herênio* devemos o estabelecimento de uma terminologia latina para a Retórica, arte grega em sua origem. O termo verossímil, *veri similis* (semelhante à verdade), traduz, em latim, o termo grego *eikós*. A noção expressa por esse vocábulo está na origem de uma longa disputa entre Filosofia e Retórica, que remonta a Platão (*Fedro* 273c). Muitas vezes, *eikós* é também traduzido como provável, possível de ser provado, opção que teria aqui resultado em uma definição tautológica da Invenção. Relacionar a Invenção ao verossímil coloca-nos no campo das provas artificiais, isto é, que devem ser produzidas pela arte do orador. A essas, Aristóteles (*Retórica* 1356a) chamou de *entéchnoi*, "dentro da técnica"; elas se opõem às provas *átechnoi*, "fora da técnica", como, por exemplo, os indícios materiais encontrados na cena de um crime.

reddant. Dispositio est ordo et distributio rerum, quae demonstrat, quid quibus locis sit conlocandum. Elocutio est idoneorum uerborum et sententiarum ad inuentionem adcommodatio. Memoria est firma animi rerum et uerborum et dispositionis perceptio. Pronuntiatio est uocis, uultus, gestus moderatio cum uenustate.

Haec omnia tribus rebus adsequi poterimus: arte, imitatione, exercitatione. Ars est praeceptio, quae dat certam uiam rationemque dicendi. Imitatio est, qua inpellimur cum diligenti ratione ut aliquorum similes in dicendo ualeamus esse. Exercitatio est adsiduus usus consuetudoque dicendi.

Quoniam ergo demonstratum est, quas causas oratorem recipere quasque res habere conueniat, nunc, quemadmodum possit oratio ad rationem oratoris officii adcommodari, dicendum uidetur.

[4] **III.** Inuentio in sex partes orationis consumitur: in exordium, narrationem, diuisionem, confirmationem, confutationem, conclusionem. Exordium est principium orationis, per quod animus auditoris constituitur ad audiendum. Narratio est rerum gestarum aut proinde ut gestarum expositio. Diuisio est, per quam aperimus, quid conueniat, quid in controuersia sit, et per quam exponimus, quibus de rebus simus acturi. Confirmatio est nostrorum argumentorum expositio cum adseueratione. Confutatio est contrariorum locorum dissolutio. Conclusio est artificiosus orationis terminus.

---

8   A acomodação da elocução à invenção diz respeito à adequação (*commoditas, decorum*) interna do discurso.

9   As coisas (*res*) são encontradas pelo orador na *invenção*, as palavras (*uerba*) são escolhidas na *elocução* e, na *disposição*, o orador ordena as partes do discurso segundo sua conveniência.

10  Essa definição da *narração* faz lembrar a diferença estabelecida por Aristóteles (*Poética* 1451b) entre o ofício do historiador e o do poeta: "[...] não é ofício de poeta narrar o que aconteceu; é, sim, o de representar o que poderia acontecer, quer dizer: o que é possível segundo a verossimilhança e a necessidade. Com efeito, não diferem o historiador e o poeta por escreverem verso ou prosa [...] diferem, sim, em que um diz as coisas que sucederam, e o outro as que poderiam suceder". Se, por um lado, a matéria do orador aproxima-se daquela do historiador, quando

**Disposição** é a ordenação e distribuição dessas coisas: mostra o que deve ser colocado em cada lugar.

**Elocução** é a acomodação de palavras e sentenças idôneas à invenção.[8]

**Memória** é a firme apreensão, no ânimo, das coisas, das palavras e da disposição.[9]

**Pronunciação** é o controle, com elegância, de voz, semblante e gesto.

Tudo isso poderemos alcançar por três meios: arte, imitação e exercício. **Arte** é o preceito que dá método e regra ao discurso.

**Imitação** é o que nos estimula, com método cuidadoso, a que logremos ser semelhantes a outros no dizer.

**Exercício** é a prática assídua e o costume de discursar.

Mostrou-se de quais causas deve encarregar-se o orador e o que deve conhecer. É preciso, então, falar de que modo o discurso pode acomodar-se às regras do ofício do orador.

[4]     III. A INVENÇÃO é empregada nas seis partes do discurso: exórdio, narração, divisão, confirmação, refutação e conclusão.

**Exórdio** é o começo do discurso, por meio do qual se dispõe o ânimo do ouvinte a ouvir.

**Narração** é a exposição das coisas como ocorreram ou como poderiam ter ocorrido.[10]

Com a **divisão**, explicitamos o que está concorde e o que está em controvérsia e anunciamos o que vamos expor.

**Confirmação** é a apresentação dos nossos argumentos com asseveração.

**Refutação** é a destruição dos argumentos contrários.

**Conclusão** é o término do discurso de acordo com as regras da arte.

---

narra o fato ocorrido, por outro, aproxima-se também daquela do poeta, quando, na ausência ou insuficiência de provas materiais, precisa compor uma narrativa verossímil capaz de convencer os ouvintes da culpa ou da inocência do réu.

Nunc, quoniam una cum oratoris officiis, quo res cognitu facilior esset, producti sumus, ut de orationis partibus loqueremur et eas ad inuentionis rationem adcommodaremus, de exordio primum dicendum uidetur.

[5] Causa posita, quo commodius exordiri possimus, genus causae est considerandum. Genera causarum sunt quattuor: honestum, turpe, dubium, humile. Honestum causae genus putatur, cum aut id defendimus, quod ab omnibus defendendum uidetur, aut obpugnabimus, quod ab omnibus uidetur obpugnari debere ut pro uiro forti contra parricidam. Turpe genus intellegitur, cum aut honesta res obpugnatur aut defenditur turpis. Dubium genus est, cum habet in se causa et honestatis et turpitudinis partem. Humile genus est, cum contempta res adfertur.

[6] IV. Cum haec ita sint, conueniet exordiorum rationem ad causae genus adcommodari. Exordiorum duo sunt genera: principium, quod Graece prooemium appellatur, et insinuatio, quae ephodos nominatur. Principium est, cum statim auditoris animum nobis idoneum reddimus ad audiendum. Id ita sumitur, ut attentos, ut dociles, ut beniuolos auditores habere possimus: Si genus causae dubium habebimus, a beniuolentia principium constituemus, ne quid illa turpitudinis pars nobis obesse possit. Sin humile genus erit causae, faciemus attentos. Sin turpe causae genus erit, insinuatione utendum est, de qua posterius dicemus, nisi quid nacti erimus, qua re aduersarios criminando beniuolentiam captare possimus. Sin honestum genus causae erit, licebit recte uel uti uel non uti principio. Si uti uolemus, aut id oportebit ostendere, qua re causa sit honesta, aut breuiter, quibus de rebus simus dicturi, exponere. Sin principio uti nolemus, ab lege, ab scriptura, aut ab aliquo nostrae causae adiumento principium capere oportebit.

Visto que, para tornar o assunto mais fácil de entender, fomos levados a falar, de uma só vez, dos ofícios do orador e das partes do discurso, e a acomodá-las às regras da invenção, parece-me que devemos começar por discutir o **exórdio**.

[5] Dada a causa, é preciso considerar seu gênero para que possamos exordiar com mais comodidade. Os gêneros de causa são quatro: honesto, torpe, dúbio e humilde.

Considera-se **honesta** a causa quando ou defendemos aquilo que parece que deve ser defendido por todos, ou atacamos o que parece que deve ser atacado por todos, como, por exemplo, quando estamos a favor de um homem valoroso ou contra um parricida.

Entende-se que a causa é **torpe** quando ou combatemos algo honesto, ou defendemos algo torpe.

O gênero é **dúbio** quando a causa tem em si uma parte honesta e outra torpe.

É **humilde** quando diz respeito a matéria irrelevante.

[6] IV. Convirá que o método do exórdio seja acomodado ao gênero de causa. Existem dois gêneros de **exórdio**: a introdução, que os gregos chamam *prooímion,* e a insinuação, a que chamam *éphodos.*

Há ocasião para a **introdução** quando, sem demora, deixamos os ouvintes com boa disposição de ânimo para nos ouvir. É, portanto, empregada para que possamos tê-los atentos, dóceis e benevolentes.

Se a causa for de gênero **dúbio**, apoiaremos a introdução na benevolência, para que a parte torpe não nos possa prejudicar.

Se for **humilde**, devemos tornar os ouvintes atentos.

Se for **torpe**, a não ser que encontremos algo com que, acusando os adversários, possamos granjear a benevolência, devemos usar a insinuação, da qual trataremos mais tarde.

Se a causa for do gênero **honesto**, será igualmente acertado usar ou não usar da introdução. Se desejarmos usá-la, caberá ou mostrar por que a causa é honesta, ou expor brevemente do que iremos tratar.

Se não desejarmos usá-la, devemos começar com a citação de uma lei, de um texto escrito, ou de algum outro expediente que auxilie a nossa causa.

[7]     Quoniam igitur docilem, beniuolum, attentum auditorem habere uolumus, quo modo quidque effici possit, aperiemus. Dociles auditores habere poterimus, si summam causae breuiter exponemus et si attentos eos faciemus; nam docilis est, qui attente uult audire. Attentos habebimus, si pollicebimur nos de rebus magnis, nouis, inusitatis uerba facturos aut de iis, quae ad rem publicam pertineant, aut ad eos ipsos, qui audient, aut ad deorum inmortalium religionem; et si rogabimus, ut attente audiant; et si numero exponemus res, quibus de rebus dicturi sumus.

[8]     Beniuolos auditores facere quattuor modis possumus: ab nostra, ab aduersariorum nostrorum, ab auditorum persona, et ab rebus ipsis.

V. Ab nostra persona beniuolentiam contrahemus, si nostrum officium sine adrogantia laudabimus, atque in rem publicam quales fuerimus aut in parentes aut in amicos aut in eos, qui audiunt aliquid referemus, dum haec omnia ad eam ipsam rem, qua de agitur, sint adcommodata. Item si nostra incommoda proferemus, inopiam, solitudinem, calamitatem; et si orabimus, ut nobis sint auxilio et simul ostendemus nos in aliis noluisse spem habere.

Ab aduersariorum persona beniuolentia captabitur, si eos in odium, in inuidiam, in contemptionem adducemus. In odium rapiemus, si quid eorum spurce, superbe, perfidiose, crudeliter, confidenter, malitiose, flagitiose factum proferemus. In inuidiam trahemus, si uim, si potentiam, si factionem, diuitias, incontinentiam, nobilitatem, clientelas, hospitium, sodalitatem, adfinitates aduersariorum proferemus, et his adiumentis magis quam ueritati eos confidere aperiemus. In contemptionem adducemus, si inertiam ignauiam, desidiam luxuriam aduersariorum proferemus.

[7] Visto, então, que desejamos ter um ouvinte dócil, benevolente e atento, explicaremos o que se pode fazer e de que modo.

Poderemos tornar **dóceis** os ouvintes se expusermos brevemente a súmula da causa e se os fizermos atentos, pois é dócil aquele que deseja ouvir atentamente.

Teremos ouvintes **atentos** se prometermos falar de matéria importante, nova e extraordinária, ou que diz respeito à República, ou aos próprios ouvintes, ou ao culto dos deuses imortais, se pedirmos que ouçam atentamente e se enumerarmos o que vamos dizer.

[8] Podemos tornar os ouvintes **benevolentes** de quatro maneiras: baseados em nossa pessoa, na de nossos adversários, na dos ouvintes e na própria matéria.

V. **Baseados em nossa pessoa**, obteremos benevolência se louvarmos nosso ofício sem arrogância; também, se mencionarmos o que fizemos para o bem da República, de nossos pais, amigos, ou daqueles que nos ouvem, desde que tudo isso seja conveniente à causa que defendemos; também, se declararmos nossas desvantagens, desgraças, desamparo, desventura e rogarmos que nos venham em auxílio, dizendo que não queremos depositar nossas esperanças em outrem.

**Baseados na pessoa dos adversários**, granjearemos benevolência, se levarmos os ouvintes ao ódio, à indignação e ao desprezo.

Ao **ódio** havemos de arrebatá-los, se alegarmos que aqueles agiram com baixeza, insolência, perfídia, crueldade, impudência, malícia e depravação.

À **indignação** os moveremos se falarmos da violência dos adversários, da tirania, das facções, da riqueza, intemperança, notoriedade, clientela, laços de hospitalidade, confraria, parentesco, e revelarmos que se fiam mais nesses recursos do que na verdade.

Ao **desprezo** os conduziremos se expusermos a inércia dos adversários, sua covardia, ociosidade e luxúria.

**Baseados na pessoa dos ouvintes**, alcançaremos a benevolên-

Ab auditorum persona beniuolentia colligitur, si res eorum fortiter, sapienter, mansuete, magnifice iudicatas proferemus; et si, quae de iis existimatio, quae iudicii expectatio sit, aperiemus.

Ab rebus ipsis beniuolum efficiemus auditorem, si nostram causam laudando extollemus, aduersariorum per contemptionem deprimemus.

[9] VI. Deinceps de insinuatione aperiendum est. Tria sunt tempora, quibus principio uti non possumus, quae diligenter sunt consideranda: aut cum turpem causam habemus, hoc est, cum ipsa res animum auditoris a nobis alienat; aut cum animus auditoris persuasus esse uidetur ab iis, qui ante contra dixerunt; aut cum defessus est eos audiendo, qui ante dixerunt.

Si causa turpitudinem habebit, exordiri poterimus his rationibus: hominem, non rem spectari oportere; non placere nobis ipsis, quae facta dicantur ab aduersariis, et esse indigna aut nefaria; deinde cum diu rem auxerimus, nihil simile a nobis factum ostendemus; aut aliquorum iudicium de simili causa aut de eadem aut de minore aut de maiore proferemus, deinde ad nostram causam pedetemptim accedemus et similitudinem conferemus. Item si negabimus nos de aduersariis aut de aliqua re dicturos, et tamen occulte dicemus interiectione uerborum.

[10] Si persuasus auditor fuerit, si oratio aduersariorum fecerit fidem auditoribus – neque enim non facile scire poterimus, quoniam non sumus nescii, quibus rebus fides fieri soleat – ergo si fidem factam putabimus, his nos rebus insinuabimus ad causam: de eo,

---

11 O vocábulo aqui traduzido por confiança é *fides*, a "fé" no sentido que ainda lemos em cláusulas de certidões: "o referido é verdade e dou fé". Esse termo ocupava o lugar da forma substantiva do verbo *credere*: "notou-se já há muito tempo que *fides* em latim é o substantivo abstrato de um verbo diferente [isto é, de outra raiz]: *credo*" (Benveniste 1995: 119). "Ganhar a fé" do ouvinte é o que almeja todo orador,

cia se citarmos as causas que julgaram com coragem, sabedoria, mansidão e magnificência, e se revelarmos de que estima gozam e quais as expectativas quanto ao julgamento.

**Baseados nas próprias coisas**, tornaremos o ouvinte benevolente se elevarmos a nossa causa com louvores e rebaixarmos a do adversário com desprezo.

[9] VI. Deve-se expor agora a **insinuação**.

São três os momentos em que não podemos usar da introdução e que devem ser considerados cuidadosamente: quando temos uma causa torpe, ou seja, quando a própria causa afasta os ouvintes de nós; ou quando eles parecem ter sido persuadidos pela parte contrária, que falou antes de nós; ou quando já se cansaram, ouvindo os que nos precederam.

Se houver torpeza na causa, poderemos exordiar com este arrazoado: deve-se considerar o homem e não o acontecido, também a nós não agrada o que os adversários dizem que houve, são coisas indignas e abomináveis. Depois que amplificarmos estes pontos, mostraremos que nada parecido fizemos, ou reproduziremos o parecer de outros em causa semelhante, quer de igual, menor ou maior importância. E, então, pé ante pé, chegaremos a nossa causa e estabeleceremos a similitude. Também podemos negar que pretendemos falar sobre os adversários ou sobre qualquer outro assunto e, mesmo assim, falar, inserindo disfarçadamente as palavras.

[10] Se os ouvintes foram persuadidos, se o discurso do adversário ganhou a confiança[11] do auditório – e isso não sem facilidade poderemos saber, já que não desconhecemos com que coisas se costuma obter a confiança –; portanto, se julgarmos que a confiança foi obtida, começaremos indiretamente nossa causa assim: prometeremos tratar primeiro daquilo que os adversários

---

de modo que a *fides* é a pedra-de-toque das várias adequações (comodidades) dos preceitos.

quod aduersarii firmissimum sibi adiumentum putarint, primum nos dicturos pollicebimur; ab aduersarii dicto exordiemur, et ab eo maxime, quod ille nuperrime dixerit; dubitatione utemur quid potissimum dicamus aut cui loco primum respondeamus, cum admiratione.

Si defessi erint audiendo, ab aliqua re, quae risum mouere possit, ab apologo, fabula uerei simili, imitatione deprauata, inuersione, ambiguo, suspicione, inrisione, stultitia, exuperatione, collectione, litterarum mutatione, praeter expectationem, similitudine, nouitate, historia, uersu, ab alicuius interpellatione aut adrisione; si promiserimus aliter ac parati fuerimus, nos esse dicturos, nos non eodem modo, ut ceteri soleant, uerba facturos; quid alii soleant, quid nos facturi sumus, breuiter exponemus.

[11]    VII. Inter insinuationem et principium hoc interest. Principium eius modi debet esse, ut statim apertis rationibus, quibus praescripsimus, aut beniuolum aut attentum aut docilem faciamus auditorem: at insinuatio eiusmodi debet esse, ut occulte per dissimulationem eadem illa omnia conficiamus, ut ad eandem commoditatem in dicendi opere uenire possimus. Verum hae tres utilitates tametsi in tota oratione sunt conparandae, hoc est, ut auditores sese perpetuo nobis adtentos, dociles, beniuolos praebeant, tamen id per exordium causae maxime conparandum est.

Nunc, ne quando uitioso exordio utamur, quae uitia uitanda sint, docebo. Exordienda causa seruandum est, ut lenis sit sermo et usitata uerborum consuetudo, ut non adparata uideatur oratio esse. Vitiosum exordium est, quod in plures causas potest adcom-

---

12 Traduzimos *collectio* por "confusão" em respeito ao sentido negativo das palavras vizinhas. O traço de sentido mais constante de *collectio*, à época da *Retórica a Herênio*, é "junção", presente em: reunião, ajuntamento, confluência, coleção, recolha, resumo. Os tradutores do inglês, Harry Caplan, do francês, Guy Achard, e o editor e comentador italiano, Gualtiero Calboli, acusaram a dificuldade em associar esse sentido ao cômico. O primeiro traduziu por "recapitulation", presumindo que se trataria de um resumo do discurso adversário (Caplan [1954] 1999: 20–21, nota a). O segundo questionou a tradição do texto latino e sugeriu que deveria ter-se estabelecido não *collectio*, mas *collactio*, pois seria mais plausível o uso da

consideram seu suporte mais firme, partiremos de algo dito pelo adversário, de preferência daquilo que ele disse por último, e nos serviremos do expediente da dúvida sobre o que é melhor dizer; ou perguntaremos, com espanto, a que responder primeiro.

Se estiverem cansados de ouvir, partiremos de algo que possa provocar o riso: um apólogo, uma fábula verossímil, uma imitação distorcida, uma ironia, uma ambiguidade, uma insinuação, uma zombaria, um disparate, um exagero, uma confusão,[12] um trocadilho, uma quebra de expectativa, uma semelhança, uma novidade, uma história, um versinho, uma provocação ou risada dirigida a alguém; ou prometeremos que vamos falar algo diferente daquilo que preparamos, que não tomaremos da palavra como outros costumam fazer; exporemos brevemente o que eles fazem e o que nós faremos.

[11]     VII. A diferença entre insinuação e introdução é a seguinte: a introdução deve ser tal que, com os arrazoados explícitos que prescrevi, sem demora tornemos o ouvinte benevolente, atento ou dócil. A insinuação, ao contrário, deve ser tal que consigamos essas mesmas coisas, só que implicitamente, por dissimulação e, assim, possamos alcançar a mesma comodidade na tarefa de discursar. Esta tripla utilidade, isto é, que os ouvintes se mantenham continuamente atentos, dóceis e benevolentes conosco, embora se deva buscá-la em todo o discurso, é preparada sobretudo no exórdio.

Agora, para nunca usarmos um exórdio vicioso, ensinarei os **vícios** que devem ser evitados.

Ao exordiar uma causa, deve-se cuidar que a fala seja branda e o uso das palavras costumeiro, para que o discurso não pareça preparado.

---

comparação para fazer rir (Achard [1989] 1997: 10, nota 47). O terceiro prefere manter o sentido básico de "junção", acrescentando-lhe um teor negativo, daí "confusione" (Calboli [1969] 1993: 214, nota 18); essa nos pareceu a solução mais razoável.

modari, quod uulgare dicitur. Item uitiosum est, quo nihilo minus aduersarius potest uti, quod commune appellatur; item illud, quo aduersarius ex contrario poterit uti. Item uitiosum est, quod nimium apparatis verbis conpositum est aut nimium longum est; et quod non ex ipsa causa natum uideatur, ut proprie cohaereat cum narratione; et quod neque beniuolum neque docilem neque adtentum facit auditorem.

VIII.    De exordio satis erit dictum: deinceps ad narrationem transeamus. [12] Narrationum tria sunt genera. Unum est, cum exponimus rem gestam et unum quidque trahimus ad utilitatem nostram uincendi causa, quod pertinet ad eas causas, de quibus iudicium futurum est. Alterum genus est narrationis, quod intercurrit nonnumquam aut fidei aut criminationis aut transitionis aut alicuius apparationis causa. Tertium genus est id, quod a causa ciuili remotum est, in quo tamen exerceri conuenit, quo commodius illas superiores narrationes in causis tractare possimus. [13] Eius narrationis duo sunt genera: unum quod in negotiis, alterum quod in personis positum est.

Id, quod in negotiorum expositione positum est, tres habet partes: fabulam, historiam, argumentum. Fabula est, quae neque

---

13   Esse terceiro gênero de narração é próprio do gênero demonstrativo (*Retórica a Herênio* 3.10–15), que não costuma ocorrer na vida pública, isoladamente, mas se usa nas causas judiciárias e nas questões deliberativas, quando é oportuno elogiar ou vituperar algo ou alguém. É um discurso de aparato, que toma emprestado expedientes da arte poética para configurar ações e personagens verossímeis, que pareçam verdadeiros, de modo que se cumpra com mais eficácia o fim retórico da persuasão.

14   A narração apoiada em personagens, quando aplicada a uma causa, serve para qualificar os agentes de acordo com a conveniência do acusador e do defensor. O primeiro trata de vincular a aparência, as maneiras, os afetos e a índole do réu a um caráter compatível com o crime; o segundo, a um caráter incompatível.

É vicioso o exórdio que pode acomodar-se a várias causas, por isso chamado vulgar.

Igualmente vicioso é o exórdio que também poderia ser usado pelo adversário, chamado, então, comum.

É vicioso, ainda, aquele que o adversário poderia inverter a seu favor.

Também é vicioso o exórdio elaborado com palavras excessivamente preparadas ou demasiado longo; aquele que não parece surgir da própria causa e, assim, não se articula coerentemente com a narração, e, por fim, aquele que não torna o ouvinte nem benevolente, nem dócil, nem atento.

VIII. Do exórdio falou-se o bastante: passarei à narração. [12] Há três gêneros de **narração**:

No primeiro, expomos o que aconteceu e captamos cada detalhe para nosso proveito, visando a vitória. Esse gênero concerne àquelas causas em que haverá sentença.

O segundo gênero de narração é o que às vezes entrecorta o discurso para ganhar crédito, incriminar, fazer uma transição ou uma preparação.

O terceiro gênero afasta-se das causas civis,[13] mas deve ser exercitado para que nelas possamos tratar os dois outros gêneros com maior comodidade. [13] Dessa terceira narração, há dois gêneros: um apoia-se nas ações, outro nas personagens.[14]

O que se baseia na exposição **das ações** pode ser de três espécies: fábula, história e argumento.

---

Para isso, fazem uso de certos ornamentos de sentença. Com a *imagem* e a *efígie*, descrevem aparência e maneiras; com a *notação*, a *sermocinação* e a *personificação*, dão voz às personagens que, ao falar, deixam ver seus afetos e sua índole (*Retórica a Herênio* 4.62–66).

ueras ueque uerisimiles continet res, ut eae sunt, quae tragoedis traditae sunt. Historia est gesta res, sed ab aetatis nostrae memoria remota. Argumentum est ficta res, quae tamen fieri potuit, uelut argumenta comoediarum.

Illud genus narrationis, quod in personis positum est, debet habere sermonis festiuitatem animorum dissimilitudinem, grauitatem lenitatem, spem metum, suspicionem desiderium, dissimulationem misericordiam, rerum uarietates fortunae commutationem, insperatum incommodum subitam laetitiam iucundum exitum rerum. Verum haec in exercendo transigentur; illud, quod ad ueritatem pertinet, quomodo tractari conueniat, aperiemus.

[14]    IX. Tres res conuenit habere narrationem, ut breuis, ut dilucida, ut ueri similis sit; quae quoniam fieri oportere scimus, quemadmodum faciamus, cognoscendum est. Rem breuiter narrare poterimus, si inde incipiemus narrare, unde necesse erit; et si non ab ultimo initio repetere uolemus; et si summatim, non particulatim narrabimus; et si non ad extremum, sed usque eo, quo opus erit, persequemur; et si transitionibus nullis utemur, et si non deerrabimus ab eo, quod coeperimus exponere; et si exitus rerum ita ponemus, ut ante quoque quae facta sint, scire possint, tametsi nos reticuerimus: quod genus, si dicam me ex prouincia redisse, profectum quoque in prouinciam intellegatur. Et omnino non modo id, quod obest, sed etiam id, quod neque obest neque adiuuat, satius est praeterire. Et ne bis aut saepius idem dicamus, cauendum est; etiam ne quid, nouissime quod diximus, deinceps dicamus, hoc modo:

---

15  A *Retórica a Herênio*, como a *Poética* de Aristóteles, distingue história e ficção. No entanto, neste trecho, ao subdividir a ficção em fábula (trágica) e argumento (cômico), relaciona a verossimilhança apenas ao cômico. O mesmo ocorre no *Sobre a invenção* 1.27, de Cícero, que acrescenta exemplos para os três tipos: história, fábula e argumento.

16  Os elementos enumerados nesse parágrafo são ingredientes da comédia de caracteres (ver Teofrasto, *Caracteres* e Aristóteles, *Retórica* 1388b– 1391b).

17  Entenda-se "o que diz respeito à verdade" como a matéria própria das causas civis:

A **fábula** contém matérias, como as relatadas na tragédia, que não são nem verdadeiras, nem verossímeis.

A **história** são as ações empreendidas, mas em época distante de nossa lembrança.

O **argumento** é a ação ficcional que, no entanto, poderia ter acontecido, como o argumento das comédias.[15]

O gênero de narração que se apoia nas **personagens** deve ter festividade nas falas e diferenças de ânimo, gravidade e leveza, esperança e medo, desconfiança e desejo, dissimulação e compaixão; variedade de situações: mudanças da sorte, incômodos inesperados, alegrias repentinas, final feliz.[16] Mas essas narrações serão aperfeiçoadas com exercícios. Mostraremos agora de que modo se deve tratar aquilo que diz respeito à verdade.[17]

[14] IX. Três coisas convêm à narração: que seja breve, clara e verossímil. Sabendo que são necessárias, devemos, então, aprender como alcançá-las.

Conseguiremos narrar **com brevidade** se começarmos de onde é necessário e evitarmos retomar o assunto desde a mais remota origem; se narrarmos resumida e não detalhadamente; se prosseguirmos não até a última consequência, mas só até onde for preciso; se não fizermos transições e não nos afastarmos daquilo que começamos a expor; se apresentarmos um evento de tal maneira que possa ser reconhecido também o que foi feito antes, mesmo que não tenhamos dito, por exemplo: se eu disser que voltei da província, certamente se entenderá que eu partira para lá. E com certeza é preferível deixar de lado não só o que atrapalha, mas também aquilo que, mesmo não atrapalhando, em nada ajuda. Deve-se tomar cuidado para não dizer a mesma coisa duas ou mais vezes; também não devemos repetir o que acabamos de falar. Assim:

---

judiciárias e deliberativas. Aquelas dizem respeito a acontecimentos passados, que devem ser verossimilmente reconstituídos; estas, a acontecimentos futuros, potenciais, que devem ser verossimilmente previstos.

Athenis Megaram uesperi aduenit Simo:
Ubi aduenit Megaram, insidias fecit uirgini:
Insidias postquam fecit, uim in loco adtulit.

[15]   Rem dilucide narrabimus, si ut quicquid primum gestum erit, ita primum exponemus et rerum ac temporum ordinem conseruabimus, ut gestae res erunt aut ut potuisse geri uidebuntur: hic erit considerandum, ne quid perturbate, ne quid contorte, ne quid noue dicamus; ne quam in aliam rem transeamus; ne ab ultimo repetamus; ne longe persequamur; ne quid, quod ad rem pertineat, praetereamus; et si sequemur ea, quae de breuitate praecepta sunt; nam quo breuior, dilucidior et cognitu facilior narratio fiet.

[16]   Veri similis narratio erit, si, ut mos, ut opinio, et natura postulat, dicemus; si spatia temporum, personarum dignitates, consiliorum rationes, locorum opportunitates constabunt, ne refelli possit aut temporis parum fuisse, aut causam nullam, aut locum idoneum non fuisse, aut homines ipsos facere aut pati non potuisse. Si uera res erit, nihilominus haec omnia narrando conseruanda sunt; nam saepe ueritas, nisi haec seruata sint, fidem non potest facere: sin erunt ficta, eo magis erunt conseruanda. De iis rebus caute confingendum est, quibus in rebus tabulae aut alicuius firma auctoritas uidebitur interfuisse.

Adhuc quae dicta sunt arbitror mihi constare cum ceteris artis scriptoribus, nisi quia de insinuationibus noua excogitauimus, quod eam soli nos praeter ceteros in tria tempora diuisimus, ut plane certam uiam et perspicuam rationem exordiorum haberemus.

---

18   Para que a verdade persuada, não basta ser verdadeira, tem que parecer verdadeira; por isso, o orador exercita-se nas narrativas poéticas, que lhe ensinam como produzir e manter a verossimilhança.

À tarde Simão veio de Atenas a Mégara;
quando chegou a Mégara, preparou uma cilada para a donzela;
Depois que preparou a cilada, tomou-a à força ali mesmo.

[15] Narraremos **de modo claro** se expusermos em primeiro lugar aquilo que tiver acontecido primeiro e conservarmos a ordem cronológica dos acontecimentos tal como tiverem ocorrido ou como parecerão ter ocorrido. Aqui, devemos cuidar para não discursar de modo desordenado, confuso, inusitado; não passar a outro assunto; não começar de muito longe, não seguir muito adiante, e não deixar de lado o que diz respeito à matéria. Pois, se observarmos os preceitos sobre a brevidade, quanto mais clara for a narração, mais clara e fácil de entender ela será.

[16] A narração será **verossímil** se falarmos como o costume, a opinião e a natureza ditam, se nos ativermos à duração do tempo, à dignidade das personagens, aos motivos das decisões e às vantagens do lugar, de modo que não se possa refutar dizendo que o tempo era curto, ou que não havia motivo, ou que o lugar não era favorável, ou que as pessoas em questão não podiam agir ou sofrer tais ações. Se a matéria for verdadeira, ainda assim, todos esses preceitos devem ser observados ao narrar, pois é comum acontecer de a verdade não conseguir obter a fé quando eles são negligenciados.[18] Se, do contrário, for fictícia, ainda mais atentamente deverão ser observados. Devemos compor com cautela aquilo que pode ser confrontado por documentos escritos ou pela autoridade incontestável de alguém.

O que foi dito até aqui, julgo que está de acordo com o que disseram os demais escritores desta arte, a não ser por termos pensado algo de novo para a insinuação, pois apenas nós a dividimos em três circunstâncias a fim de que tivéssemos um rumo totalmente determinado e um método claro dos exórdios.

**X.** Nunc, quod reliquum est – quoniam de rerum inuentione disputandum est, in quo singulare consumitur oratoris artificium – dabimus operam, ut nihilominus industrie, quam rei utilitas postulabit, quaesisse uideamur si prius pauca de diuisione causarum dixerimus.

[17] Causarum diuisio in duas partes distributa est. Primum perorata narrationem debemus aperire quid nobis conueniat cum aduersariis si ea, quae utilia sunt nobis, conuenient, quid in controuersiis relictum sit, hoc modo: "interfectam esse ab Oreste matrem conuenit mihi cum aduersariis: iure fecerit et licueritne facere, id est in controuersia". Item e contrario: "agamemnonem esse a Clytemestra occisum confitentur; cum id ita sit, me ulcisci parentem negant oportuisse".

Deinde, cum hoc fecerimus, distributione uti debemus. Ea diuiditur in duas partes: enumerationem et expositionem. Enumeratione utemur, cum dicemus numero, quot de rebus dicturi sumus. Eam plus quam trium partium numero esse non oportet: nam et periculosum est, ne quando plus minusue dicamus; et suspicionem adfert auditori meditationis et artificii: quae res fidem abrogat orationi. Expositio est, cum res, quibus de rebus dicturi sumus, exponimus breuiter et absolute.

[18] Nunc ad confirmationem et confutationem transeamus. Tota spes uincendi ratioque persuadendi posita est in confirmatione et in confutatione. Nam cum adiumenta nostra exposuerimus contrariaque dissoluerimus, absolute nimirum munus oratorium confecerimus.

---

19 O *contrário* é o ornato que configura um argumento por meio de oposições. Ver *Retórica a Herênio* 4.25 e Cícero, *Tópicos* 47–49.
20 O exemplo tomado à tragédia de Orestes, típico tema de exercícios escolares (*progymnásmata*), diz respeito à determinação da constituição da causa e da questão sob julgamento. Na *divisão*, a defesa se contrapõe à acusação, delimitando o objeto da controvérsia. Este, por sua vez, permite enquadrar a causa sob uma

X. Agora, no que ainda resta, já que se deve discutir a invenção – na qual particularmente se consome o artifício do orador –, esforçar-nos-emos para não parecer ter investigado com menos empenho do que exige a utilidade do assunto, mas antes falaremos brevemente a respeito da divisão da causa.

[17] A **divisão** da causa distribui-se em duas partes. Depois de concluir a narração, devemos mostrar em que concordamos com os adversários – se houver acordo sobre coisas que nos são favoráveis – e o que restou de controverso, assim:

"Concordo com os adversários que Orestes matou sua mãe: tê-lo feito com direito, ou justiça, nisso jaz a controvérsia"; ou por meio do contrário:[19]

"Admitem que Agamêmnon foi assassinado por Clitemnestra; mas, ainda assim, negam que eu tivesse o direito de vingar meu pai".[20]

Em seguida, após estabelecermos isso, devemos empregar a distribuição, que se divide em duas partes: enumeração e exposição.

Usamos a **enumeração** quando anunciamos a quantidade de pontos de que vamos tratar. Esse número não deve passar de três, pois corremos o risco de falar menos ou mais do que o prometido e, também, de suscitar no ouvinte a suspeita de premeditação e artifício, o que tira o crédito do discurso.

Na **exposição**, mostramos brevemente, mas por completo, aquilo de que iremos tratar.

[18] Agora, passemos à confirmação e à refutação.

Toda a esperança de vencer e todo o método de persuadir depositam-se na **confirmação** e na **refutação**. Quando tivermos apresentado nossos argumentos e destruído os do adversário, teremos, então, cumprido inteiramente a tarefa do orador.

---

constituição, pois a controvérsia é ou a respeito da autoria do feito (conjectural), ou de sua legitimidade (legal), ou de sua justiça (jurídica).

**XI.** Utrumque igitur facere poterimus, si constitutionem causae cognouerimus. Causarum constitutiones alii quattuor fecerunt: noster doctor tres putauit esse, non ut de illorum quicquam detraheret inuentione, sed ut ostenderet, id, quod oportuisset simpliciter ac singulari modo docere, illos distribuisse dupliciter et bipertito.

Constitutio est prima deprecatio defensoris cum accusatoris insimulatione coniuncta. Constitutiones itaque, ut ante diximus, tres sunt: coniecturalis, legitima, iuridicalis.

Coniecturalis est, cum de facto controuersia est, hoc modo: Aiax in silua, postquam resciit, quae fecisset per insaniam, gladio incubuit. Ulixes interuenit: occisum conspicatur, corpore telum cruentum educit. Teucer interuenit: fratrem occisum, inimicum fratris cum gladio cruento uidet. Capitis arcessit. Hic coniectura uerum quaeritur; de facto erit controuersia: ex eo constitutio causae coniecturalis nominatur.

[19] Legitima est constitutio, cum in scripto aut e scripto aliquid controuersiae nascitur. Ea diuiditur in partes sex: scriptum et sententiam, contrarias leges, ambiguum, definitionem, translationem, ratiocinationem.

Ex scripto et sententia controuersia nascitur, cum uidetur scriptoris uoluntas cum scripto ipso dissentire, hoc modo: Si lex sit, quae

---

21 Hermágoras de Temnos, rétor do século II AEC, teria sido o primeiro a sistematizar a teoria do "estado da questão", *stásis*, cujas principais fontes de reconstituição são a *Retórica a Herênio*, o *Sobre a invenção*, de Cícero, e a *Instituição oratória*, de Quintiliano. Nos dois primeiros, o sistema recebe o nome de *constitutio*, em Quintiliano e em outros autores latinos, de *status*. Conforme a tipologia legada por Hermágoras, as questões civis dividem-se em tese e hipótese: a primeira, geral; a segunda, com determinação de pessoas e situações particulares. A *Retórica a Herênio* retém apenas a parte da doutrina relativa à hipótese e apenas aplicada ao discurso judiciário.

22 Hermágoras teria muito provavelmente estabelecido quatro *stáseis*: *stokhasmós*, indagação a respeito do feito; *hóros*, definição; *katà symbebekós*, qualificação; *metálepsis*, transferência de jurisdição. Tradutores e comentadores da *Retórica a Herênio* costumam identificar a redução das constituições de causa (*stáseis*) com a subordinação da *metálepsis* à constituição legal (Lausberg 1966: § 79–138; Kennedy

**XI.** Poderemos confirmar e refutar se conhecermos a constituição da causa.[21]

Outros estabeleceram quatro constituições para as causas; nosso mestre julgou haver três, não para subtrair algo da invenção dos outros, mas para mostrar que eles tinham duplicado e separado em duas partes o que seria oportuno ensinar como uma só parte indivisa.[22]

A **constituição** se estabelece a partir da primeira alegação da defesa em resposta à acusação do adversário.[23]

São, como dissemos, três as constituições das causas: conjectural, legal e jurídica.

Na **conjectural**, existe controvérsia a respeito do feito, por exemplo: Ájax, na selva, ao se dar conta do que, em sua loucura, havia feito, atira-se sobre a espada. Ulisses chega, o vê morto e retira a espada ensanguentada de seu corpo. Chega Teucro. Vê o irmão morto e o inimigo do irmão com a espada ensanguentada. Acusa-o de crime capital. Aqui, como se procura a verdade por meio de uma conjectura, é sobre o feito que haverá controvérsia e, por isso, a constituição dessa causa recebe o nome de conjectural.

[19] A constituição da causa é **legal** quando no texto da lei ou a partir dele, surge alguma controvérsia. Divide-se em seis partes: escrito e intenção, leis contrárias, ambiguidade, definição, transferência[24] e analogia.

A controvérsia surge **do escrito e da intenção** quando a vontade do legislador parece discordar do texto.

---

1963: 306; Achard [1989] 1997: 21, nota 93).
23   A constituição da causa é deduzida da controvérsia inicial, ou seja, da primeira refutação da defesa (*prima deprecatio*) à acusação (*insimulatio*), que ocorre na parte do discurso chamada *divisão*. As respostas da defesa, "motivo", e a acusação, "fundamento", à controvérsia inicial determinarão a questão sob julgamento. Ver *Retórica a Herênio* 1.26, "judicação" (*iudicatio*).
24   A palavra que traduzimos por transferência é *translatio*, correspondente à *metálepsis* da doutrina de Hermágoras.

iubeat "eos, qui propter tempestatem nauem reliquerint, omnia perdere, eorum nauem ceteraque esse, si nauis conseruata sit, qui remanserunt in naui". Magnitudine tempestatis omnes perterriti nauem reliquerunt – in scapham conscenderunt – praeter unum aegrotum: is propter morbum exire et fugere non potuit. Casu et fortuitu nauis in portum incolumis delata est; illam aegrotus possedit. Nauem petit ille cuius fuerat. Haec constitutio legitima est ex scripto et sententia.

[20] Ex contrariis legibus controuersia constat, cum alia lex iubet aut permittit, alia uetat quippiam fieri, hoc modo: Lex uetat eum, qui de pecuniis repetundis damnatus sit, in contione orationem habere: altera lex iubet, augurem in demortui locum qui petat, in contione nominare. Augur quidam damnatus de pecuniis repetundis in demortui locum nominauit; petitur ab eo multa. Constitutio legitima ex contraiis legibus.

**XII.** Ex ambiguo controuersia nascitur, cum scriptum duas aut plures sententias significat, hoc modo: Paterfamilias cum filium heredem faceret, testamento uasa argentea uxori legauit "heres meus uxori meae XXX pondo uasorum argenteorum dato, quae uolet". Post mortem eius uasa pretiosa et caelata magnifice petit mulier. Filius se, quae ipse uellet, in XXX pondo ei debere dicit. Constitutio est legitima ex ambiguo.

[21] Definitione causa constat, cum in controuersia est, quo nomine factum apelletur. Ea est huiusmodi: cum Lucius Saturninus legem frumentariam de semissibus et trientibus laturus esset, Caepio, qui per id temporis quaestor urbanus erat, docuit senatum aerarium pati non posse largitionem tantam. Senatus decreuit, si eam legem ad populum ferat, aduersus rem publicam uideri ea facere. Saturninus ferre coepit. Collegae intercedere, ille nihilominus sitellam detulit. Caepio, ut illum, contra intercedentibus collegis, aduersus rem publicam uidit ferre, cum uiris bonis impetum facit;

Por exemplo: uma lei ordena que "todos aqueles que abandonam uma embarcação por causa de uma tempestade percam tudo o que deixaram e, navio e carga, se conservados, passem a ser dos que permaneceram a bordo". Numa violenta tempestade, todos, aterrorizados, tomaram um bote e abandonaram o navio, exceto um doente que, por causa da doença, não pôde sair do navio e escapar. Por um acaso do destino, o navio chega incólume ao porto. O doente toma posse da embarcação. O antigo dono a reivindica. Eis uma causa de constituição legal que nasce da divergência entre letra e espírito.

[20] A controvérsia surge **de leis contrárias** quando uma lei prescreve ou permite que algo seja feito, outra proíbe, deste modo: uma lei proíbe àquele que tenha sido condenado por extorsão tomar a palavra na assembleia, outra lei prescreve que um áugure nomeie em assembleia um candidato ao lugar de um áugure morto. Certo áugure condenado por extorsão nomeou candidato ao lugar do que morreu; exige-se dele uma multa. Trata-se de constituição legal que nasce da contrariedade das leis.

XII. A controvérsia surge da **ambiguidade** quando a letra da lei sugere duas ou mais interpretações, assim: um pai de família ao instituir seu filho como herdeiro, legou em testamento vasos de prata para a esposa: "Que meu herdeiro dê a minha esposa trinta fardos dos vasos de prata que quiser". Após a morte do homem, a mulher exige vasos caríssimos e suntuosamente trabalhados. O filho diz que deve dar-lhe os vasos que *ele* quiser no peso de trinta fardos. A constituição é legal e apoia-se na ambiguidade.

[21] A causa depende de **definição** quando está em controvérsia por qual nome se deve chamar o que foi feito. Lúcio Saturnino estava prestes a propor uma lei de distribuição de trigo a cinco sextos de asse. Cepião, então questor urbano, mostrou ao Senado que o tesouro não poderia suportar tamanha liberalidade. O Senado decretou que, se tal lei fosse apresentada ao povo, considerar-se-ia que Saturnino agia contra os interesses da República. Saturnino prossegue com a proposta. Seus colegas intercedem. Mesmo as-

pontes disturbat, cistas deicit, impedimento est, quo setius feratur: arcessitur Caepio maiestatis. Constitutio legitima ex definitione. Vocabulum enim definitur ipsum cum quaeritur, quid sit minuere maiestatem.

[22]   Ex translatione controuersia nascitur, cum aut tempus differendum aut accusatorem mutandum aut iudices mutandos reus dicit. Hac parte constitutionis Graeci in iudiciis, nos in iure plerumque utimur: in iudiciis tamen nonnihil utimur ut hoc modo: Si quis peculatus accusatur, quod uasa argentea publica de loco priuato dicatur sustulisse, possit dicere, cum definitione sit usus quid sit furtum, quid peculatus: secum furti agi, non peculatus oportere. Haec partitio legitimae constitutionis his de causis raro uenit in iudicium, quod in priuata actione praetoriae exceptiones sunt et causa cadit qui egit, nisi habuit actionem, et in publicis quaestionibus cauetur legibus, ut ante, si reo commodum sit, iudicium de accusatore fiat, utrum illi liceat accusare necne.

[23]   XIII. Ex ratiocinatione controuersia constat, cum res sine propria lege uenit in iudicium, quae tamen ab aliis legibus similitudine quadam aucupatur. Ea est huiusmodi: lex: si furiosus existet, adgnatum gentiliumque in eo pecuniaque eius potestas esto. Et lex: qui parentem necasse iudicatus erit, ut is obuolutus et obligatus corio deuehatur in profluentem. Et lex: paterfamilias uti super familia pecuniaue sua legauerit, ita ius esto. Et lex: si paterfamilias intestato moritur, familia pecuniaque eius agnatum gentiliumque esto. Malleolus iudicatus est matrem necasse. Ei damnato statim folliculo lupino os obuolutum est et soleae ligneae in pedibus inductae sunt: in carcerem ductus est. Qui defendebant eum, tabulas in carcerem adferunt, testamentum ipso praesente conscribunt,

---

25   Os eleitores deveriam percorrer uma passarela para ter acesso à urna. Derrubar a passarela impossibilitaria o voto, daí a acusação de lesa-majestade.

sim, ele traz a urna. Cepião, quando o vê apresentar a lei contra a República, a despeito da intercessão dos colegas, insurge-se com outros bons cidadãos, destrói as passarelas,[25] derruba a urna e impede que a lei seja votada. Cepião é acusado de lesa-majestade. A constituição é legal e parte da definição, pois é a própria palavra que se define quando se investiga o que seja lesa-majestade.

[22]   A controvérsia nasce da **transferência** quando o réu diz que é necessário adiamento, ou substituição do acusador ou dos juízes. Os gregos usam essa parte da constituição legal nos julgamentos, nós geralmente na instauração da causa. Contudo, algumas vezes a empregamos perante os juízes, assim: se alguém é acusado de peculato porque se diz que roubou de um lugar privado vasos de prata públicos, este poderá dizer, usando a definição de furto e peculato, que no seu caso se trata de furto, não de peculato. Essa parte da constituição legal raramente chega a julgamento, porque na ação civil existem objeções concedidas pelo pretor e quem move a causa perde, se não houver ação. Nas questões públicas, por sua vez, a lei acautela que, se for de interesse do réu, deve-se julgar antes se é lícito ou não que o acusador acuse.

[23]   XIII. A controvérsia baseia-se na **analogia** quando chega a julgamento questão sem lei própria, mas, todavia, uma regulamentação pode ser deduzida da semelhança com outras leis. Deste modo: uma lei, "se alguém estiver louco, será dos seus agnados e de sua gente o poder sobre ele e seus bens"; outra lei, "quem for condenado por ter matado o pai ou a mãe, seja embrulhado e amarrado num saco de couro e jogado num rio"; outra, ainda, "será de direito o que o pai-de-família tiver decidido em testamento sobre seus escravos e bens"; e outra, "se o pai-de-família morrer intestado, seus escravos e bens serão de seus agnados e de sua gente". Maléolo foi condenado por ter matado a mãe. A cabeça do condenado foi prontamente envolvida num saco de couro de lobo, seus pés foram calçados com tamancos de madeira e ele foi levado ao cárcere. Os que o defendiam levaram até ele tábuas de cera e ali mesmo escreveram um testamento perante

testes recte adfuerunt; de illo supplicium sumitur. Ii, qui heredes erant testamento, hereditatem adeunt. Frater minor Malleoli, qui eum obpugnauerat in eius periculo, suam uocat hereditatem lege agnationis. Hic certa lex in rem nulla adfertur, et tamen multae adferuntur, exquibus ratiocinatio nascitur, quare potuerit aut non potuerit iure testamentum facere. Constitutio legitima ex ratiocinatione.

Cuiusmodi partes essent legitimae constitutionis ostendimus: nunc de iuridicali constitutione dicamus.

[24]   XIV. Iuridicalis constitutio est, cum factum conuenit, sed iure an iniuria factum sit, quaeritur. Eius constitutionis partes duae sunt, quarum una absoluta, altera adsumptiua nominatur. Absoluta est, cum id ipsum, quod factum est, ut aliud nihil foris adsumatur, recte factum esse eam rem dicemus, eiusmodi: Mimus quidam nominatim Accium poetam conpellauit in scaena. Cum eo Accius iniuriarum agit. Hic nihil aliud defendit nisi licere nominari eum, cuius nomine scripta dentur agenda.

Adsumptiua pars est, eum per se defensio infirma est, adsumpta extraria re conprobatur. Adsumptiuae partes sunt quattuor: concessio, remotio criminis, translatio criminis, conparatio.

Concessio est, cum reus postulat ignosci. Ea diuiditur in purgationem et deprecationem. Purgatio est, cum consulto negat se reus fecisse. Ea diuiditur in inprudentiam, fortunam, necessitatem: fortunam, ut Caepio ad tribunum plebis de exercitus amissione; imprudentiam, ut ille, qui de eo seruo, qui dominum occiderat, supplicium sumpsit, cui frater esset, antequam tabulas testamenti aperuit, cum is seruus testamento manu missus esset; necessitudinem, ut ille, qui ad diem commeatus non uenit, quod ilumina uias interclusissent. Deprecatio est, cum et peccasse se et consulto fecisse confitetur, et tamen postulat, ut sui misereantur. Hoc in iudicio fere non potest usu uenire, nisi quando pro eo dicimus, cuius multa recte facta extant, hoc modo: in loco communi per amplificationem iniciemus: "quodsi hoc fecisset, tamen ei pro pristinis beneficiis ignosci conueniret, uerum nihil postulat ignosci".

testemunhas, conforme a lei. Enfim, submeteram-no ao castigo. Os herdeiros por testamento tomaram posse da herança. O irmão menor de Maléolo, que o acusara no processo, reclama a herança pela lei de agnação.

Aqui, nenhuma lei específica refere-se ao caso, no entanto muitas se aproximam, a partir das quais se deduz, por analogia, se ele teria ou não o direito de deixar um testamento. A constituição é legal e apoia-se na analogia.

Mostramos as diferentes partes da constituição legal, trataremos agora da constituição jurídica.

[24]    XIV. A constituição é **jurídica** quando há acordo sobre o feito, mas pergunta-se se ele foi feito justa ou injustamente. Duas são as partes dessa constituição, uma se chama absoluta, outra relativa.

É **absoluta** quando dissermos, sem que nada externo seja acrescentado, que, aquilo mesmo que foi feito, foi feito com justiça. Por exemplo: certo comediante, em cena, ofendeu nominalmente o poeta Ácio. Ácio processa-o por injúria. O comediante não se defende, a não ser sustentando que é lícito falar nominalmente de alguém sob cujo nome textos são encenados.

A constituição é **relativa** quando a defesa é por si fraca e necessita de auxílio externo para comprovação. Divide-se em quatro partes: confissão, abstenção da culpa, transferência da acusação e comparação.

Na **confissão**, o réu pede para ser perdoado. Esta divide-se em purgação e súplica.

Há **purgação** quando o réu nega ter agido de propósito. Esta divide-se em imprudência, acaso ou necessidade.

Acaso, como Cepião, chamado perante o tribuno da plebe a propósito da perda do seu exército.

Imprudência, como aquele que matou o escravo do irmão que assassinara seu senhor, antes de abrir o testamento, que libertava esse escravo.

Necessidade, como aquele que não voltou da licença militar porque a enchente o teria impedido.

Ergo in iudicium non uenit: at in senatum, ad imperatorem et in consilium talis causa potest uenire.

[25]     **XV.** Ex translatione criminis causa constat, cum fecisse nos non negamus, sed aliorum peccatis coactos fecisse dicimus: ut Orestes, cum se defendit in matrem conferens crimen.

Ex remotione criminis causa constat, cum a nobis non crimen, sed culpam ipsam amouemus et uel in hominem transferimus uel in rem quampiam conferimus. In hominem transfertur, ut si accusetur is, qui Publium Sulpicium se fateatur occidisse, et id iussu consulum defendat et eos dicat non modo imperasse, sed rationem quoque ostendisse, quare id facere liceret. In rem confertur, ut si quis, ex testamento quod facere iussus sit, ex plebis scito uetetur.

Ex conparatione causa constat, cum dicimus necesse fuisse alterutrum facere, et id, quod fecerimus, satius fuisse facere. Ea causa huiusmodi est: C. Popilius, cum a Gallis obsideretur neque fugere ullo modo posset, uenit cum hostium ducibus in conlocutionem; ita discessit, ut inpedimenta relinqueret, exercitum educeret. Satius esse duxit amittere inpedimenta quam exercitum. Exercitum eduxit, inpedimenta reliquit: arcesitur maiestatis.

**XVI.** Quae constitutiones et quae constitutionum partes sint, uideor ostendisse. Nunc quo modo eas et qua uia tractari conueniat demonstrandum est, si prius aperuerimus, quid oporteat ab ambobus in causa destinari, quo ratio omnis totius orationis conferatur.

---

26  O "lugar-comum" retórico não se resume à frase-feita, como se poderia supor, tendo em vista o uso corrente dessa expressão. Ele pode, em certas circunstâncias, ser expresso por máximas como "os maus não merecem piedade" ou "o parricídio é o mais hediondo dos crimes", mas costuma corresponder a um esquema mais abstrato, cujas relações lógicas são marcadas por operadores argumentativos pré-determinados – não só, mas também; se, então; quanto mais, tanto mais etc. – e cujo conteúdo referencial – *quem fez o que a quem, como* e *por que* – deve ser preenchido pelos elementos concretos da causa em controvérsia. No emprego do "lugar-comum" acima, "ainda que ele tenha feito isso, ainda assim, conviria que fosse perdoado em nome dos tantos benefícios de outrora, mas ele nada pede", cabe ao orador especificar *quem* é ele, *o que* confessou ter feito e *por quais* serviços prestados merece o perdão.

Na **súplica**, o réu confessa que errou e que houve deliberação, mas, ainda assim, pede misericórdia. Isso não pode ser frequente nas ações judiciais, a não ser quando defendemos alguém que se sobressai por muitos feitos justos. Começaremos, por exemplo, com um lugar-comum,[26] para a amplificação: "ainda que ele tenha feito isso, ainda assim, conviria que fosse perdoado em nome dos tantos benefícios de outrora, mas ele nada pede". Uma causa dessas não ocorre num julgamento, mas pode apresentar-se no Senado ou perante um general e um conselho.

[25]      XV. A causa baseia-se na **transferência da acusação** quando não negamos o ato, mas dizemos tê-lo feito coagidos pelo erro de outrem; como Orestes, que para se defender imputa um crime à mãe.

A causa apoia-se na **abstenção da culpa** quando desviamos de nós não o crime, mas a culpa, que transferimos para outra pessoa ou atribuímos a alguma circunstância.

Transfere-se a culpa para uma pessoa, por exemplo, se o homem que confessou ter assassinado Públio Sulpício fosse acusado e respondesse que agiu a mando dos cônsules, e que eles não só deram a ordem, como ainda mostraram por que era lícito cumpri-la.

A culpa é atribuída a uma circunstância quando, por exemplo, um plebiscito veta que alguém faça o que lhe ordena um testamento.

A causa fundamenta-se na **comparação** quando dizemos que era preciso escolher uma dentre duas alternativas e que optamos pela melhor. Por exemplo, Caio Popílio, sitiado pelos gauleses e sem poder fugir de modo algum, entra em acordo com os chefes dos inimigos. Se deixasse as armas, poderia partir com o exército. Calculou que era melhor perder o equipamento do que o exército. Saiu com os homens, deixou as armas. Foi acusado de lesa-majestade.

XVI. Mostramos quais são as constituições e quais as suas partes. Agora, explicaremos de que modo e por que meio são tratadas, não sem antes expor o que na causa precisa ser fixado por ambas as partes, de modo que para ali se oriente todo o plano do discurso.

[26]   Constitutione igitur reperta statim quaerenda ratio est. Ratio est quae causam facit et continet defensionem, hoc modo, ut docendi causa in hac potissimum causa consistamus: Orestes confitetur se occidisse matrem: nisi adtulerit facti rationem, peruerterit defensionem. Ergo adfert eam, quae nisi intercederet, ne causa quidem esset. Illa enim, inquit, patrem meum occiderat. Ergo, ut ostendi, ratio ea est, quae continet defensionem, sine qua ne parua quidem dubitatio potest remorari damnationem.

Inuenta ratione firmamentum quaerendum est, id est, quod continet accusationem, quod adfertur contra rationem defensionis, de qua ante dictum est. Id constituetur hoc modo: Cum usus fuerit Orestes ratione hoc pacto: "Iure occidi: illa enim patrem meum occiderat", utetur accusator firmamento, hoc modo: "at non abs te occidi neque indamnatam poenas pendere oportuit".

Ex ratione defensionis et ex firmamento accusationis iudicii quaestio nascatur oportet: quam nos iudicationem, Graecei crinomenon appellant. Ea constituetur ex coniunctione firmamenti et rationis defensione hoc modo: cum dicat Orestes se patris ulciscendi matrem occidisse, rectumne fuerit sine iudicio a filio Clytemestram occidi. Ergo hac ratione iudicationem reperire conuenit: reperta iudicatione omnem rationem totius orationis eo conferri oportebit.

[27]   XVII. In omnibus constitutionibus et partibus constitutionum hac uia iudicationes reperientur, praeterquam in coniecturali constitutione: in ea nec ratio qua re fecerit quaeritur, fecisse enim negatur: nec firmamentum exquiritur, quoniam non subest ratio. Quare ex intentione et infitiatione iudicatio constituitur, hoc modo:

---

27 Para a questão em julgamento, aqui chamada *iudicatio*, consagrou-se no direito brasileiro o nome *res iudicanda*. Traduzimos por "judicação" evitando, assim, trocar simplesmente um termo latino por outro. No entanto, deve ser dito que isso cria um novo problema: "judicação", no nosso vocabulário jurídico, não é o "ponto" do julgamento, mas o ato de julgar. Além disso, o nome *iudicatio* parece dizer respeito antes à formulação do problema (*uerba*), do que ao seu conteúdo (*res*): trata-se de delimitar a questão sob julgamento numa fórmula discursiva

[26]   Encontrada a constituição, imediatamente deve-se procurar o motivo. O motivo é o que produz a causa e sustenta a defesa. Por razões didáticas, continuaremos com o mesmo exemplo: Orestes confessou ter matado a mãe; se não alegasse um motivo, arruinaria sua defesa. Então, alega este – sem o qual, sequer haveria causa –: "mas ela", diz Orestes, "tinha assassinado meu pai". Portanto, como mostramos, o motivo é o que sustenta a defesa, sem ele não resta sequer uma pequena dúvida capaz de protelar a condenação.

Encontrado o motivo, deve-se procurar o fundamento, isto é, o sustentáculo da acusação, que se apresenta contra o motivo da defesa, do qual se tratou acima. Assim: quando Orestes alegar este motivo, "matei-a com justiça, pois ela assassinara meu pai", o acusador apresentará o seguinte fundamento: "mas não deveria ser morta por ti, nem receber pena alguma sem julgamento".

Do motivo da defesa e do fundamento da acusação deve nascer a questão em julgamento, que nós chamamos **judicação** e os gregos *krinómenon*. Ela se constitui a partir da conjunção do fundamento da acusação com o motivo da defesa, deste modo: quando Orestes diz que matou a mãe para vingar o pai, teria sido justo, sem julgamento, Clitemnestra ser assassinada pelo filho?[27]

Convém, portanto, encontrar a judicação por esse método. Uma vez encontrada, será preciso que a ela se dirija todo o plano do discurso.

[27]   XVII. Em todas as constituições e suas partes, as judicações encontram-se por essa mesma via, exceto na constituição conjectural: nela não se pergunta o motivo por que algo foi feito, pois nega-se tê-lo feito. Nem se procura o fundamento da acusação, já que não foi apresentado um motivo.[28] Assim, a questão em julgamento resulta da acusação e da ação de negá-la, da seguinte maneira:

---

que contenha as duas hipóteses contrapostas, a da acusação e a da defesa, como demonstra o exemplo do julgamento de Orestes.

28   Ou seja, na constituição conjectural, a judicação coincide com a controvérsia inicial.

Intentio: "occidisti Aiacem".
Infitiatio: "non occidi".
Iudicatio: "occideritne?".

Ratio omnis utriusque orationis, ut ante dictum est, ad hanc iudicationem conferenda est. Si plures erunt constitutiones aut partes constitutionum, iudicationes quoque plures erunt in una causa, sed et omnes simili ratione reperientur.

Sedulo dedimus operam, ut breuiter et dilucide, quibus de rebus ad huc dicendum fuit, diceremus. Nunc quoniam satis huius uoluminis magnitudo creuit, commodius est in altero libro de ceteris rebus deinceps exponere, ne qua propter multitudinem litterarum possit animum tuum defatigatio retardare. Si qua tardius haec, quam studes, absoluentur, cum rerum magnitudini tum nostris quoque occupationibus adsignare debebis. Verumtamen maturabimus et, quod negotio deminutum fuerit, exaequabimus industria, ut pro tuo in nos officio et nostro in te studio munus hoc adcumulatissime tuae largiamur uoluntati.

Acusação: "mataste Ájax".
Negação: "não matei".
Judicação: "teria ele matado Ájax?".

Todo o plano de um e outro discurso, como já foi dito, deve dirigir-se para a judicação. Se houver muitas constituições ou partes de constituições numa mesma causa, também serão muitas as questões em julgamento, mas todas serão encontradas por um método análogo.

Esforçamo-nos deveras em ser breves e claros em tudo o que falamos até aqui. Agora, já que este volume está bastante grande, será mais cômodo expor o restante em outro livro, assim não te desanima o cansaço com essa infinidade de letras. Se a matéria for expedida mais lentamente do que gostarias, deves atribuí-lo tanto à magnitude dos temas quanto às nossas ocupações. Mas tentaremos apressar-nos e, o que tiver sido subtraído pelos negócios, compensaremos com nosso empenho para que, por tua confiança em nós e por nossa dedicação a ti, concedamos generosamente este obséquio a tua vontade.

# Liber II

**Livro 2**

[1]    I. In primo libro, Herenni, breuiter exposuimus, quas causas recipere oratorem oporteret, et in quibus officiis artis elaborare conueniret, et ea officia qua ratione facillime consegui posset. Verum, quod neque de omnibus rebus simul dici poterat et de maximis rebus primum scribendum fuit, quo cetera tibi faciliora cognitu uiderentur, ita nobis placitum est, ut ea, quae difficillima essent, potissimum conscriberemus.

Causarum tria genera sunt: demonstratiuum, deliberatiuum, iudiciale. Multo difficillimum iudiciale est, ergo id primum absoluimus hoc et priore libro. De oratoris officiis quinque, inuentio et prima et difficillima est. Ea quoque nobis erit hoc libro propemodum absoluta: paruae partes eius in tertium uolumen transferentur.

[2]    De sex partibus orationis primum scribere incepimus: in primo libro locuti sumus de exordio, narratione, diuisione, nec pluribus uerbis, quam necesse fuit, nec minus dilucide, quam te uelle existimabamus; deinde couiuncte de confirmatione et confutatione dicendum fuit. Quare genera constitutionum et earum partes aperuimus; ex quo simul ostendebatur, quomodo constitutionem et partem constitutiouis causa posita reperiri oporteret. Deinde docuimus, iudicationem quemadmodum quaeri conueniret: qua inuenta curandum, ut omnis ratio totius orationis ad eam conferatur.

Postea admonuimus esse causas conplures, in quas plures constitutiones aut partes constitutionum adcommodarentur.

29   *Retórica a Herênio* 1.2
30   *Retórica a Herênio* 1.26.

[1]    I. No primeiro livro, Herênio, expusemos brevemente de que causas deve tratar o orador, em que ofícios[29] da arte terá de esforçar-se e com que método poderá mais facilmente desempenhar esses ofícios. Como não pudemos falar de tudo juntamente e precisávamos escrever primeiro sobre as coisas mais importantes, para que as outras te parecessem mais fáceis de entender, decidimos começar pelo que fosse mais difícil.

Os gêneros das causas são três: demonstrativo, deliberativo e judiciário. O judiciário é muito mais difícil, por isso o desenvolvemos primeiro, neste livro e no anterior.

Das cinco tarefas do orador, a invenção é a primeira e a mais difícil. Trataremos dela quase totalmente neste livro, as partes menores ficarão para o terceiro.

[2]    Começamos por escrever sobre as seis partes do discurso: no primeiro livro falamos do exórdio, da narração e da divisão, nem com mais palavras do que foi preciso, nem com menos clareza do que julgamos que desejasses; depois, tivemos de falar da confirmação e da refutação conjuntamente.

A partir daí, expusemos os gêneros de constituição e suas partes, mostrando, de uma só vez, de que modo, dada a causa, deveriam ser encontrados.

Depois, explicamos como convinha buscar a judicação,[30] para a qual, uma vez encontrada, deve dirigir-se todo o plano do discurso. Então, advertimos que eram muitas as causas às quais se acomodavam diversas constituições ou suas partes.

**II.** Relicum uidebatur esse, ut ostenderemus, quae ratio posset inuentiones ad unam quamque constitutionem aut partem constitutionis adcommodare; et item quales argumentationes, quas Graeci epicheremata appellant, sequi, quales uitari oporteret; quorum utrumque pertinet ad confirmationem et ad confutationem. Deinde ad extremum docuimus, cuiusmodi conclusionibus orationum uti oporteat; qui locus erat extremus de sex partibus orationis.

Primum ergo quaeremus, quemadmodum quamque causam tractare conueniat et nimirum eam quae prima quaeque difficillima est, potissimum consideremus.

[3] In causa coniecturali narratio accusatoris suspiciones interiectas et dispersas habere debet, ut nihil actum, nihil dictum, nusquam uentum aut abitum, nihil denique factum sine causa putetur. Defensoris narratio simplicem et dilucidam expositionem debet habere cum adtenuatione suspicionis.

Huius constitutionis ratio in sex partes est distributa: probabile, conlationem, signum, argumentum, consecutionem, adprobationem. Horum unum quodque quid ualeat, aperiemus.

Probabile est per quod probatur expedisse peccare et ab simili turpitudine hominem numquam afuisse. Id diuiditur in causam et in uitam.

---

31  *Retórica a Herênio* 2.2–26.
32  Essa é a mais antiga menção ao epiquirema em âmbito latino. Aristóteles usa esse termo uma única vez, nos *Tópicos*, e o define como "silogismo dialético" (162a). No entanto, o principal comentador antigo do *corpus* aristotélico, Alexandre de Afrodísias (século II EC) emprega o vocábulo com mais de um sentido, inclusive com o sentido genérico de argumentação (Wallies 1891: 372, l. 21-374, l. 3; Saltetto 2015: 93), como parece ocorrer nesta passagem da *Retórica a Herênio*. Teofrasto, que sucedeu a Aristóteles na direção da escola peripatética, escreveu dois livros intitulados *Epicheirématon*, cuja existência é mencionada em uma lista de suas obras elaborada por Diógenes Laércio (*Vidas* 49). Esses livros, no entanto, perderam-se e nenhum autor descreveu seu conteúdo. Fortenbaugh (2005: 200) considera a possibilidade de Teofrasto não ter dado um cunho técnico ao termo "epiquirema" e de que esses dois livros constassem simplesmente de coleções de argumentos dialéticos.

**II.** Falta mostrar por que método pode acomodar-se a invenção a cada uma das constituições, ou a suas partes,[31] e, também, dentre as argumentações, que os gregos chamam *epicheirémata*,[32] quais se devem buscar[33] e quais evitar[34] e, de umas e outras, quais competem à confirmação, quais à refutação. Por fim, explicamos como se deve empregar a conclusão,[35] que era a última das seis partes do discurso.

Então, agora, investigaremos como convém tratar cada causa e, especificamente, aquela que consideramos a mais importante e difícil.

[3] Na causa **conjectural**, a narração do acusador deve lançar suspeitas aqui e ali, de modo que todo ato, todo dito, todas as idas e vindas, tudo, enfim, pareça motivado.

A narração do defensor deve ter exposição simples e clara, com atenuação da suspeita.

O plano dessa constituição distribui-se em seis partes: probabilidade, comparação, sinal, argumento, subsequência e comprovação.[36] De cada uma delas, mostraremos o que é proveitoso.

Pela **probabilidade**, assevera-se que o crime teria sido factível e que o réu jamais se absteve de torpeza semelhante. Essa parte divide-se em motivação e conduta.

---

33  *Retórica a Herênio* 2.27–30.
34  *Retórica a Herênio* 2.31–46.
35  *Retórica a Herênio* 3.47–50.
36  As "partes", *peristáseis*, que compõem cada uma das constituições de causa, *stáseis*, são "lugares" onde se encontram os argumentos. Esses lugares correspondem aos que, na *Retórica* (1402b), Aristóteles identifica como fontes de premissas para argumentos baseados no raciocínio lógico: o provável (*eikós*), o paradigma (*parádeigma*), o sinal (*semeîon*), o sinal certo (*tekmérion*). As quatro primeiras "partes" da causa conjectural, na *Retórica a Herênio*, remontam a esses lugares aristotélicos; mas cabe notar que, enquanto Aristóteles supõe sua aplicação a qualquer gênero, a *Retórica a Herênio* os restringe ao gênero judiciário. Sobre a relação entre *tópoi e perístasis*, ver Pernot (1986: 253–284).

Causa est ea, quae induxit ad maleficium commodorum spe aut incommodorum uitatione, cum quaeritur, num quod commodum maleficio appetierit, num honorem, num pecuniam, num dominationem; num aliquam cupiditatem aut amoris aut eiusmodi libidinis uoluerit explere, aut num quod incommodum uitarit: inimicitias, infamiam, dolorem, supplicium.

[4] III. Hic accusator in spe commodi cupiditatem ostendet aduersarii, in uitatione incommodi formidinem augebit. Defensor autem negabit fuisse causam, si poterit, aut eam uehementer extenuabit; deinde inicum esse dicet omnes, ad quos aliquid emolumenti ex aliqua re peruenerit, in suspicionem maleficii deuocari.

[5] Deinde uita hominis ex ante factis spectabitur. Primum considerabit accusator, num quando simile quid fecerit. Si id non reperiet, quaeret, num quando uenerit in similem suspicionem; et in eo debebit esse occupatus, ut ad eam causam peccati, quam paulo ante exposuerit, uita hominis possit adcommodari, hoc modo: si dicet pecuniae causa fecisse, ostendat eum semper auarum fuisse, si honoris, ambitiosum; ita poterit animi uitium cum causa peccati conglutinare. Si non poterit par uitium cum causa reperire, reperiat dispar. Si non poterit auarum demonstrare, demonstret conruptorem, perfidiosum, si quo modo poterit denique aliquo aut quam plurimis uitiis contaminare; deinde qui illud fecerit tam nequiter, eundem hunc tam perperam fecisse non esse mirandum. Si uehementer castus et integer existimabitur aduersarius, dicet facta, non famam spectari oportere; illum ante occultasse sua flagitia; se planum facturum ab eo maleficium non abesse.

Defensor primum demonstrabit uitam integram, si poterit: id si non poterit, confugiet ad inprudentiam, stultitiam, adulescentiam, uim, persuasionem; quibus de rebus [...] uituperatio eorum, quae extra id crimen erunt, non debeat adsignari. Sin uehementer

---

37 Nesse parágrafo, a palavra traduzida por vantagem é *commodum*, a palavra traduzida por prejuízo é *incommodum*.

A **motivação** é o que induz ao crime, quer com a esperança de obter vantagem, quer para evitar prejuízo. Pergunta-se, então, que vantagem teria buscado com o crime: honra, dinheiro, poder; se teria querido satisfazer um desejo erótico ou luxúria semelhante; ou evitar algum prejuízo: inimizade, infâmia, dor, punição.[37]

[4] III. Tratando-se da esperança de obter vantagem, o acusador evidenciará a cupidez do adversário; tratando-se de evitar prejuízo, amplificará sua covardia.

De sua parte, o defensor negará, se puder, o motivo alegado ou insistirá em diminuir sua importância. Depois, dirá que é injusto colocar sob suspeita de crime todos os que tivessem algo a lucrar com ele.

[5] Em seguida, examinar-se-á a **vida pregressa**. Primeiro, o acusador considerará se alguma vez o réu fez algo semelhante. Se nada encontrar, buscará saber se alguma vez recaiu sobre ele suspeita parecida; e deverá empenhar-se em tentar adequar a vida do homem ao motivo do crime que pouco antes apontara. Deste modo: se alegar que o motivo foi dinheiro, mostre que o réu sempre foi avaro; se alegar que foi honra, ambicioso. Assim, ligará o vício do caráter à motivação do crime. Se não conseguir encontrar vício compatível com a motivação, encontre um vício qualquer. Se não puder demonstrar que é avaro, demonstre que é um pérfido corruptor, se desse modo puder contaminá-lo com outro ou vários outros vícios. Então, não será de se admirar que quem tenha feito coisas tão perversas, cometa ato tão vil.

Se o adversário goza de forte reputação de pureza e integridade, dirá o acusador que os fatos, não a fama, devem ser levados em conta, pois o réu antes ocultara seus defeitos; e haverá de deixar patente que ele não se absteve, no passado, de agir mal.

O defensor, se puder, exibirá, antes de mais nada, a vida íntegra do réu; se não puder, que culpe a imprudência, a tolice, a pouca idade, a coação, a persuasão; coisas pelas quais [...] não se devem censurar coisas alheias à presente acusação. Se isso for impossível, dada a enorme torpeza e má fama do homem, que se empenhe, antes de

hominis turpitudine inpedietur et infamia, prius dabit operam, ut falsos rumores dissipatos esse dicat de innocente; et utetur loco communi, rumoribus credi non oportere. Sin nihil eorum fieri potest, utatur extrema defensione: dicat non se de moribus eius apud censores, sed de criminibus aduersariorum apud iudices dicere.

[6]     IV. Conlatio est, cum accusator id, quod aduersarium fecisse criminatur, alii nemini nisi reo bono fuisse demonstrat; aut alium neminem potuisse perficere nisi aduersarium; aut eum ipsum aliis rationibus aut non potuisse aut non aeque commode potuisse aut eum fugisse alias rationes commodiores propter cupiditatem. Hoc loco defensor demonstret oportet aut aliis quoque bono fuisse, aut alios quoque id, quod ipse insimuletur, facere potuisse.

Signum est, per quod ostenditur idonea perficiendi facultas esse quaesita. Id diuiditur in partes sex: locum, tempus, spatium, occasionem, spem perficiendi, spem celandi.

[7]     Locus quaeritur, celebris an desertus, semper desertus an tum, cum id factum sit, fuerit in eo loco solitudo, sacer an profanus, publicus an priuatus fuerit; cuiusmodi loci adtingant, num, qui est passus, perspectus, exauditus esse possit. Horum quid reo, quid accusatori conueniat, perscribere non grauaremur, nisi facile quiuis causa posita posset iudicare. Initia enim inuentionis ab arte debent proficisci, cetera facile conparabit exercitatio.

Tempus ita quaeritur: quid anni, qua hora noctu an interdiu, et qua die, qua noctis hora factum esse dicatur et cur eiusmodi temporibus.

Spatium ita considerabitur: satisne longum fuerit ad eam rem transigendam, scieritne satis ad id perficiendum spatii futurum: nam parui refert satis spatii fuisse ad id perficiendum, si id ante sciri et ratione prouideri non potuit.

tudo, em dizer que se espalharam boatos falsos sobre um inocente e utilize o lugar-comum de que não se deve dar crédito a boatos. Se não puder fazer nada disso, lance mão do extremo recurso de dizer que não está tratando da conduta do réu perante censores, mas das acusações dos adversários perante juízes.

[6] IV. A **comparação** tem lugar quando o acusador demonstra que aquilo de que se acusa o adversário não teria beneficiado a ninguém senão ao próprio adversário; ou que ninguém mais poderia tê-lo feito senão ele; ou, ainda, que não seria possível empregar outros meios, ou, pelo menos, não com tanta conveniência; ou, então, que a avidez o impediu de recorrer a meios mais convenientes.

O defensor, por sua vez, deve demonstrar, ou que o crime era proveitoso também para outros, ou que também outros poderiam ter feito o que é falsamente atribuído ao réu.

Por meio dos **sinais**, mostra-se que se buscou facilidade suficiente à execução do crime. Os sinais dividem-se em seis partes: lugar, momento, duração, oportunidade, esperança de êxito e esperança de ocultar o crime.

[7] Pergunta-se, do **lugar**, se era frequentado ou deserto; sempre deserto ou estava vazio só no momento do crime; era lugar sagrado ou profano; público ou privado; como eram as redondezas; se ali a vítima poderia ter sido vista ou ouvida.

Não nos custaria detalhar quais dessas coisas convém ao réu, quais ao acusador, mas isso, conhecendo a causa, qualquer um poderá discernir. Os fundamentos da invenção devem provir da arte, o restante será alcançado facilmente com a prática.

Do **momento**, pergunta-se assim: em que parte do ano, em que parte do dia – dia ou noite – e a que horas se alega ter ocorrido o crime, e por que nesse período.

A **duração** será considerada da seguinte maneira: terá sido longa o bastante para efetuar a ação? Saberia o réu que havia tempo suficiente para executá-la? Pois pouco importa que houvesse tempo se ele não o soubesse de antemão e não pudesse traçar um plano.

Occasio quaeritur, idoneane fuerit ad rem adoriendam an alia melior, quae aut praeterita sit aut non expectata.

Spes perficiendi ecqua fuerit, spectabitur hoc modo: si, quae supra dicta sunt signa, concurrent, si praeterea ex altera parte uires, pecunia, consilium, scientia, apparatio uidebitur esse, ex altera parte inbecillitas, inopia, stultitia, inprudentia, inapparatio demonstrabitur fuisse; qua re scire poterit, utrum diffidendum an confidendum fuerit.

Spes celandi quae fuerit quaeritur ex consciis, arbitris, adiutoribus, liberis aut seruis aut utrisque.

[8]    V. Argumentum est, per quod res coarguitur certioribus argumentis et magis firma suspicione. Id diuiditur in tempora tria: praeteritum, instans, consequens.

In praeterito tempore oportet considerare, ubi fuerit, ubi uisus sit, quicum uisus sit, num quid appararit, num quem conuenerit, num quid dixerit, num quid habuerit de consciis, de adiutoribus, de adiumentis; num quo in loco praeter consuetudinem fuerit aut alieno tempore. In instante tempore quaeretur, num uisus sit, cum faciebat, num qui strepitus, clamor, crepitus exauditus aut denique num quid aliquo sensu perceptum sit, aspectu, auditu, tactu, odoratu, gustatu; nam quiuis horum sensus potest conflare suspicionem. In consequenti tempore spectabitur, num quid re transacta relictum sit, quod indicet aut factum esse maleficium aut ab quo factum sit. Factum esse, hoc modo: si tumore et liuore decoloratum corpus est mortui, significat euro ueneno necatum. A quo factum sit, hoc modo: si telum, si uestimentum, si quid eiusmodi relictum aut si uestigium rei repertum fuerit; si cruor in uestimentis: si in eo loco conprehensus aut uisus transacto negotio, quo in loco res gesta dicitur.

Da **oportunidade**, pergunta-se se foi favorável para dar início ao plano, ou se teria havido ou ainda haveria outra melhor.

Se houve **esperança de êxito**, examinar-se-á assim: se os indícios acima mencionados coincidem; se, além disso, parece, por um lado, ter havido força, dinheiro, determinação, conhecimento, preparação, ou se, por outro, se demonstra ter havido fraqueza, carência, estupidez, imprudência e despreparo. Por esse meio, poder-se-á saber se confiaria ou não confiaria em seu êxito.

Se houve **esperança de ocultar o crime**, saber-se-á por meio dos cúmplices, das testemunhas oculares, dos adjuvantes, livres ou escravos, ou ambos.

[8] V. Por meio do **argumento**, acusa-se com sinais mais certos e suspeitas mais consistentes. Este divide-se em três momentos: anterior, simultâneo e posterior.

Sobre o **momento anterior** deve-se considerar onde estava, onde foi visto, com quem foi visto, se preparou algo, se encontrou alguém e disse alguma coisa, se teve algum tipo de cúmplice, de adjuvante ou de auxílio, se acaso estava ali excepcionalmente ou num horário fora do comum.

Sobre o **momento simultâneo**, pergunta-se se acaso foi visto praticando o crime, se foi ouvido algum estrondo, grito ou ruído, ou seja, se algo foi percebido pelos sentidos – visão, audição, tato, olfato, paladar –, pois isso poderá aumentar a suspeita.

Com relação ao **momento posterior**, deve-se observar o que restou após a ação capaz de indicar ou que o crime foi cometido, ou por quem foi cometido. Isto, por exemplo, indicará que houve crime: se o morto tiver o corpo intumescido e arroxeado significa que a morte se deu por envenenamento. Isto indicará o autor do crime: se a arma, um pedaço de roupa ou algo do tipo foi deixado no local, ou se foi descoberta a pegada do réu; se havia sangue nas roupas; se, terminada a ação, foi pego ou visto no local onde dizem ter sido cometido o crime.

Consecutio est, cum quaeritur, quae signa nocentis et innocentis consegui soleant. Accusator dicet, si poterit, aduersarium, cum ad eum uentum sit, erubuisse, expalluisse, titubasse, inconstanter locutum esse, concidisse, pollicitum esse aliquid; quae signa conscientiae sint. Si reus horum nihil fecerit, accusator dicet eum usque adeo praemeditatum fuisse, quid sibi esset usu uenturum, ut confidentissime resisteret et responderet; quae signa confidentiae, non innocentiae sint. Defensor, si pertimuerit, magnitudine periculi, non conscientia peccati se commotum esse dicet; si non pertimuerit, fretum innocentia negabit esse commotum.

[9]  VI. Adprobatio est, qua utimur ad extremum confirmata suspicione. Ea habet locos proprios atque communes. Proprii sunt ii, quibus nisi accusator nemo potest uti, et ii, quibus nisi defensor. Communes sunt, qui alia in causa ab reo, alia ab accusatore tractantur. In causa coniecturali proprius locus accusatoris est, cum dicit malorum misereri non oportere et cum auget peccati atrocitatem. Defensoris proprius locus est, cum misericordiam captat et cum accusatorem calumniari criminatur. Communes loci sunt cum accusatoris tum defensoris, abs testibus contra testes, abs quaestionibus contra quaestiones, ab argumentis contra argumenta, ab rumoribus contra rumores.

---

38  Traduzimos *consecutio* por "subsequência" porque não encontramos no vocabulário jurídico brasileiro um termo especializado que referisse o *comportamento do réu subsequente ao crime*. Pareceu-nos que a tradução mais literal, "consequência", remeteria ao efeito do crime nas vítimas e não em seu perpetrador.

39  O que a *Retórica a Herênio* chama de "lugares" da comprovação são argumentos patéticos que se acrescentam após a prova, para ornar e amplificar. Tais lugares podem ser exclusivos do acusador ou do defensor, nesse caso são chamados de lugares-próprios; se não forem exclusivos e puderem ser usados ora para acusar, ora para defender são chamados de comuns. Essa acepção não corresponde à distinção aristotélica entre lugares-próprios e lugares-comuns – aqueles, específicos de uma só disciplina; esses, aplicáveis a qualquer campo do saber (*Retórica* 1358a) –, tampouco coincide inteiramente com a concepção que se encontra no *Sobre a invenção*, de Cícero, manual contemporâneo à *Retórica à Herênio*. Para Cícero, o lugar é "comum" porque pode ser usado em

A **subsequência**[38] é investigada nos sinais que costumam acompanhar inocentes ou culpados.

O acusador dirá, se possível, que o adversário, ao ser-lhe apresentado, corou ou empalideceu, titubeou, falou sem firmeza, desfaleceu, tentou suborno: coisas que indicam consciência do crime. Se o réu não tiver feito nada disso, o acusador dirá que a tal ponto premeditou o que lhe seria útil, que não se abalou e respondeu a tudo descaradamente: sinal de impudência, não de inocência.

O defensor dirá, que se o réu demonstrou medo, foi movido pela gravidade da situação e não pela consciência do delito; se não demonstrou medo, dirá que não se abalou porque se fiava em sua inocência.

[9] VI. A **comprovação** é usada no final, quando as suspeitas estão confirmadas. Divide-se em lugares-próprios e lugares-comuns. Os próprios são aqueles que ou apenas o acusador pode usar, ou apenas o defensor. Os comuns são os que se empregam na causa, ora a favor do réu, ora a favor da acusação.

Na causa conjectural é lugar próprio do acusador dizer que os maus não merecem piedade e aumentar a atrocidade do crime.

O lugar próprio do defensor é granjear misericórdia e acusar o acusador de calúnia.

Os lugares-comuns são os mesmos para o acusador e para o defensor: a favor da testemunha ou contra ela, a favor do testemunho sob tortura ou contra ele, a favor dos argumentos ou contra eles, a favor dos boatos ou contra eles.[39]

---

muitas causas de um mesmo gênero – judiciário, deliberativo ou demonstrativo –, não porque seja compartilhável entre o defensor e o acusador (*Sobre a invenção* 2.47–50). No entanto, ao tratar da argumentação na causa conjectural, esse autor preceitua o uso do lugar-comum (*Sobre a invenção* 2.50–51) tal como estabelecido nesta passagem da *Retórica a Herênio*, caracterizando-o como um argumento que é defendido por uma das partes e atacado pela outra (*loci communes qui in contrarias partes diducuntur*). Na mesma passagem, diz que há lugares certos (*certi loci*) do defensor e do acusador, isto é, não compartilháveis entre eles – são os que, aqui, a *Retórica a Herênio* chama de próprios (*proprii*).

A testibus dicemus secundum auctoritatem et uitam testium et constantiam testimoniorum; contra testes: uitae turpitudinem, testimoniorum inconstantiam; si aut fieri non potuisse dicemus aut non factum esse quod dicant aut scire illos non potuisse aut cupide dicere et argumentari. Haec et ad inprobationem et ad interrogationem testium pertinebunt.

[10]   VII. A quaestionibus dicemus: cum demonstrabimus maiores ueri inueniendi causa tormentis et cruciatu uoluisse quaeri et summo dolore homines cogi, ut quicquid sciant dicant; et praeterea confirmatior haec erit disputatio, si, quae dicta erunt, argumentando isdem uiis, quibus omnis coniectura tractatur, trahemus ad ueri similem suspicionem; idemque hoc in testimoniis facere oportebit. Contra quaestiones hoc modo dicemus: primum maiores uoluisse certis in rebus interponi quaestiones, eum, quae uere dicerentur, sciri, quae falso in quaestione pronuntiarentur, refelli possent, hoc modo: Quo in loco quid positum sit, et si quid esset simile, quod uideri aut uestigiis probari aut aliquo simili signo percipi posset; deinde dolori credi non oportere, quod alius alio recentior sit in dolore, quod ingeniosior ad eminiscendum, quod denique saepe scire aut suspicari possit, quid quaesitor uelit audire; quod cum dixerit, intellegat sibi finem doloris futurum. Haec disputatio conprobabitur, si refellemus, quae in quaestionibus erunt dicta, probabili argumentatione; idque partibus coniecturae, quas ante exposuimus, facere oportebit.

[11]   Ab argumentis et signis et ceteris locis, quibus augetur suspicio, dicere hoc modo conuenit: Cum multa concurrant argumenta et signa, quae inter se consentiant, rem perspicuam, non suspiciosam uideri oportere. Item plus oportere signis et argumentis credi

**A favor das testemunhas**, falaremos de sua autoridade e vida e da constância de seus testemunhos.

Contra as testemunhas, falaremos de sua vida torpe e da inconstância de seus testemunhos; se isso não for possível, diremos ou que não se deu o que atestam, ou que não poderiam sabê-lo, ou então, que expuseram seus argumentos com parcialidade. Isso cabe tanto à desqualificação quanto à inquirição das testemunhas.

[10]     VII. Falaremos **a favor do testemunho sob tortura** quando demonstrarmos que, para descobrir a verdade, nossos antepassados já interrogavam aplicando tormentos e suplícios, e que a dor extremada coage os homens a dizer tudo que sabem; além disso, esse raciocínio terá mais força se conduzirmos a uma hipótese verossímil o que foi dito sob tortura, usando da argumentação que se aplica a toda causa conjectural. O mesmo deverá ocorrer com os demais testemunhos.

Contra o testemunho sob tortura, falaremos primeiro que os nossos antepassados teriam empregado a tortura apenas em situações em que houvesse certeza, quando pudessem reconhecer o testemunho verdadeiro e desconsiderar o falso, por exemplo, quando se queria saber em que lugar algo foi colocado, ou qualquer coisa que pudesse ser vista ou comprovada por vestígios, ou pudesse ser percebida por meio de um indício semelhante. Finalmente diremos que não se deve acreditar na dor, porque uns resistem a ela mais que outros, porque uns são mais engenhosos ao recordar, porque amiúde podem saber ou suspeitar o que o inquiridor deseja ouvir, porque sabem que falando terá fim a dor. Esse raciocínio será comprovado se refutarmos o que foi dito sob tortura com uma argumentação provável. Isso será feito por meio das partes da causa conjectural, que expusemos há pouco.

[11]     Dos **argumentos**, indícios e outros lugares com os quais se aumenta a suspeita, convém falar deste modo: quando estão em jogo muitos argumentos e indícios que concordam entre si, a coisa deve parecer óbvia, não suspeita. Igualmente, deve-se dar crédito mais aos argumentos e indícios do que às testemunhas, pois aqueles se

quam testibus: haec enim eo modo exponi, quo modo re uera sint gesta; testes corrumpi posse uel pretio uel gratia uel metu uel simultate. Contra argumenta et signa et ceteras suspiciones dicemus hoc modo: si demonstrabimus nullam rem esse, quam non suspicionibus quiuis possit criminari; deinde unam quamque suspicionem extenuabimus et dabimus operam, ut ostendamus nihilo magis in nos eam quam in alium quempiam conuenire; indignus facinus esse sine testibus coniecturam et suspicionem firmamenti satis habere.

[12]    VIII. A rumoribus dicemus: si negabimus temere famam nasci solere, quin supsit aliquid; et si dicemus causam non fuisse, quare quispiam confingeret et eminisceretur; et praeterea, si ceteri falsi soleant esse, argumentabimur hunc esse uerum. Contra rumores dicemus: primum, si docebimus multos esse falsos rumores, et exemplis utemur, de quibus falsa fama fuerit; et aut iniquos nostros aut homines natura maliuolos et maledicos confincxisse dicemus; et aliquam aut fictam fabulam in aduersarios adferemus, quam dicamos omnibus in ore esse, aut uerum rumorem proferemus, qui illis aliquid turpitudinis adferat, neque tamen ei rumori nos fidem habere dicemus, ideo quod quiuis unus homo possit quamuis turpem de quolibet rumorem proferre et confictam fabulam dissipare. Verumtamen si rumor uehementer probabilis esse uidebitur, argumentando famae fidem poterimus abrogare.

Quod et difficillima tractatu est constitutio coniecturalis et in ueris causis saepissime tractanda est, eo diligentius omnis eius partis perscrutati sumus, ut ne paruula quidem titubatione aut offensatione impediremur, si ad hanc rationem praeceptionis adsiduitatem exercitationis adcommodassemus. Nunc ad legitimae constitutionis partes transeamus.

[13]    IX. Cum uoluntas scriptoris cum scripto dissidere uidebitur, si a scripto dicemus, his locis utemur: secundum narrationem primum scriptoris conlaudatione, deinde scripti recitatione;

apresentam como ocorreram de fato, ao passo que essas podem ser corrompidas ou por dinheiro, ou por gratidão, ou por medo, ou por rivalidade.

Falaremos contra os argumentos, os indícios e demais suspeitas, se demonstrarmos que não há o que não possa ser incriminado com alguma suspeita; depois, atenuaremos cada uma delas e nos esforçaremos por mostrar que não se aplicam mais a nós do que a qualquer pessoa; é indigno, sem testemunhas, considerar conjectura e suspeita provas suficientes.

[12] VIII. Falaremos **a favor dos boatos** se apontarmos que a má fama não costuma nascer por acaso, sem que algo a fundamente, e se dissermos que não houve motivo para que alguém a forjasse ou inventasse; por fim, demonstraremos que se outros boatos são falsos, esse é verdadeiro.

Falaremos contra os boatos, em primeiro lugar, se explicarmos que muitos são falsos, fornecendo exemplos, e que os boatos foram forjados por nossos inimigos ou por homens invejosos e maledicentes por natureza; e apresentaremos ou alguma fábula inventada contra o adversário, e diremos que está na boca do povo, ou um boato verdadeiro que lhe traga prejuízo, dizendo, entretanto, que nós não acreditamos nele, porque qualquer um pode passar adiante o boato mais torpe que quiser sobre o que bem entender e espalhar uma fábula inventada. No entanto, se um boato parecer altamente provável, poderemos, com a argumentação, tirar a sua credibilidade.

Porque a constituição conjectural é a mais difícil de tratar e com muita frequência deve ser tratada nas causas verdadeiras, tão mais diligentemente esmiuçamos cada uma de suas partes, para que não nos atrapalhe a menor hesitação ou tropeço, se acomodarmos este método preceptivo ao exercício assíduo. Agora, passemos às partes da constituição **legal**.

[13] IX. Quando a vontade do escritor parece discordar do escrito, se falarmos **a favor do texto**, utilizaremos estes lugares: após a narração, começaremos elogiando o redator, depois leremos o texto

deinde percontatione, scirentne idonee aduersarii id scriptum fuisse in lege aut testamento aut stipulatione aut quolibet scripto, quod ad eam rem pertinebit; deinde conlatione, quid scriptum sit, quid aduersarii se fecisse dicant, quid iudicem sequi conueniat: utrum id, quod diligenter perscriptum sit, an id, quod acute sit excogitatum; deinde ea sententia, quae ab aduersariis sit excogitata et scripto adtributa, contemnetur et infirmabitur. Deinde quaeretur, quid periculi fuerit, si id uoluisset adscribere; aut num non potuerit perscribi. Deinde a nobis sententia reperietur et causa proferetur, quare id scriptor senserit, quod scripserit; et demonstrabitur scriptum illud esse dilucide, breuiter, commode, perfecte, cum ratione certa. Deinde exempla proferentur, quae res, cum ab aduersariis sententia et uoluntas adferretur, ab scripto potius iudicatae sint. Deinde ostendetur, quam periculosum sit ab scripto recedera. Locus communis est contra eum, qui, cum fateatur se contra quod legibus sanctum aut testamento perscriptum sit, fecisse, tamen facti quaerat defensionem.

[14]   X. Ab sententia sic dicemus: primum laudabimus scriptoris commoditatem atque breuitatem, quod tantum scripserit, quod necesse fuerit; illud quod sine scripto intellegi potuerit, non necessario scribendum putarit. Deinde dicemus calumniatoris esse officium uerba et litteras sequi, neclegere uoluntatem. Deinde id, quod scriptum sit, aut non posse fieri, aut non lege non more non natura non aequo et bono posse fieri; quae omnia noluisse scriptorem quam rectissime fieri nemo dicet; at ea, quae a nobis facta sint, iustissime facta. Deinde contrariam sententiam aut nullam esse, aut stultam, aut iniustam, aut non posse fieri, aut non constare cum superioribus et inferioribus sententiis; aut cum iure communi aut cum aliis legibus communibus aut cum rebus iudicatis dissentire. Deinde exemplorum a uoluntate et contra scriptum iudicatorum enumeratione, deinde legum aut stipula-

em voz alta, em seguida perguntaremos aos adversários se eles de fato sabem que esse texto constava em lei, testamento, contrato, ou qualquer outro documento pertinente à causa. Depois, compararemos o texto ao que os adversários admitem ter feito. O que convém ao juiz seguir? O que foi cuidadosamente detalhado por escrito ou o que foi elucubrado com astúcia? Então, a interpretação concebida e atribuída ao texto pelos adversários será desdenhada e enfraquecida. Perguntaremos que riscos correria o redator se desejasse acrescentar aquilo, ou se acaso teria sido impossível escrever tudo. Em seguida, apresentaremos a nossa interpretação e forneceremos a razão pela qual o redator pensou exatamente o que escreveu; demonstraremos que o texto foi escrito com clareza, brevidade, adequação, perfeição e método preciso. Depois, ofereceremos exemplos de casos que tenham sido mais bem julgados em conformidade com o escrito, embora os adversários tenham defendido a interpretação da vontade. Enfim, mostraremos quão perigoso é distanciar-se do texto. O lugar-comum é contra aquele que, embora confesse ter agido contra o que é sancionado pelas leis ou detalhado em testamento, ainda assim busca defesa para seus atos.

[14]  X. **A favor da interpretação**, falaremos assim: em primeiro lugar, elogiaremos a adequação e a brevidade do redator por ter escrito apenas o que era necessário; o que poderia ser entendido sem o texto, não julgou necessário escrever. Então, diremos que é próprio de um caluniador seguir as palavras literalmente e negligenciar a vontade. Depois, que o que está escrito não pode ocorrer, ou, pelo menos, não de acordo com a lei, com o costume, com a natureza e a equidade: tudo isso ninguém dirá que o redator não quis que fosse corretamente seguido; ademais o que fizemos deu-se em estrita conformidade com a justiça. Diremos, ainda, que a interpretação contrária é nula, ou insensata, ou injusta, ou inviável, ou que está em desacordo com as interpretações anteriores e subsequentes, ou que diverge do direito comum, ou de outras leis comuns, ou de casos já julgados. Por fim, enumeraremos

tionum breuiter exscriptarum, in quibus intellegatur scriptorium uoluntas, et rectatione utemur et expositione. Locus communis contra eum, qui scriptum recitet et scriptoris uoluntatem non interpretetur.

[15]   Cum duae leges inter se discrepant, uidendum est primum, num quae obrogatio aut derogatio sit; deinde utrum leges ita dissentiant, ut altera iubeat, altera uetet, an ita, ut altera cogat, altera permittat. Infirma enim erit eius defensio, qui negabit se fecisse, quod cogeretur, cum altera lex permitteret: plus enim ualet sanctio permissione. Item illa defensio tenuis est, cum ostenditur id factum esse, quod ea lex sanciat, cui legi obrogatum aut derogatum sit; id, quod posteriore lege sanctum sit, esse neclectum. Cum haec erunt considerata, statim nostrae legis expositione, recitatione, conlaudatione utemur. Deinde contrariae legis enodabimus uoluntatem et eam trahemus ad nostrae causae commodum. Dein de iuridicali absoluta sumemus rationem iuris et quaeremus partes iuris, utrocum faciant; de qua parte iuridicalis posterius disseremus.

[16]   XI. Si ambiguum esse scriptum putabitur, quod in duas aut plures sentencias trahi possit, hoc modo tractandum est: primum, sitne ambiguum, quaerendumst; deinde, quomodo scriptum esset, si id, quod aduersarii interpretantur, scriptor fieri uoluisset, ostendendum est; deinde id, quod nos interpretemur, et fieri posse, et honeste recte lege more natura bono et aequo fieri posse; quod aduersaruii interpretentur, ex contrario; nec esse ambigue scriptum, cum intellegatur, utra sententia uera sit. Sunt, qui arbitrentur ad hanc causam tractandam uehementer pertinere cognitionem amphiboliarum eam, quae ab dialecticis proferatur. Nos uero arbitramur non modo nullo adiumento esse, sed potius maximo inpedimento. Omnes enim illi amphibolias aucupantur, eas etiam, quae ex altera parte sententiam nullam

exemplos de julgamentos decididos em favor da vontade e contra o texto, recorreremos à leitura e à exposição de leis ou contratos escritos com brevidade, nos quais se compreenda a vontade dos escritores. O lugar-comum é contra aquele que só recita o texto, sem interpretar a vontade do escritor.

[15] Quando ocorre **divergência entre duas leis**, devemos ver primeiro se há alguma ab-rogação ou derrogação, então se elas diferem de tal modo que uma prescreva e a outra proíba, uma obrigue, a outra faculte. Será frágil a defesa daquele que disser não ter feito algo a que uma lei obriga em vista de outra lei que apenas o faculte, pois é mais forte a sanção do que a concessão. Será igualmente fraca a defesa quando mostrar que algo foi feito em respeito a uma lei já ab-rogada ou derrogada, negligenciando a sanção de uma lei posterior. Consideradas essas coisas, faremos imediatamente a exposição, leitura e elogio da nossa lei. Depois, destrincharemos a intenção da lei contrária e a tomaremos em proveito da nossa causa. Por fim, tomaremos a doutrina do direito da constituição jurídica absoluta e investigaremos qual das duas leis está de acordo com a justiça. Sobre a parte jurídica falaremos depois.

[16] XI. Se o texto é considerado **ambíguo** porque admite duas ou mais interpretações, devemos tratá-lo assim: primeiro, deve-se investigar se é de fato ambíguo, depois, é preciso mostrar como teria sido escrito se o redator quisesse dizer o que os adversários interpretam. Demais, o que nós interpretamos não só é possível ser feito, como se fará honesta e justamente, de acordo com a lei, o costume, a natureza e a equidade; o que foi interpretado pelos adversários é o contrário disso. E não pode ser considerado ambíguo um texto quando se compreende que uma das interpretações é a verdadeira.

Há quem pense interessar muito para o tratamento desta causa o conhecimento das anfibolias usadas pelos dialéticos. Nós, todavia, pensamos que não são de nenhuma ajuda; antes, causam um grande estorvo. Eles todos se põem à caça das anfibolias, até mesmo

possunt interpretari. Itaque et alieni sermonis molesti interpellatores et scripti cum odiosi tum obscuri interpretes sunt; et dum caute et expedite loqui uolunt, infantissimi reperiuntur. Ita dum metuunt in dicendo, ne quid ambiguum dicant, nomen suum pronuntiare non possunt. Verum horum pueriles opiniones rectissimis rationibus, cum uoles, refellemus. In praesentiarum hoc intercedere non alienum fuit, ut huius infantiae garrulam disciplinam contemneremus.

[17]   XII. Cum definitione utemur, primum adferemus breuem uocabuli definitionem, hoc modo: "Maiestatem is minuit, qui ea tollit, ex quibus rebus ciuitatis amplitudo constat. Quae sunt ea, Q. Caepio? Suffragia populi et magistratus concilium. Nempe igitur tu et populum suffragio et magistratum consilio priuasti, cum pontes disturbasti". Item ex contrario: "Maiestatem is minuit, qui amplitudinem ciuitatis detrimento adficit. Ego non adfeci, sed prohibui detrimento: aerarium enim conseruaui, libidini malorum restiti, maiestatem omnem interire non passus sum". Primum igitur uocabuli sententia breuiter et ad utilitatem adcommodate causae describitur; deinde factum nostrum cum uerbi descriptione coniungetur; deinde contrariae descriptionis ratio refelletur, si aut falsa erit aut inutilis aut turpis aut iniuriosa: id quod ex iuris partibus sumetur de iuridicali absoluta, de qua iam loquemur.

[18]   Quaeritur in translationibus primum, num aliquis eius rei actionem, petitionem aut persecutionem habeat, num alio tempore, num alia lege, num alio quaerente. Haec legibus et moribus, aequo et bono reperientur; de quibus dicetur in iuridicali absoluta.

---

40   Retórica a Herênio 1.21.

daquelas em que uma das interpretações não faz o menor sentido. Tornam-se, desse modo, não só interpeladores inoportunos no diálogo, como também detestáveis e obscuros na interpretação dos textos. Na pretensão de falar com prudência e desembaraço, mostram-se balbuciantes. Por temer a ambiguidade ao discursar, não podem sequer pronunciar seus próprios nomes. Refutaremos, quando quiseres, suas opiniões pueris usando a mais reta razão. Por ora, não foi descabido trazer isso à tona para desprezarmos o ensino verboso desses tartamudos.

[17]     XII. Quando fizermos uso da **definição**, primeiro especificaremos brevemente o termo, assim: "lesa a majestade aquele que destrói as coisas que constituem a grandeza da cidade. Que coisas são essas, Quinto Cepião? O sufrágio do povo e o conselho dos magistrados. De fato, privaste o povo do sufrágio e os magistrados do conselho quando destruíste as passarelas".[40]

Igualmente, o outro lado: "lesa a majestade aquele que causa dano à grandeza da cidade. Eu não causei, e sim impedi o dano, pois conservei o erário, enfrentei a tirania dos perversos e não permiti que se perdesse inteiramente a soberania".

Portanto, de início, descreveremos brevemente o significado do termo, acomodando-o ao interesse da causa; depois, estabeleceremos nexo entre nosso ato e a descrição do termo e, por fim, refutaremos o arrazoado que se apoia na descrição contrária, ou por ser falso, ou inútil, ou torpe, ou injusto – isso tomaremos das partes do direito na constituição jurídica absoluta, a respeito da qual logo falaremos.

[18]     Na **transferência**, primeiro examinamos se há direito de encaminhar ação, petição ou persecução a respeito do caso, se porventura não deveria fazê-lo noutro momento, sob outra lei e com outro procurador. Isto será descoberto por meio das leis, do costume e da equidade, de que falaremos na constituição jurídica absoluta.

In causa ratiocinali primum quaeretur, ecquid in rebus maioribus aut minoribus aut similibus similiter scriptum aut iudicatum sit; deinde, utrum ea res similis sit ei rei, qua de agitur, an dissimilis; deinde, utrum consulto de ea re scriptum non sit, quod noluerit cauere, an quod satis cautum putarit propter ceterorum scriptorum similitudiuem. De partibus legitimae constitutionis satis dictum est: nunc ad iuridicalem reuertemur.

[19]    XIII. Absoluta iuridicali constitutione utemur, cum ipsam rem, quam nos fecisse confitemur, iure factam dicemus, sine ulla adsumptione extrariae defensionis. In ea conuenit quaeri, iurene sit factum. De eo causa posita dicere poterimus, si, ex quibus partibus ius constet, cognouerimus. Constat igitur ex bis partibus: natura, lege, consuetudine, iudicato, aequo et bono, pacto.

Natura ius est, quod cognationis aut pietatis causa obseruatur, quo iure parentes a liberis, et a parentibus liberi coluntur.

Lege ius est id, quod populi iussu sanctum est quod genus: ut in ius eas, cum uoceris.

Consuetudine ius est id, quod sine lege aeque, ac si legitimum sit, usitatum est quod genus id quod argentario tuleris expensum, ab socio eius recte petere possis.

Iudicatum est id, de quo sententia lata est aut decretum interpositum. Ea saepe diuersa sunt, ut aliud alio iudici aut praetori aut consuli aut tribuno plebis placitum sit et fit, ut de eadem re saepe alius aliud decreuerit aut iudicarit, quod genus: M. Drusus praetor urbanus, quod cum herede mandati ageretur, iudicium

Em causas baseadas na **analogia**, procuraremos saber se algo já foi escrito ou julgado de maneira semelhante em casos de maior, menor ou igual importância. Em seguida, examinaremos se há mesmo semelhança com a causa em questão. Depois, se não escreveram sobre isso deliberadamente porque nada quiseram acautelar, ou porque, dada a semelhança com outros textos, tenham considerado já suficientemente acautelado.

Das partes da constituição legal falamos o bastante, passemos à **jurídica**.

[19]     XIII. Empregaremos a constituição jurídica **absoluta** quando, sem usar nenhum recurso exterior de defesa, dissermos que aquilo mesmo que confessamos ter feito foi justo. Aqui, convém indagar se o ato era conforme ao direito. Dada a causa, poderemos falar sobre isso se conhecermos as partes de que se constitui o **direito**. Consta, pois, destas partes: natureza, lei, costume, julgado, equidade e pacto.

**Direito natural** é o que se observa em razão da consanguinidade ou da piedade filial. Por esse direito, "os pais são cultuados pelos filhos e os filhos pelos pais".

**Direito legal** é aquele sancionado por decreto do povo, por exemplo: "que compareças perante a Justiça, quando fores convocado".

**Direito consuetudinário** é aquele que, mesmo não havendo lei, é admitido pelo uso com força de lei, por exemplo: "a soma que tiveres entregado a um banqueiro, terás o direito de exigir de seu sócio".

**Julgado** é aquilo a respeito de que já se pronunciou uma sentença ou já se interpôs um decreto. Os pareceres são amiúde divergentes, conforme aprouve uma ou outra coisa ao juiz, pretor, cônsul ou tribuno da plebe, de modo que é comum acontecer terem decretado ou julgado diferentemente sobre o mesmo assunto. Por exemplo: Marco Druso, pretor urbano, permitiu uma ação contra um herdeiro que não executara um mandado. Sexto Júlio não a concedeu. De modo semelhante, o juiz Caio Célio absolveu da acusação de injúria aquele que em cena ofendera nominalmente o poeta Lucílio.

reddidit, Sex. Iulius non reddidit. Item: C. Caelius iudex absoluit iniuriarum eum, qui Lucilium poetam in scaena nominatim laeserat, P. Mucius eum, qui L. Accium poetam nominauerat, condemnauit. [20] Ergo, quia possunt res simili de causa dissimiliter iudicatae proferri, cum id usu uenerit, iudicem cum iudice tempus cum tempore, numerum cum numero iudiciorum conferemus.

Ex aequo et bono ius constat, quod ad ueritatem et utilitatem communem uidetur pertinere, quod genus ut maior aniis LX et cui morbus causa est, cognitorem det. Ex eo uel nouum ius constitui conuenit ex tempore et ex hominis dignitate.

Ex pacto ius est, si quid inter se pepigerunt, si quid inter quos conuenit. Pacta sunt, quae legibus obseruanda sunt, hoc modo: rem ubi pagunt, orato; ni pagunt, in comitio aut in foro ante meridiem causam coicito. Sunt item pacta, quae sine legibus obseruantur ex conuento quae iure praestare dicuntur. His igitur partibus iniuriam demonstrari, ius confirmari conuenit, id quod in absoluta iuridicali facindum uidetur.

[21]     XIV. Cum ex conparatione quaereretur, utrum satius fuerit facere, id, quod reus dicat se fecisse, an id, quod accusator dicat oportuisse fieri, primum quaeri conueniet, utrum fuerit utilius ex contentione, hoc est, utrum honestius, facilius, conducibilius. Deinde oportebit quaeri, ipsumne oportuerit iudicare, utrum fuerit utilius an aliorum fuerit utilius statuendi potestas. Deinde interponetur ab accusatore suspicio ex constitutione coniecturali, qua re putetur non ea ratione factum esse, quo melius deteriori anteponeretur, sed dolo malo negotium gestum de aliqua probabili causa. Ab defensore contra refellatur argumentatio coniecturalis,

---

41  Esse enunciado remonta à *Lei das Doze Tábuas*, especificamente ao dispositivo da primeira tábua, que trata de aspectos processuais como as regras para o comparecimento das partes em juízo e o horário das audiências. Lê-se em Tito Lívio (3.55) que as *Doze Tábuas* foram o primeiro corpo de leis escritas e publicadas em Roma. Teriam sido elaboradas entre 450–451 AEC por um colégio de dez legisladores (*decenuiri legibus scribundis*), como resposta à pressão da plebe, que se insurgia contra o monopólio da lei pelos patrícios. Gravadas em

Públio Múcio, por sua vez, condenou aquele outro que falara do poeta Lúcio Ácio. **[20]** Portanto, já que causas semelhantes podem ser julgadas diferentemente, quando isso ocorrer, compararemos juízes, ocasiões e número das decisões.

Fundamenta-se na **equidade** o direito considerado pertinente à verdade e ao interesse comum, por exemplo: "que um homem de mais de sessenta anos, por motivo de doença, apresente um procurador". A partir disso, é possível constituir direito extraordinário segundo a ocasião e a dignidade do homem.

O direito se faz por meio de **pacto** se foi firmado algo entre as partes ou se concordaram entre si. Há pactos que devem ser observados por lei, por exemplo: "se concordaram, proclame-se; se não concordaram, que a causa seja levada ao *Comitium* ou ao Fórum antes do meio-dia".[41] Existem também pactos que, mesmo sem leis, são observados só pelo compromisso, e considera-se que valem como lei. Com essas partes, pois, convém demonstrar as injustiças e confirmar o direito. Isso é o que deve ser feito na causa jurídica absoluta.

**[21]**     XIV. Quando se usa da **comparação**, examina-se se teria sido preferível fazer o que o réu admite que fez ou aquilo que o acusador diz que deveria ter sido feito. Devemos buscar, com esse confronto, o que teria sido mais útil, isto é, mais honesto, mais fácil, mais favorável. Em seguida, será preciso examinar se caberia ao réu julgar o que teria sido mais útil, ou se o poder para determinar isso pertencia a outros. Então, o acusador levantará suspeita, conforme a constituição conjectural, sugerindo que o réu não tenha agido de modo a preferir o melhor ao pior, e sim que, por algum motivo plausível, agiu de má-fé. Que a defesa, então, refute essa argumentação conjectural e examine se acaso teria

---

tabuletas e expostas no Fórum para o conhecimento geral, ali permaneceram até 390 AEC, quando o Fórum foi incendiado durante a invasão gaulesa a Roma. O conteúdo das *Doze Tábuas* tem sido reconstituído a partir de citações de autores latinos posteriores (Madeira 2015: 125-138).

de qua ante dictum est. Deinde quaeretur, potueritne uitari, ne in eum locum ueniretur. [22] His sic tractatis accusator utetur loco communi in eum, qui inutile utili praeposuerit, cum statuendi non habuerit potestatem. Defensor contra eos, qui aecum censeant rem perniciosam utili praeponi, utetur loco communi per conquestionem: et simul quaerat ab accusatoribus, ab iudicibus ipsis, quid facturi essent, si in eo loco fuissent; et tempus, locum, rem, deliberationem suam ponet ante oculos.

XV. Translatio criminis est, cum ab reo facti causa in aliorum peccatum transfertur. Primum quaerendum est, iurene in alium crimen transferatur; deinde spectandum est, aeque magnum sit illud peccatum, quod in alium transferatur, atque illud, quod reus suscepisse dicatur; deinde, oportueritne in ea re peccare, in qua alius ante peccarit; deinde, oportueritne iudicium ante fieri; deinde, cum factum iudicium non sit de illo crimine, quod in alium transferatur, oporteatne de ea re iudicium fieri, quae res in iudicium non deuenerit. Locus communis accusatoris contra eum, qui plus censeat uim quam iudicia ualere oportere. Et ab aduersariis percontabitur accusator, quid futurum sit, si idem ceteri faciant, ut de indemnatis supplicia sumant, quod eos idem fecisse dicant. Quid, si ipse accusator idem facere uoluisset? Defensor eorum peccati atrocitatem proferet, in quos crimen transferet; rem, locum, tempus ante oculos ponet, ut ii, qui audient, existiment, aut non potuisse aut inutile fuisse rem in iudicium uenire.

[23]   XVI. Concessio est, per quam nobis ignosci postulamus. Ea diuiditur in purgationem et deprecationem. Purgatio est, cum consulto a nobis factum negamus. Ea diuiditur in necessitudinem,

---

42   "Fazer passar diante dos olhos" é o efeito obtido especificamente pelo ornamento chamado *demonstração* (*Retórica a Herênio* 4.68), que consiste numa narração detalhada e acumulada de elementos descritivos. Com a *demonstração*, o orador presentifica os acontecimentos narrados, de modo que pareçam mais mostrados do que ditos. Observa-se, no entanto, que muitos outros ornamentos se prestam ao mesmo fim. É o caso da *translação* (*Retórica a Herênio* 4.45), da *descrição*, (*Retórica a Herênio* 4.51), da *similitude* (*Retórica a Herênio* 4.59), do *exemplo* (*Retórica a Herênio* 4.62), da *imagem* (*Retórica a Herênio* 4.62), da *efígie* (*Retórica a Herênio* 4.63), da *notação* (*Retórica a*

sido possível ter evitado o impasse. **[22]** Tratados esses aspectos, o acusador usará o lugar-comum contra quem tenha preferido o prejudicial ao útil quando não era seu o poder de decidir.

A defesa usará o lugar-comum de queixar-se daqueles que consideram indiferente preferir o pernicioso ao útil e, ao mesmo tempo, indagará dos acusadores e dos próprios juízes o que teriam feito no lugar do réu, e fará passar diante de seus olhos⁴² o momento, o lugar, o acontecimento e a decisão tomada.

**XV.** Há **transferência da acusação** quando o motivo do ato praticado pelo réu é transferido para o crime de outrem.

Primeiro, deve-se investigar se o direito permite essa transferência; depois, é preciso ver se o delito atribuído ao outro é tão grande quanto aquele que se imputa ao réu. Depois, se era preciso que o réu incorresse na mesma falta; se não deveria, antes, ter havido julgamento e, não tendo havido julgamento do crime que se transfere a outro, se seria o caso de se ajuizar agora sobre aquilo que não foi levado a julgamento. O lugar-comum do acusador é contra aquele que pensa que a força deve prevalecer sobre as decisões judiciais. Perguntará aos adversários o que aconteceria se outros também agissem assim e aplicassem penas a não condenados sob a alegação de terem feito o mesmo. E se o próprio acusador tivesse desejado agir desse modo? O defensor mostrará a atrocidade do delito daqueles para quem a acusação é transferida e fará passar diante dos olhos o acontecimento, o lugar e o momento, de modo que aqueles que ouvem pensem que seria impossível ou inútil levar o caso a julgamento.

**[23]** **XVI.** Na **confissão**, postulamos o perdão. Divide-se em purgação e súplica.

**Purgamos** a culpa dizendo não ter havido deliberação. A purgação divide-se em: necessidade, acaso e imprudência. Mostraremos primeiro estas partes, depois voltaremos à súplica.

Herênio 4.63), da *sermocinação* (*Retórica a Herênio* 4.65), e da *personificação* (*Retórica a Herênio* 4.66). O efeito de realidade propiciado por uma narrativa rica em detalhes opera como garantia de verdade da causa, já que os ouvintes são levados a imaginar a cena como se a estivessem testemunhando, o que assevera sua convicção.

fortunam, inprudentiam. De his partibus primum ostendendum est; deinde ad deprecationem reuertendum uidetur. Primum considerandum est, num culpa uentum sit in necessitudinem. Deinde quaerendum est quo modo uis illa uitari potuerit ac leuari. Deinde is, qui in necessitudinem causam conferet, expertusne sit, quid contra facere aut excogitare posset. Deinde, num quae suspiciones ex coniecturali constitutione trahi possint, quae significent id consulto factum esse, quod necessario cecidisse dicitur. Deinde, si maxime necessitudo quaepiam fuerit, conueniatne eam satis idoneam causam putari.

[24]  Si inprudentia reus se peccasse dicet, primum quaeretur, utrum potuerit nescire an non potuerit; deinde utrum data sit opera, ut sciretur, an non; deinde, utrum casu nescierit an culpa. Nam qui se propter uinum aut amorem aut iracundiam fugisse rationem dicet, is animi uitio uidebitur nescisse, non inprudentia; quare non inprudentia se defendet, sed culpa contaminabit. Deinde coniecturali constitutione quaeretur, utrum scierit an ignorauerit; et considerabitur satisne inprudentia praesidii debeat esse, cum factum esse constet.

Cum infortunam causa confertur et ea re defensor ignosci reo dicet oportere, eadem omnia uidentur consideranda, quae de necessitudine praescripta sunt. Etenim omnes hae tres partes purgationis inter se finitimae sunt, ut in omnes eadem fere possint adcommodari.

Loci communis in his causis: accusatoris contra eum, qui cum peccasse confiteatur, tamen oratione iudices demoretur; defensoris, de humanitate, misericordia: uoluntatem in omnibus rebus spectari conuenire; quae consulto facta non sint, ea fraudei esse non oportere.

[25]  XVII. Deprecatione utemur, cum fatebimur nos peccasse neque id inprudentes, aut fortuito aut necessario fecisse dicemus: et tamen ignosci nobis postulabimus. Hic ignoscendi ratio quaeritur ex his locis: si plura aut maiora officia quam maleficia uidebuntur constare; si qua uirtus aut nobilitas erit in eo, qui supplicabit; si

Antes de mais nada, deve-se considerar se aquele que atribui o motivo à **necessidade** foi levado a ela por sua própria culpa. Depois, investigar de que modo teria podido evitar ou atenuar esse constrangimento. Depois, se teria experimentado pensar ou fazer algo para opor-se a ele. Depois, se seria possível levantar alguma suspeita de acordo com a constituição conjectural, para mostrar que foi deliberado aquilo que se diz ter acontecido por necessidade. Depois, caso tenha havido mesmo necessidade máxima, se conviria considerá-la motivo suficientemente idôneo.

[24] Se o réu diz ter errado por **imprudência**, primeiro investigaremos se seria possível que ignorasse. Depois, se teria ou não se empenhado para saber; e, enfim, se teria ignorado por sua própria culpa ou por acaso. Com efeito, quem diz que perdeu a razão por causa do vinho, do amor ou da ira, parecerá que foi néscio por vício de caráter, não por imprudência. Não se defenderá, pois, com essa alegação; ao contrário, contaminar-se-á com o vício. Depois, indagaremos conforme a constituição conjectural, se o réu teria sabido ou ignorado, e consideraremos se o recurso à imprudência deve ser suficiente quando o que foi feito é irreversível.

Quando o motivo é atribuído ao **acaso** e o defensor diz que por isso o réu deve ser perdoado, será preciso considerar tudo o que foi prescrito a respeito da necessidade, pois as três partes da purgação relacionam-se tão intimamente que quase as mesmas regras se acomodam a todas.

Os lugares-comuns nessas causas são: o do acusador, contra aquele que, embora já tenha confessado o delito, ainda retém os juízes com seu discurso; o da defesa, sobre a humanidade e a misericórdia: em tudo se deve considerar a intenção; o que não foi feito deliberadamente não pode ser crime.

[25] XVII. Usaremos a **súplica** quando confessarmos o crime e não dissermos que foi cometido por imprudência, por acaso ou por necessidade, mas, ainda assim, rogarmos que nos perdoem. Buscaremos razões em favor do perdão investigando estes lugares: se os benefícios prestados são evidentemente maiores e mais numerosos

qua spes erit usui futurum, si sine supplicio discesserit; si ipse ille supplex mansuetus et misericors in potestatibus ostendetur fuisse; si ea, quae peccauit, non odio neque crudelitate, sed officio et recto studio commotus fecit; si tali de causa aliis quoque ignotum est; si nihil ab eo periculi nobis futurum uidebitur, si eum missum fecerimus; si nulla aut a nostris ciuibus aut ab aliqua ciuitate uituperatio ex ea re suscipietur.

[26] Loci communis: de humanitate, fortuna, misericordia, rerum commutatione. His locis omnibus ex contrario utetur is, qui contra dicet, cum amplificatione et enumeratione peccatorum. Haec causa iudicialis fieri non potest, ut in libro primo ostendimus, sed, quod potest uel ad senatum uel ad consilium uenire, non uisa est supersedenda.

Cum ab nobis crimen remouere uolemus, aut in rem aut in hominem nostri peccati causam conferemus. Si causa in hominem conferetur, quaerendum erit primum, potueritne tantum, quantum reus demonstrabit, is, in quem causa conferetur: et, quone modo aut honeste aut sine periculo potuerit obsisti; si maxime ita sit, num ea re concedi reo conueniat, quod alieno inductu fecerit. Deinde in coniecturalem trahetur controuersiam et ediseretur, num consulto factum sit. Si causa in rem quandam conferetur, et haec eadem fere et omnia, quae de necessitudine praecepimus, consideranda erunt.

[27] XVIII. Quoniam satis ostendisse uideamur, quibus argumentationibus in uno quoque genere causae iudicialis uti conueniret, consequi uidetur, ut doceamus, quemadmodum ipsas argumentationes ornate et absolute tractare possimus. Nam fere non difficile inuenire, quid sit causae adiumento; difficillimum est inuentum

---

43 Esse preceito diz respeito à *tractatio*, o modo de desenvolver os argumentos, completando a invenção com os recursos da elocução. Cícero (*Sobre a invenção* 1.50-77) considera a *tractatio* como uma variação do tipo de raciocínio, que pode ser indutivo ou dedutivo. Na *Retórica a Herênio*, porém, tratar a argumentação é arrematá-la com a ornamentação, revestindo-a de figuras variadas que garantam sua eficácia. A aplicação dos ornamentos produz adesão afetiva do público que, dominado pela emoção, toma o argumento apresentado pelo ora-

que os malefícios; se há virtude ou nobreza naquele que suplica; se há alguma esperança de utilidade futura caso seja eximido da pena; se o próprio suplicante mostrou-se clemente e misericordioso no poder; se cometeu o delito movido pelo justo empenho ao dever e não por ódio ou crueldade; se numa causa semelhante outros já foram perdoados; se não parece representar nenhum perigo para nós no futuro, caso seja absolvido, e se isso não provoca a censura de cidadãos nossos ou de alguma outra cidade.

[26] Os lugares-comuns: a humanidade, o acaso, a misericórdia, a instabilidade das coisas. Todos esses lugares serão invertidos para o uso do adversário, acompanhados da amplificação e enumeração dos delitos.

Essa causa, conforme mostramos no primeiro livro, não pode ser apresentada em juízo; mas, como pode ser levada ao Senado ou às assembleias, não foi deixada de lado.

Quando desejarmos **afastar a acusação**, atribuiremos o motivo de nosso crime ou às circunstâncias, ou a outra pessoa.

Se atribuirmos a **outra pessoa**, devemos antes indagar se ela teria tido tanto poder quanto demonstrará o réu, e de que modo ele poderia ter-lhe resistido sem risco e de modo honesto; se a questão for mesmo essa, se seria conveniente perdoar o réu porque agiu por indução de outro. Depois, traremos a controvérsia para a conjectura e investigaremos se acaso teria havido premeditação.

Se o motivo for atribuído a alguma **circunstância**, serão consideradas praticamente essas mesmas coisas e mais todas aquelas que preceituamos a respeito da necessidade.

[27] XVIII. Já que parecemos ter demonstrado suficientemente quais argumentações convirá utilizar em cada um dos gêneros de causa do discurso judiciário, parece consequente ensinar de que modo poderemos tratá-las ornada e completamente.[43] Não é difícil encontrar o que favorece a causa, a grande dificuldade está em

---

dor como a única versão possível dos fatos. Assim, a adequação da figura ao argumento é sentida como adequação do argumento aos próprios fatos.

expolire et expedite pronuntiare. Haec enim res facit, ut neque diutius, quam satis sit, in eisdem locis commoremur, nec eodem identidem reuoluamur, neque incoatam argumentationem relinquamus, neque incommode ad aliam deinceps transeamus. Itaque hac ratione et ipsi meminisse poterimus, quid quoque loco dixerimus, et auditor cum totius causae tum unius cuiusque argumentationis distributionem percipere et meminisse poterit.

[28] Ergo absolutissima et perfectissima est argumentatio ea, quae in quinque partes est distributa; propositionem, rationem, rationis confirmationem, exornationem, conplexionem. Propositio est, per quam ostendimus summatim, quid sit quod probari uolumus. Ratio est quae causam demonstrat, uerum esse id, quod intendimus, breui subiectione. Rationis confirmatio est ea, quae pluribus argumentis conroborat breuiter expositam rationem.

---

44 O termo aqui traduzido por "polir" é *expolire*. Há, no Livro 4 da *Retórica a Herênio*, um exemplo de "expolição" (4.54-58), que consiste no tratamento (*tractatio*) dado a uma "sentença" (4.25). Lá, a *expolição* aplica-se ao desenvolvimento de uma tese, um princípio geral que pode esclarecer a causa particular; aqui, trata-se de desenvolver argumentos pertinentes à própria causa, que sustentam a hipótese do acusador ou do defensor. Feita essa ressalva, note-se que as divisões da expolição usadas para variar a mesma matéria correspondem aproximadamente às divisões do *epiquirema*, mas a parte que este reserva à *ornamentação* encontra-se, na *expolição*, distribuída em três ornamentos específicos: o *contrário*, o *símile* e o *exemplo*.

45 A *tractatio* põe em relação todas as partes da arte, não só invenção e elocução, mas também disposição, memória e pronunciação. O elemento relacional é o *ornamento*. Ele "distingue" os argumentos entre si – o que facilita sua diposição no discurso – e "marca", ilumina, cada um dos argumentos, tornando-os mais fáceis de memorizar, tanto para quem fala, quanto para quem ouve. Além disso, a qualidade do ornamento – sua gravidade ou agudeza, aspereza ou suavidade, morosidade ou rapidez etc. – exige diferentes modos de pronunciação. Note-se, ainda, nesse parágrafo, a recorrência da noção de lugar, alinhavando as partes da arte: lugar da invenção, lugar da disposição e lugar da memória.

46 Trata-se da argumentação já referida em 2.2 com o nome de *epiquirema*. Cícero (*Sobre a invenção* 1.57) dá o nome de *ratiocinatio* a uma argumentação também em cinco partes, mas, como observa Quintiliano (*Instituição oratória* 5.10.6), é possível que traduzisse com esse termo a palavra grega *syllogismós* e não *epicheírema*. Nos exemplos de *ratiocinatio* dados no *Sobre a invenção*, há, como no

polir⁴⁴ o que se encontrou e pronunciá-lo com desembaraço. Isso faz com que não demoremos mais do que é necessário em cada lugar, nem retornemos sempre ao mesmo ponto, nem abandonemos uma argumentação começada e passemos inconvenientemente a outra. Por esse método, poderemos lembrar o que dissemos em cada lugar e, além disso, o ouvinte poderá não só perceber a distribuição de cada um dos argumentos na causa, mas também lembrar de todos eles.⁴⁵

[28] Enfim, a argumentação mais completa e perfeita é aquela que se divide em cinco partes: proposição, razão, confirmação da razão, ornamentação e complexão.⁴⁶

A **proposição** mostra resumidamente o que desejamos provar.

A **razão** é o motivo que, com breve explicação, demonstra ser verdadeiro o que afirmamos.

A **confirmação** corrobora, com mais argumentos, a razão brevemente apresentada.

---

silogismo canônico, duas premissas (*propositio* e *assumptio*) das quais se deduz uma conclusão (*complexio*); no entanto, cada uma das premissas é corroborada, separadamente, por uma confirmação (*approbatio*), composta de ornamentos. A *ratiocinatio* é, pois, um silogismo ampliado e amplificado pelo ornamento. Embora o *epiquirema*, na *Retórica a Herênio*, não tenha a forma silogística da *ratiocinatio* ciceroniana, é também uma argumentação fortemente exornada. O fato de ambos tratarem, na parte da confirmação da causa, de argumentações divididas em cinco partes levou muitos estudiosos a compará-las, quase sempre com o intuito de identificar suas possíveis fontes. É interessante notar a tendência em separar os argumentos em retóricos e filosóficos (lógicos, dialéticos), opondo, assim, o que é estilístico ao que é argumentativo. Braet (2004), ainda que considere a *Retórica a Herênio* mais "retórica" que o *Sobre a invenção*, reconhece o aspecto "retórico-estilístico" como o traço comum entre os dois tratamentos da argumentação. Montefusco (1998) nota que o que vale para persuadir não é a forma lógica do argumento, mas o número de suas partes, que, incluindo as *approbationes*, ganham em força retórica. Comparando os dois tratados, confirmamos que a força do argumento desenvolvido em cinco partes é atribuída à pujança dos ornamentos empregados para comprovar as "razões". O ornamento é incorporado à argumentação e isso mostra que o "estilo" não é mero acréscimo, mas deve ser previsto, desde a invenção, para afiançar o argumento e produzir sua efetividade retórica.

Exornatio est, qua utimur rei honestandae et conlocupletandae causa, confirma ta argumentatione. Complexio est, quae concludit breuiter, conligens partes argumentationis.

Hisce igitur quinque partibus ut absolutissime utamur, hoc modo tractabimus argumentationem:

XIX. "Causam ostendemus Ulixi fuisse, quare interfecerit Aiacen.

Inimicum enim acerrimum de medio tollere uolebat, a quo sibi non iniuria summum periculum metuebat.

Videbat illo incolumi se incolumem non futurum; sperabat illius morte se salutem sibi conparare; consueuerat, se iure non potuerat, iniuria quauis inimico exitium machinari: cui rei mors indigna Palamedis testimonium dat. Ergo et metus periculi hortabatur eum interimere, a quo supplicium uerebatur; et consuetudo peccandi maleficii suscipiendi remouebat dubitationem.

[29] Omnes enim cum minima peccata cum causa suscipiunt, tum uero illa, quae multo maxima sunt maleficia, aliquo certo emolumento inducti suscipere conantur. Si multos induxit in peccatum pecuniae spes, si conplures scelere se contaminarunt imperii cupiditate, si multi leue conpendium fraude maxima commutarunt, cui mirum uidebitur, istum a maleficio propter acerrimam formidinem non temperasse? Virum fortissimum, integerrimum, inimicitiarum persequentissimum, iniuria lacessitum, ira exsuscitatum homo timidus, nocens, conscius sui peccati, insidiosus uoluit interimere; acerrimum homo perfidiosus inimicum incolumem esse noluit: cui tandem hoc mirum uidebitur? Nam cum feras bestias uideamus alacres et erectas uadere, ut alteri bestiae noceant, non est incredibile putandum istius quoque animum ferum, crudelem atque inhumanum cupide ad inimici perniciem profectum; praesertim cum in bestiis nullam neque bonam neque malam rationem

---

47  Eis a *proposição*.
48  Eis a *razão*.

Uma vez confirmada a argumentação, empregamos a **ornamentação** para honestar e enriquecer o exposto.

A **complexão** finaliza com brevidade, reunindo as partes da argumentação.

Para empregarmos inteiramente essas cinco partes, trataremos a argumentação deste modo:

XIX. "Mostrarei que Ulisses tinha motivo para matar Ájax.[47]

Desejava, com efeito, eliminar um terrível inimigo, de quem, não injustamente, temia grandes riscos para si.[48]

Via que, enquanto o outro estivesse a salvo, ele próprio não haveria de salvar-se; esperava, com a morte de Ájax, garantir sua própria segurança. Costumava maquinar a ruína dos inimigos por algum meio ilícito, se licitamente nada pudesse fazer; disso, a morte imerecida de Palamedes dá testemunho. Assim, o medo do perigo incitava-o a eliminar aquele por quem temia ser morto e o hábito de delinquir suprimia a dúvida quanto a cometer o crime.[49]

[29]  Pois, se para cometer as menores faltas, todos têm um motivo, seguramente são levados por uma vantagem certa, quando se empenham em cometer crimes muito mais graves. Se a promessa do dinheiro levou tantos a agir mal, se por ambição de poder tantos se contaminaram com más ações, se tantos por pouco lucro causaram enorme dano, quem se surpreenderia que Ulisses, em virtude de um extremo terror, não se tivesse abstido do crime? Esse covarde, culpado, cônscio de seu crime, insidioso, pérfido não quis deixar ileso seu pior inimigo, desejou exterminar um homem de enorme coragem, íntegro, implacável com os inimigos, exasperado com a injustiça e despertado pela ira. Quem se admiraria disso? Assim, como vemos as feras selvagens caminhando ágeis e eretas para atacar outros animais, não é de estranhar que também o ânimo feroz, cruel e desumano de Ulisses tenha partido avidamente para destruir o inimigo; ainda mais porque nas feras não há nenhum

---

49  Esses dois argumentos são a *confirmação da razão*.

uideamus, in isto plurimas et pessumas rationes semper fuisse intellegamus.

[30] Si ergo pollicitus sum me daturum causam, qua inductus Ulixes accesserit ad maleficium, et si inimicitiarum acerrimam rationem et periculi metum intercessisse demonstraui, non est dubium quin confiteatur causam maleficii fuisse".

Ergo absolutissima est argumentatio ea, quae ex quinque partibus constat; sed ea non semper necesse est uti. Est cum conplexione supersedendum est, si res breuis est, ut facile memoria conprehendatur; est cum exornatio praetermittenda est, si parum locuples ad amplificandum et exornandum res uidetur esse. Sin et breuis erit argumentatio et res tenuis aut humilis, tum et exornatione et conplexione supersedendum est. In omni argumentatione de duabus partibus postremis haec, quam exposui, ratio est habenda. Ergo amplissima est argumentatio quinquepertita; breuissima est tripertita; mediocris sublata aut exornatione aut conplexione quadripertita

[31] XX. Duo genera sunt uitiosarum argumentationum: unum, quod ab aduersario reprehendi potest, id quod pertinent ad causam: alterum, quod tametsi nugatorium est, tamen non indiget reprehensionis. Quae sint, quae reprehensione confutari conueniat, quae tacite contemni atque uitari sine reprehensione, nisi exempla subiecero, intellegere dilucide non poteris. Haec cognitio uitiosarum argumentationum duplicero utilitatem adferet. Nam et uitare in argumentatione uitium admonebit et ab aliis non uitatum commode reprehendere docebit.

Quoniam igitur ostendimus perfectam et plenam argumentationem ex quinque partibus constare, in uma quaque parte argumentationis quae uitia uitanda sunt consideremus, ut et ipsi

---

50  Nesse parágrafo, está a *ornamentação*. É notável o acúmulo de ornamentos: *contrário* (*Retórica a Herênio* 4.25), *repetição* (4.19), *articulação* (4.26), *contenção* (4.21), *interrogação* (4.22), *contenção* (4.58), *diminuição* (4.50), *similitude* (4.59). Há, além disso, no texto latino, recursos sonoros que se perderam na tradução:

sinal de razão, nem boa nem má, enquanto em Ulisses sabemos que sempre houve muitos ardis, e péssimos.[50]

[30] Se, pois, prometi dar o motivo que induziu Ulisses ao crime e se demonstrei que pesou a razão crudelíssima das hostilidades e o medo do perigo, não resta dúvida de que se revelou haver motivo para o crime".[51]

A argumentação mais completa é, portanto, a que consta de cinco partes, mas nem sempre é necessário utilizá-las todas. Às vezes a complexão pode ser dispensada, se a matéria for sucinta a ponto de guardar-se facilmente na memória; outras vezes, a ornamentação pode ser omitida, se a matéria parecer pouco rica para ser amplificada e ornada. Se, ao mesmo tempo, o argumento for breve e a matéria tênue e humilde, tanto a ornamentação quanto a complexão devem ser abandonadas.

Essa regra que acabo de expor será respeitada nas duas últimas partes de toda a argumentação. A argumentação mais desenvolvida terá, então, cinco partes, a mais sucinta, três e a intermediária – em que falta a ornamentação ou a complexão – quatro.

[31] XX. Há dois gêneros de **argumentos viciosos**: um é pertinente à causa e pode ser refutado pelo adversário; o outro, porque irrisório, não carece de refutação. Não poderás distinguir claramente, se eu não te fornecer exemplos, a quais argumentos convém responder com a refutação, e a quais devemos desprezar tacitamente, ou seja, evitar sem refutar. O conhecimento dos argumentos viciosos oferecerá dupla utilidade: alertará quanto a evitar o vício na argumentação e ensinará a refutar convenientemente os vícios não evitados pelos outros.

Mostramos que a argumentação perfeita e completa consta de cinco partes; consideraremos agora quais vícios devem ser evitados em cada uma delas, para que possamos nos afastar desses vícios e,

---

semelhanças de desinência casual e de terminação (4.28), superlativos, palavras esdrúxulas e altissonantes.
51  Eis, por fim, a *complexão*.

ab his uitiis recedere, et aduersariorum argumentationes hac praeceptione in omnibus partibus temptare et ab aliqua parte labefactare possimus.

[32]   Expositio uitiosa est, cum ab aliqua aut a maiore parte ad omnes confertur id, quod non necessario est omnibus adtributum; ut si quis hoc modo exponat: "omnes, qui in paupertate sunt, malunt maleficio parare diuitias, quam officio paupertatem tueri". Si qui hoc modo exposuerit argumentationem, ut non curet quaerere, qualis ratio aut rationis confirmatio sit, ipsam facile reprehendemus expositionem, cum ostendemus, id, quod in aliquo paupere inprobo sit, in omnes pauperes falso et iniuria conferri.

[33]   Item uitiosa expositio est, cum id, quod raro fit, fieri omnino negatur, hoc modo: "nemo potest uno aspectu neque praeteriens in amorem incidere". Nam cum nonnemo deuenerit in amorem uno aspectu, et cum ille neminem dixerit, omnino nihil differt raro id fieri, dummodo aliquando fieri aut posse modo fieri intellegatur.

XXI. Item uitiosa expositio est, cum omnes res ostendemus nos collegisse et aliquam rem idoneam praeterimus, hoc modo: "Quoniam igitur hominem occisum constat esse, necesse est aut a praedonibus aut ab inimicis occisum esse aut abs te, quem ille heredem testamento ex parte faciebat. Praedones in illo loco uisi numquam sunt, inimicum nullum habebat: relinquitur, si neque a praedonibus neque ab inimicis occisus est, quod alteri non erant, alteros non habebat, ut abs te sit interemptus". Nam in huiuscemodi expositione reprehensione utemur, si quos praeterquam quos ille conlegerit, potuisse suscipere maleficium ostenderimus: uelut in hoc exemplo, cum dixerit necesse esse aut a praedonibus aut ab inimicis aut a nobis occisum esse, dicemus: potuisse uel a familia uel a coheredibus nostris. Cum hoc modo illorum conlectionem disturbauerimus, nobis latiorem locum defendendi reliquerimus. Ergo hoc quoque uitandum est in ex-

---

52   A partir desse ponto, quando começa a tratar dos defeitos da argumentação, o autor troca o termo "proposição" (*propositio*) por "exposição" (*expositio*).

com os mesmos preceitos, testar a argumentação dos adversários no todo e abalar qualquer uma de suas partes.

[32]   A **exposição**[52] é viciosa quando o que cabe a uma ou à maior parte é atribuído a todos, sem que lhes seja necessariamente aplicável, como se alguém assim expusesse: "todos os que estão na pobreza preferem obter riquezas com más ações a continuar na pobreza com retidão". Se alguém tiver exposto a argumentação desse modo, sem o cuidado de perguntar-se de que tipo é a razão ou a confirmação da razão, refutaremos sua exposição facilmente ao mostrar que, o que é próprio de algum pobre desonesto, é falsa e injustamente atribuído a todos os pobres.

[33]   Também é viciosa a exposição quando afirma que nunca ocorre algo que, embora raro, pode acontecer: "ninguém pode apaixonar-se só com uma olhadela, ou de passagem". Como existe quem se apaixone à primeira vista, e o orador disse "ninguém", pouco importa que o acontecimento seja raro, contanto que saibamos que, de vez em quando, acontece, ou que simplesmente pode acontecer.

XXI. É igualmente viciosa a exposição quando dizemos ter coligido todas as possibilidades, mas, na verdade, omitimos algo pertinente. Por exemplo: "como, portanto, está constatado que o homem foi morto, é necessário que tenha sido assassinado ou por ladrões, ou por inimigos, ou por você, a quem legou parte da herança em testamento. Ladrões naquele lugar nunca foram vistos; inimigos, não os tinha. Se não foi assassinado nem por ladrões, pois lá não havia, nem por inimigos, que não possuía, resta que tenha sido morto por você".

Refutamos uma exposição desse tipo se mostramos que outros, além dos que foram enumerados, poderiam ter cometido o crime. Assim, como nesse exemplo, se o acusador tiver dito que necessariamente o assassinato foi praticado por ladrões, ou por inimigos ou por nós, diremos que também poderia ser obra de um escravo ou de um coerdeiro. Quando desse modo tivermos conturbado a enumeração dos adversários, teremos deixado maior espaço para nossa defesa. Portanto, também devemos evitar, na exposição,

positione, ne quando, cum omnia collegisse uideamur, aliquam idoneam partem reliquerimus.

[34] Item uitiosa expositio est, quae constat ex falsa enumeratione, si aut, cum plura sunt, pauciora dicamus, hoc modo: "duae res sunt, iudices, quae omnes ad maleficium inpellant, luxuries et auaritia". "Quid amor?". Inquiet quispiam, "quid ambitio? quid religio? quid metus mortis? quid imperii cupiditas? quid denique alia permulta?". Item falsa enumeratio est, cum pauciora sunt et plura dicimus, hoc modo: "tres res sunt, quae omnes homines sollicitent, metus, cupiditas, aegritudo". Satis enim fuerat dixisse metum, cupiditatem, quoniam aegritudinem cum utraque re coniunctam esse necesse est.

**XXII.** Item uitiosa expositio est, quae nimium longe repetitur, hoc modo: "omnium malorum stultitia est mater atque materies. Ea parit inmensas cupiditates. Inmensae porro cupiditates infinitae, inmoderatae sunt. Hae pariunt auaritiam. Auaritia porro hominem ad quod uis maleficium impellit. Ergo auaritia inducti aduersarii nostri hoc in se facinus admiserunt". Hic id, quod extremum dictum est, satis fuit exponere, ne Ennium et ceteros poetas imitemur, quibus hoc modo loqui concessum est:

"Utinam ne in nemore Pelio securibus
Caesae accidissent abiegnae ad terram trabes,
Neue inde nauis inchoandi exordium
Coepisset, quae nunc nominatur nomine
Argo, quia Argiui in ea delecti uiri
Vecti petebant pellem inauratam arietis

---

53  É temerário supor que, quando se usam versos de comédias ou tragédias para exemplificar os vícios da argumentação, isso implique uma crítica aos poetas. Os poetas compõem seus versos para deleitar, o orador ordena o discurso para

que, julgando ter reunido todas as possibilidades, deixemos de lado algo pertinente.

[34] Também é viciosa a exposição que consta de falsa enumeração, por exemplo, quando há mais e dizemos menos: "há duas coisas, juízes, que levam todo homem ao crime: luxúria e cupidez". "Mas e o amor?", dirá alguém, "e a ambição, a religião, o medo da morte, o desejo de poder e, enfim, tantas outras coisas?". É ainda falsa a enumeração quando há menos e dizemos mais: "são três as coisas que afligem todos os homens: o medo, o desejo, e a inquietude". Era suficiente ter dito o medo e o desejo, pois a inquietude está necessariamente ligada a um e outro.

XXII. Também é viciosa a exposição que começa de muito longe, assim: "a estupidez é mãe e motriz de todos os males. Produz desejos desmesurados. Ora, os apetites desmedidos são infinitos, sem limites. Geram a cobiça. Ademais, a cobiça impele o homem a todo tipo de má ação. Logo, induzidos pela cobiça, nossos adversários cometeram este crime".

Teria sido suficiente expor apenas o que foi dito por último. Não imitemos Ênio e outros poetas, aos quais se concede falar desta maneira:[53]

"Que as árvores de abeto nos bosques de Pélion
a golpes de machado não fossem à terra,
e não se empreendesse a construção da nau
chamada, agora, pelo nome Argo, pois
nela, a mando do rei Pélias, navegaram
os varões argivos diletos que, por dolo,

persuadir; finalidades diferentes demandam adequações distintas entre a matéria e as palavras. O que convém a um, não convém ao outro, por isso é vicioso o orador que, ao discursar, imita os poetas.

Colchis, imperio regis Peliae, per dolum:
Nam numquam era errans mea domo efferret pedem".

Nam hic satis erat dicere, si id modo, quod satis esset, curarent poetae: "utinam ne era errans mea domo efferret pedem". Ergo hac quoque ab ultimo repetitione in expositionibus magnopere supersedendum est. Non enim reprehensionis, sicut aliae conplures indiget, sed sua sponte uitiosa est.

[35]   XXIII. Vitiosa ratio est, quae ad expositionem non est adcommodata uel propter infirmitatem uel propter uanitatem. Infirma ratio est, quae non necessario ostendit ita esse, quemadmodum expositum est, uelut apud Plautum: "arnicum castigare ob meritam noxiam Inmune est facinus, uerum in aetate utile et conducibile". Haec expositio est. Videamus, quae ratio adferatur: "nam ego amicum hodie meum concastigabo pro commerita noxia".

Ex eo, quod ipse facturus est, non ex eo, quod fieri conuenit, utile quid sit, ratiocinatur.

Vana ratio est, quae ex falsa causa constat, hoc modo: "amor fugiendus non est: nam ex eo uerissima nascitur amicitia". Aut hoc modo: "philosophia uitanda est: adfert enim socordiam atque desidiam". Nam hae rationes nisi falsae essent, expositiones quoque earum ueras esse confiteremur.

[36]   Itemque infirma ratio est, quae non necessariam causam adfert expositionis: uelut Pacuuius:

"Fortunam insanam esse et caecam et brutam perhibent
[philosophi
Saxoque instare in globoso praedicant uolubili:
Id quo saxum inpulerit Fors, eo cadere Fortunam autumant.

---

54   Trata-se de tragédia de Ênio (239-169 AEC), provavelmente chamada *Medeia exul*, adaptação latina da *Medeia* de Eurípedes. A trama dessa obra, de época arcaica, foi reconstituída a partir de fragmentos colhidos nas citações feitas por rétores e gramáticos posteriores e de seu confronto com o texto euripidiano. Os versos

buscavam a áurea pele do cordeiro Cólquida.
Pois que assim minha senhora, agora errante, jamais haveria
[afastado os pés de casa".[54]

Se os poetas cuidassem de dizer apenas o suficiente, bastaria ter dito: "quisera eu que minha senhora, errante, jamais tivesse afastado os pés de casa".

Portanto, é preciso evitar ao máximo, nas exposições, esse retorno à mais remota origem. Uma tal exposição – como outras tantas – não precisa ser refutada, pois é intrinsecamente viciosa.

[35]    XXIII. A **razão** que não se acomoda à exposição, por ser fraca ou vazia, é viciosa. A razão é fraca quando não demonstra necessariamente que algo é tal como foi exposto; como, por exemplo, em Plauto: "censurar um amigo por um erro reprovável é tarefa inglória, embora seja útil e conveniente, a seu tempo". Essa é a exposição, vejamos a razão apresentada: "pois censurarei hoje um amigo por um erro que muito merece reprovação".[55]

Fornece a razão do que é útil não conforme o que convém, mas a partir do que ele mesmo está prestes a fazer.

A razão é vazia quando se apoia em um falso motivo, assim: "não se deve evitar o amor, pois dele nasce a mais verdadeira amizade". Ou ainda assim: "a filosofia deve ser desprezada, pois gera apatia e preguiça". Com efeito, se essas razões não fossem falsas, teríamos de admitir como verdadeiras também suas exposições.

[36]    Também é fraca a razão que não apresenta causa necessária à exposição, como faz Pacúvio:

"Contam os filósofos que a Fortuna é louca, cega e bruta.
Dizem que se equilibra sobre um globo de pedra a girar:
aonde a sorte empurra esse rochedo, ali cai a Fortuna.

aqui citados constituem a maior contribuição para a reconstituição do prólogo. (Warmington 1935: 311-325); (Jocelyn 1967: 113-122).
55  Plauto, *Trinummus* 23-26.

Caecam ob eam rem esse iterant, quia uihil cernat, quo sese
                                                              [adplicet;
Insanam autem esse aiunt, quia atrox, incerta instabilisque sit;
Brutam, quia dignum atque indignum nequeat internoscere.
Sunt autem alii philosophi, qui contra Fortunam negant
Ullam misera in aetate esse: Temeritatem esse autumant.
Id magis ueri simile esse usus reapse experiundo edocet:
Velut Orestes modo fuit rex, factust mendicus modo.
Naufragio nempe reergo id factum, hau Forte aut Fortuna
                                                              [optigit".

Nam hic Pacuuius infirma ratione utitur, cum ait uerius esse temeritate quam fortuna res geri. Nam utraque opinione philosophorum fieri potuit, ut is, qui rex fuisset, mendicus factus esset.

[37] **XXIV.** Item infirma ratio est, cum uidetur pro ratione adferri, sed idem dicit, quod in expositione dictum est, hoc modo: "magno malo est hominibus auaritia, idcirco quod homines magnis et multis incommodis conflictantur propter immensam pecuniae cupiditatem". Nam hic aliis uerbis idem per rationem dicitur, quod dictum est per expositionem.

Item infirma ratio est, quae minus idoneam, quam res postulat, causam subicit expositionis, hoc modo: "utilis est sapientia, propterea quod qui sapientes sunt, pietatem colere consuerunt". Item: "utile est amicos ueros habere: habeas enim quibuscum iocari possis". Nam in huiusmodi rationibus non uniuersa neque absoluta, sed extenuata ratione expositio confirmatur.

Item infirma ratio est, quae uel alii expositioni potest adcommodari, ut facit Pacuuius, qui eandem adfert rationem, quare caeca, eandem, quare bruta fortuna dicatur.

[38] In confirmatione rationis multa et uitanda in uostra et ob-

---

56   Não se sabe a que peça pertenceriam esses versos de Pacúvio.

Insistem, por isso, que é cega, pois não vê onde se agarra.
E dizem, ainda, que é louca, por ser cruel, duvidosa
e instável; bruta, pois não é capaz de separar o digno
do indigno. Mas há outros filósofos, no entanto, que,
indiferentes à Fortuna, negam que haja tal coisa.
Nessa triste vida, o que prevalece, dizem, é o acaso.
Que isso é mais verossímil, o costume ensina e, realmente,
comprova: tal como Orestes, que antes foi rei, depois mendigo.
Isso se deu, é certo, em virtude da ruína de seus bens;
nada aconteceu por Sorte, nem foi obra da Fortuna".[56]

Pacúvio emprega aqui uma razão fraca ao dizer que é mais verdadeiro as coisas se cumprirem por acaso que por obra da Fortuna; pois, conforme uma ou outra das opiniões dos filósofos, seria possível que quem foi rei se tornasse mendigo.

[37] XXIV. Também é fraca a razão quando parece oferecer uma prova, mas repete o mesmo que foi dito na exposição, deste modo: "a cobiça é um grande mal para os homens, porque são atormentados por muitos e grandes incômodos, em virtude da imensa ganância por dinheiro". Aqui, o mesmo que foi dito na exposição é dito, com outras palavras, no lugar da razão.

Ainda, é fraca a razão que apresenta um motivo para a exposição que é insuficiente para as exigências do caso, por exemplo: "a sabedoria é útil, porque aqueles que são sábios habituaram-se a respeitar o dever". Ou ainda: "é útil ter amigos verdadeiros, pois terás alguém com quem possas te divertir". Em exemplos como esses, a exposição não é sustentada por uma razão universal e absoluta, mas por uma razão menor. Também é fraca a razão que pode ser igualmente acomodada a outras exposições, como faz Pacúvio, que oferece a mesma razão para a Fortuna ser chamada de cega e ser chamada de bruta.

[38] Na **confirmação da razão**, muitos são os vícios a evitar em nosso

seruanda in aduersariorum oratione sunt uitia proptereaque diligentius consideranda, quod adcurata confirmatio rationis totam uehementissime conprobat argumentationem.

Utuntur igitur studiosi in confirmanda ratione duplici conclusione hoc modo:

Iniuria abs te adficior indigna, pater;
Nam si inprobum esse Chrespontem existimas,
Cur me huic locabas nuptiis? Sin est probus,
Cur talem inuitam inuitum cogis linquere?

Quae hoc modo concludentur, aut ex contrario conuertentur aut ex simplici parte reprehendentur. Ex contrario hoc modo:

Nulla te indigna, nata, adficio iniuria.
Si probus est, te locaui; sin est inprobus,
Diuortio te liberabo incommodis.

Ex simplici parte reprehendetur, si ex duplici conclusione alterutra pars diluitur, hoc modo:

"Nam si inprobum esse Chrespontem existimas,
Cur me huic locabas nuptiis?". "Duxi probum,
Erraui. Post cognoui, et fugio cognitum".

[39] XXV. Ergo reprehensio huiusmodi conclusionis duplex est; auctior illa superior, facilior haec posterior ad excogitandum.

Item uitiosa confirmatio est rationis, cum ea re, quae plures res significat, abutimur pro certo unius rei signo, hoc modo: "necesse est, quoniam pallet, aegrotasse"; aut "necesse est peperisse, quoniam sustinet puerum infantem". Nam haec sua sponte certa signa non habent: sin cetera quoque similia concurrunt, nonnihil illiusmodi signa adaugent suspicionem.

Item uitiosum est, quando uel in alium uel in eum ipsum, qui

discurso e a observar no dos adversários. Devem ser considerados diligentemente, pois uma confirmação acurada prova com especial veemência toda a argumentação.

Os estudantes usam a conclusão dupla para confirmar a razão, assim:

> Recebi de ti, pai, imerecida injúria;
> pois, se julgas que Cresfontes é ímprobo,
> por que me deste a ele em núpcias? Se é probo,
> por que me faz abandoná-lo contra a minha vontade e a dele?

O que for concluído desse modo pode ser invertido, ou refutado em uma das partes. Será invertido, assim:

> Nenhuma injúria imerecida, filha, causei a ti.
> Se é probo, dei-te a ele; se é ímprobo,
> libertar-te-ei do mal com o divórcio.

Será refutado em uma das partes, se, da dupla conclusão, uma parte for enfraquecida, assim:

> "Se julgas que Cresfontes é ímprobo,
> por que me deste a ele em núpcias?".
> "Julguei-o probo, enganei-me; depois o conheci, e repudio o
> [que conheci".

[39]   XXV. Portanto, a refutação de uma conclusão desse tipo é dupla: a primeira mais completa, a segunda mais fácil de excogitar.

Também é viciosa a confirmação quando aquilo que indica várias coisas é mal-empregado como sinal certo de uma coisa só, deste modo: "já que está pálido, é necessário que tenha estado doente". Ou: "é necessário que ela tenha parido, já que está carregando um bebê". Esses indícios, por si sós, não são indubitáveis; mas se outros do mesmo tipo coincidem, aumentarão consideravelmente a suspeita.

dicit id quod in aduersarium dicitur potest conuenire, hoc modo:

"Miseri sunt qui uxores ducunt".
"At tu duxisti alteram".

Item uitiosum est id, quod uulgarem habet defensionem, hoc modo: "Iracundia deductus peccauit aut adulescentia aut amore". Huiuscemodi enim deprecationes si probabuntur, inpune maxima peccata dilabentur.

Item uitiosum est, cum id pro certo sumitur quod inter omnes constat, quod etiam nunc in controuersia, hoc modo:

"Eho tu, dii, quibus est potestas motus superum atque inferum,
Pacem inter sese conciliant, conferunt concordiam".

Nam ita pro suo iure hoc exemplo utentem Thesprotum Ennius induxit, quasi iam satis certis rationibus ita esse demonstrasset.

[40]  Item uitiosum est, quod iam quasi sero atque acto negotio dici uidetur, hoc modo: "in mentem mihi si uenisset, Quiritis, non commisissem, ut in hunc locum res ueniret, nam hoc aut hoc fecissem; sed me tum haec ratio fugit".

Item uitiosum est, cum id, quod in aperto delicto positum est, tamen aliqua tegitur defensione, hoc modo:

Cum te expetebant omnes, florentissimo
Regno reliqui: nunc desertum ab omnibus
Summo periclo sola ut restituam paro.

XXVI. Item uitiosum est, quod in aliam partem ac dictum sit potest accipi. Id est huiusmodi, ut si quis potens ac factiosus in

---

57  Conforme a teoria peripatética, pode-se alegar o caráter (*êthos*) do jovem como causa de um crime, porque a idade faz os jovens impetuosos e irrefreados: "em termos de caráter os jovens são propensos aos desejos passionais e inclinados a fazer o que desejam" (Aristóteles, *Retórica* 1389a).

Também há vício quando aquilo que se diz contra o adversário pode servir contra qualquer outro, inclusive contra quem o diz, por exemplo:

"São miseráveis os que se casam".
"Mas tu mesmo te casaste duas vezes!".

É também vicioso aquilo que traz uma defesa banal, deste modo: "foi levado ao crime pela ira, ou pela juventude,[57] ou pelo amor". Se desculpas assim forem aceitas, os maiores crimes acabarão impunes.

Também é vicioso tomar por certo algo que todos aceitam, mas que, não obstante, permanece discutível, deste modo:

"Olha! Os deuses, que têm o poder de mover céu e terra,
conciliam a paz entre si, conferem concórdia".

De fato, Ênio apresenta Tesproto usando desse exemplo em seu favor, como se já tivesse demonstrado ser assim com razões suficientemente firmes.

[40] Também é vicioso o que é dito tarde demais e com o ato concluído, por exemplo: "se eu me tivesse dado conta, cidadãos, não teria permitido que a coisa chegasse a tal ponto, teria feito isso ou aquilo; mas na ocasião faltou-me esse discernimento".

Também há vício quando aquilo que é fundado em delito manifesto é, todavia, acobertado por alguma defesa:

Quando o reino prosperava e todos procuravam por ti,
deixei-te; agora que foste abandonado por todos, eu,
sozinha, com grande risco, cuido de tua restituição.

**XXVI.** Também é vicioso o que pode ser tomado num sentido diferente do que foi dito. Isso acontece, por exemplo, se alguém

contione dixerit: "satius est uti regibus, quam uti malis legibus". Nam et hoc, tametsi rei augendae causa potest sine malitia dici, tamen propter potentiam eius, qui dicit, non dicitur sine atroci suspicione.

[41] Item uitiosum est falsis aut uulgaribus definitionibus uti. Falsae sunt huiusmodi, ut si quis dicat iniuriam esse nullam, nisi quae ex pulsatione aut conuicio constet. Vulgares sunt, quae nihilominus in aliam rem transferri possunt, ut si quis dicat: "quadruplator, ut breuiter scribam, capitalis: est enim inprobus et pestifer ciuis". Nam nihilo magis quadruplatoris quam furis, quam sicarii aut proditoris attulit definitionem.

Item uitiosum est pro argumento sumere, quod in disquisitione positum est; ut si quis quem furti arguat et ita dicat, eum esse hominem inprobum, auarum, fraudulentum: ei rei testimonium esse, quod sibi furtum fecerit.

Item uitiosum est controuersiam controuersia dissoluere, hoc modo: "non conuenit, censores, istum uobis satis facere, quod ait se non potuisse adesse ita, ut iuratus fuerit. Quid? Si ad exercitum non uenisset, idemne tribuno militum diceret?". Hoc ideo uitiosum est, quia non expedita aut iudicata res, sed inpedita et in simili controuersia posita exempli loco profertur.

[42] Item uitiosum est, cum id, de quo summa controuersia est, parum expeditur et, quasi transactum sit, relinquitur, hoc modo:

Aperte fatur dictio, si intellegas:
Tali dari arma, qualis qui gessit fuit,
Iubet, potiri si studeamus Pergamum.
Quem ego me profiteor esse: me est aecum frui
Fraternis armis mihique adiudicarier,
Vel quod propinquus uel quod uirtute aemulus.

---

58 Ver a definição de "injúria" em *Retórica a Herênio* 4.35.
59 A palavra aqui traduzida por "delator" é *quadruplator* e refere-se ao acusador que recebia a quarta parte dos bens do acusado.

influente e faccioso tiver dito na assembleia: "é preferível valer-se de reis do que de más leis". Mas, embora isso possa ter sido dito sem má intenção, só para amplificar o argumento, ainda assim, por causa do poder de quem fala, não é dito sem maiores suspeitas.

[41] Também é vicioso usar de definições falsas ou comuns. Falsas como se alguém disser que não há injúria a não ser em caso de pancada ou insulto.[58] Comuns são as que podem referir-se igualmente a outra coisa, como se alguém disser: "um delator,[59] em poucas palavras, é digno da pena capital, porque é cidadão desonesto e pernicioso". A definição não trouxe nada que fosse mais próprio do delator que do ladrão, do assassino ou do traidor.

É ainda vicioso tomar como argumento aquilo que foi posto em questão, como se alguém que acusa outro de roubo dissesse que ele é um homem desonesto, ganancioso e trapaceiro e o testemunho disso é que cometeu um roubo.

Também é vicioso desfazer uma controvérsia com outra, assim: "não convém, censores, que aceiteis quando ele diz que não pôde estar presente conforme jurara. Como assim? Acaso diria o mesmo para o tribuno dos soldados se não tivesse se apresentado?". Isso é vicioso, porque se oferece como exemplo um caso não explicado ou não julgado, algo complicado e assentado numa controvérsia semelhante.

[42] Também é vicioso que algo sumamente controverso seja pouco explicado e deixado de lado como se estivesse resolvido, assim:

Se és capaz de entender, o oráculo é claro:
ordena que, se intentamos tomar Pérgamo,
deem-se as armas a alguém tal qual o homem que delas já se
[incumbiu.
Declaro ser esse homem; é justo que me sirva
das armas de meu irmão e que elas me sejam atribuídas,
seja porque sou parente, seja porque o igualo em virtude.

Item uitiosum est ipsum sibi in sua oratione dissentire et contra atque ante dixerit dicere, hoc modo: "qua causa acusem hunc?". tum id exputando euoluere:

Nam si ueretur, quid eum accuses, qui est probus?
Sin inuerecundum animi ingenium possidet,
Quid autem eum accuses, qui id parui auditum aestimet?

**XXVII.** Non incommode ratione uidetur sibi ostendisse, quare non accusaret. Quid postea? Quid ait?

Nunc ego te ab summo iam detexam exordio.

[43] Item uitiosum est, quod dicitur contra iudicis uoluntatem aut eorum, qui audiunt, si aut partes, quibus illi student, aut homines, quos illi caros habent, laedantur aut aliquo eiusmodi uitio laeditur auditoris uoluntas.

Item uitiosum est non omnis res confirmare, quas pollicitus sis in expositione.

Item uerendum est, ne de alia re dicatur, cum alia de re controuersia sit; inque eiusmodi uitio considerandum est, ne aut ad rem addatur quid aut quippiam de re detrahatur, aut tota causa mutata in aliam causam deriuetur; uti apud Pacuuium faciunt Zethus cum Amphione, quorum controuersia de musica inducta disputatione in sapientiae rationem et uirtutis utilitatem consumitur.

Item considerandum est, ne aliud accusatoris criminatio contineat, aliud defensoris purgatio purget, quod saepe consulto multi ab reo faciunt angustiis causae coacti; ut si quis, cum accusetur ambitu magistratum petisse, ab imperatoribus saepe numero apud exercitum donis militaribus se dicat donatum esse. Hoc si diligenter in oratione aduersariorum obseruauerimus, saepe deprehendemus eos de ea re quod dicant non habere.

Também é vicioso alguém discordar de si mesmo ao discursar e dizer o contrário do que tinha dito antes, por exemplo: "por que razão eu deveria acusá-lo?". E, ponderando, prosseguir:

Pois, se teme aos deuses, por que acusarias um homem probo? Se, ao contrário, tem espírito irreverente, por que acusarias aquele que nem considera o que vai ouvir?

**XXVII.** Parece ter mostrado a si mesmo, com razão nada inconveniente, porque não fazer a acusação. Que acontece depois? O que diz?

Agora eu te desnudarei da cabeça aos pés!

[43] Também é vicioso aquilo que contraria o pendor dos juízes ou daqueles que ouvem: se o partido a que se dedicam ou os homens a que estimam forem atacados, ou se, com qualquer outro erro desse tipo, a inclinação dos ouvintes for contrariada.

Também é vicioso não confirmar todas as coisas que tinham sido prometidas na exposição.

Ainda é preciso acautelar-se para não falar de uma coisa quando a controvérsia é sobre outra; e, quanto a um vício desse tipo, deve-se observar que não se acrescente nada ao assunto nem dele algo se subtraia; que não se desvie a causa a ponto de transformá-la em outra, como em Pacúvio, a controvérsia entre Zeto e Anfíon, que começou sobre música e acabou numa polêmica acerca dos princípios da sabedoria e da utilidade da virtude.

É preciso zelar também para que a acusação não se sustente num ponto e a purgação da defesa purgue outro. Pois acontece com frequência de muitos defensores agirem assim intencionalmente, levados pela dificuldade da causa; como no caso de alguém que, ao ser acusado de suborno no pleito da magistratura, diga que, quando estava no exército, muitas vezes recebeu presentes dos generais. Se atentarmos para isso no discurso dos adversários, veremos que, muitas vezes, eles não têm o que dizer sobre o assunto.

[44] Item uitiosum est artem aut scientiam aut studium quodpiam uituperare propter eorum uitia, qui in eo studio sunt: ueluti qui rhetoricam uituperant propter alicuius oratoris uituperandam uitam.

Item uitiosum est ex eo, quia perperam factum constet esse, putari ostendi a certo homine factum esse, hoc modo: "mortuum deformatum, tumore praeditum, corpore decoloratum constat fuisse: ergo ueneno necatus est". Deinde, si sit usque in eo occupatus, ut multi faciunt, uenenum datum, uitio non mediocri conflictetur. Non enim factumne sit quaeritur, sed a quo factum sit.

[45] **XVIII.** Item uitiosum est in conparandis rebus alteram rem efferre, de re altera mentionem non facere aut neglegentius disputare: ut si cum conparetur, utrum satius sit populum frumentum accipere an non accipere, quae commoda sint in altera re uera, curet, enumeret; quae in altera incommode sint et quae uelit depressa, praetereat aut ea, quae minima sint, dicat.

Item uitiosum est in rebus conparandis necesse putari alteram rem uituperari, cum alteram laudes: quod genus, si quaeratur, utris maior honor habendus sit, Albensibus an Vestinis Pennensibus, quod rei publicae populi Romani profuerint, et is, qui dicat, alteros laedat. Non enim necesse est, si alteros praeponas, alteros uituperare: fieri enim potest, ut, cum alteros magis laudaris, aliquam alteris partem laudis adtribuas, ne cupide depugnasse contra ueritatem puteris.

Item uitiosum est de nomine et uocabulo controuersiam struere, quam rem consuetudo optime potest iudicare; uelut Sulpicius, qui intercesserat, ne exulis, quibus causam dicere non licuisset, reducerentur, idem posterius inmutata uoluntate, cum eandem legem ferret, aliam se ferre dicebat propter nominum commutationem: nam non exules, sed ui eiectos se reducere aiebat. Proinde quasi id fuisset in controuersia, quo illi nomine appellarentur, aut proin-

[44]   Também é vicioso vituperar uma arte, uma ciência ou outra doutrina qualquer, em virtude dos vícios dos que a elas se dedicam, como aqueles que vituperam a retórica por causa da vida censurável de algum orador.

Também é vicioso, quando se estabelece que houve um crime, considerar que já se evidenciou quem o cometeu, assim: "demonstrou-se que o morto estava deformado, com inchaços e descolorações; logo, morreu envenenado". Depois, se se continuar ocupando do veneno ministrado, como muitos fazem, incorrer-se-á em vício não pequeno, pois não se quer saber se foi ou não cometido um crime, mas quem o cometeu.

[45]   XXVIII. Também é vicioso, numa comparação, expor um dos lados e não mencionar o outro, ou discuti-lo com menos cuidado, como se, ao comparar o que seria melhor para o povo – receber ou não o trigo – cuidassem de enumerar exatamente as vantagens de uma das opções e as desvantagens da outra e preterissem o que querem ver enfraquecido ou mencionassem apenas coisas insignificantes.

É ainda vicioso, na comparação, julgar necessário vituperar uma coisa quando se faz o elogio da outra; por exemplo: se, ao indagar quem é digno de maior honra por ter servido à República do povo romano, os albenses ou os vestino-penenses, o orador começar a insultar um dos dois povos. Pois não é necessário, se preferes esse, que ofendas aquele; podes, elogiando maximamente uns, estender parte do elogio aos outros, para não parecer que, por parcialidade, tenhas-te oposto à verdade.

Também é vicioso criar, a respeito de uma denominação ou palavra, uma controvérsia que o uso poderia resolver perfeitamente: como Sulpício, que obstara a volta dos exilados que não tiveram permissão para se defender, e, mais tarde, tendo mudado de ideia, apresentou a mesma lei dizendo que se tratava de outra, por causa da troca de denominação: traria de volta não os "exilados", mas os "banidos à força". Como se estivesse em controvérsia o nome pelo qual são chamados, ou como se não fossem igualmente chamados

de quase non omnes, quibus aqua et igni interdictum est, exules appellentur. Verum illi fortasse ignoscimus, si cum causa fecit; nos tamen intellegamus uitiosum esse intendere controuersiam propter nominum mutationem.

[46] XXIX. Quoniam exornatio constat ex similibus et exemplis et amplificationibus et rebus iudicatis et ceteris rebus, quae pertinent ad exaugendam et conlocupletandam argumentationem, quae sint his rebus uitia consideremus.

Simile uitiosum est, quod ex aliqua parte dissimile est, nec habet parem rationem conparationis, aut sibi ipsi obest qui adfert.

Exemplum uitiosum est, si aut falsum est, ut reprehendatur, aut inprobum, ut non sit imitandum, aut maius aut minus, quam res postulat.

Res iudicata uitiose proferetur, si aut dissimili de re proferetur, aut de ea re, qua de controuersia non est, aut inproba, aut eiusmodi, ut aut plures aut magis idoneae res iudicatae ab aduersariis proferri possint.

Item uitiosum est id, quod aduersarii factum esse confiteantur, de eo argumentari et planum facere factum esse; nam id augeri oportet.

Item uitiosum est id augere, quod conuenit docere, hoc modo: ut si quis quem arguat hominem occidisse et, antequam satis idoneas argumentationes attulerit, augeat peccatum et dicat nihil indignius esse quam hominem occidere. Non enim, utrum indignum sit an non, sed, factumne sit, quaeritur.

Conplexio uitiosa est, quae non, quidque quod primum dictum est, primum conplectitur; et quae non breuiter concluditur; et quae non ex enumeratione certum et constans aliquid relinquit, ut intellegatur,

---

60 Na Roma republicana, até meados do século I AEC, o exílio era um expediente de que o réu poderia servir-se para evitar a pena capital. Sabemos pelo relato de Cícero (*Sobre a sua casa* 78) que os exilados não perdiam o título de cidadão até que solicitassem e recebessem a cidadania do lugar que os acolhera. Quando o réu deixava de se apresentar em juízo, o tribuno da plebe decretava, em contumácia, a interdição da água e do fogo, para privá-lo dos meios fundamen-

exilados todos aqueles para quem *o fogo e a água são interditados*.⁶⁰ Talvez perdoemos Sulpício, se teve motivo para agir assim, conquanto entendamos que é vicioso suscitar controvérsia por causa de uma troca de nomes.

[46]  XXIX. Visto que a **ornamentação** consta de símiles, exemplos, amplificações, casos julgados e todos os outros recursos aptos a aumentar e enriquecer a argumentação, consideremos, nesses aspectos, quais os vícios a evitar.

O símile é vicioso quando é dissímil em uma das partes e não há medida igual de comparação, ou quando prejudica a quem o emprega.

O exemplo é vicioso se é falso e, portanto, refutável; ou torpe, de modo que não se deva imitá-lo, ou se é mais ou menos abrangente do que a matéria exige.

Os casos julgados serão referidos viciosamente se não forem análogos, ou se tratarem de algo que não está em controvérsia, ou se forem desabonadores, ou se, de algum modo, possibilitarem aos adversários citar casos mais idôneos e em maior quantidade.

Também é vicioso argumentar para deixar claro ter sido feito aquilo que os adversários já confessaram ter feito, pois isso deve ser amplificado.

Ainda é vicioso amplificar o que conviria instruir; por exemplo: se alguém acusa um homem de assassinato e, antes de ter apresentado argumentos suficientemente sólidos, amplifica o crime e diz que nada é mais indigno do que matar um homem. Pois não se busca saber se é indigno ou não, mas se aconteceu ou não.

A **complexão** é viciosa se não retoma primeiro aquilo que foi dito primeiro, se não conclui brevemente ou, se após a enumeração, nada resta de sólido e certo para que se compreenda o que

---

tais à conservação da vida. Assim, a *interdictio aquae et ignis* transformava o exílio voluntário num banimento à força, impedindo que o réu voltasse a Roma depois de prescrita a acusação e constrangendo-o, portanto, a abdicar de sua cidadania. (Kelly 2006: 44–45).

quid propositum in argumentatione sit, quid deinde ratione, quid rationis confirmatione, quid tota argumentatione demonstratum.

[47]  **XXX.** Conclusiones, quae apud Graecos epilogi nominantur, tripertitae sunt. Nam constant ex enumeratione, amplificatione, et commiseratione. Quattuor locis uti possumus conclusionibus: in principio, secundum narrationem, secundum firmissimam argumentationem, in conclusione.

Enumeratio est, per quam colligimus et commonemus, quibus de rebus uerba fecerimus, breuiter, ut renouetur, non redintegretur oratio: et ordine, ut quicquid erit dictum, referemus, ut auditor, si memoriae mandauerit, ad idem, quod ipse meminerit, reducatur. Item curandum est, ne aut ab exordio aut narratione repetatur orationis enumeratio. Ficta enim et dedita opera conparata oratio uidebitur esse artificii significandi, ingenii uenditandi, memoriae ostendendae causa. Quapropter initium enumerationis sumendum est a diuisione. Deinde ordine breuiter exponendae res sunt, quae tractatae erunt in confirmatione et confutatione.

Amplificatio est res, quae per locum communem instigationis auditorum causa sumitur. Loci communis ex decem praeceptis commodissime sumentur adaugendi criminis causa.

[48]  Primus locus sumitur ab auctoritate, cum commemoramus, quantae curae ea res fuerit diis inmortalibus aut maioribus nostris, regibus, ciuitatibus, nationibus, hominibus sapientissimis, senatui; item maxime, quo modo de his rebus legibus sanctum sit.

Secundus locus est, cum consideramus, illae res, de quibus criminamur, ad quos pertineant: utrum ad omnes, quod atrocissimum est; an ad superiores, quod genus ii sunt, a quibus auctoritatis locus communis sumitur; an ad pares, hoc est, in isdem partibus animi,

61  O exagero no emprego da enumeração – a enumeração *ab ovo* – leva o ouvinte a alienar-se do discurso e atentar mais à memória, cuja perfeição é percebida como soberba do orador. Então, para que não perca a benevolência do ouvinte, o tratado recomenda ao orador não ostentar sua memória. Trata-se de uma aplicação do preceito que tem como corolário a máxima: *ars est celare artem*, a arte está em ocultar a arte. Seu fundamento é o seguinte: um discurso que pareça menos elaborado, produzido de improviso, resulta mais persuasivo do que

foi proposto e o que a razão, a confirmação da razão, enfim, toda a argumentação demonstrou.

[47]    XXX. As **conclusões**, que entre os gregos se chamam *epílogoi*, são tripartidas e constituem-se de enumeração, amplificação e comiseração. Em quatro lugares podemos usar da conclusão: na introdução, depois da narração, depois do argumento mais forte e no final.

Na **enumeração**, reunimos e fazemos lembrar as coisas de que falamos, com concisão, de modo que o discurso seja rememorado, não refeito. Retomaremos na mesma ordem tudo o que foi dito, e o ouvinte, se tiver gravado na memória, será reconduzido àquilo mesmo que memorizou. Teremos de evitar que a enumeração remonte ao exórdio ou à narração, pois, nesse caso, o discurso pareceria ter sido fabricado e arranjado com elaboração para mostrar o artifício, exibir o engenho e ostentar a memória.[61] Por isso, a enumeração deve ter início na divisão. Depois, em ordem e brevemente, expõem-se os pontos que foram tratados na confirmação e refutação.

A **amplificação** é adotada para instigar o auditório por meio do lugar-comum.[62] Para amplificar a acusação, será muito cômodo tomar os lugares-comuns destes dez preceitos:

[48]    O primeiro lugar é tirado da autoridade, quando fazemos lembrar quanto cuidado os deuses imortais, os nossos ancestrais, os reis, os povos, as nações, os sábios e o Senado dispensaram à matéria, e, especialmente, como ela foi sancionada por lei.

O segundo lugar considera a quem atingem os atos que denunciamos: se a todos, o que é terrível; se aos superiores, como aqueles de quem tiramos o lugar-comum da autoridade; se aos pares, ou seja, aos que estão nas mesmas condições morais e físicas e têm

---

outro que o ouvinte perceba ter sido composto artificiosamente, porque este lhe soa insincero. Sobre a aplicação desse preceito à pronunciação, ver *Retórica a Herênio* 3.27; sobre sua adequação ao ensino, ver *Retórica a Herênio* 4.10.

62    Os lugares-comuns aqui enumerados são "próprios" da acusação, mas "comuns" a todas as causas. São desenvolvidos por meio de ornamentos patéticos que amplificam ora as provas sustentadas pela acusação, como no décimo lugar, ora princípios gerais que corroboram esses argumentos, como no primeiro lugar. Ver Cícero, *Sobre a invenção* 2.47.

corporis, fortunarum positos; an ad inferiores, qui bis omnibus rebus antecelluntur.

Tertius locus est, quo percontamur, quid sit euenturum, si omnibus idem concedatur; et ea re neglecta ostendemus quid periculorum atque incommodorum consequatur.

Quartus locus est, quo demonstratur, si huic sit permissum, multos alacriores ad maleficium futuros, quod adhoc expectatio iudicii remoratur.

Quintus locus est, quom ostendimus, si semel aliter iudicatum sit, nullam rem fore, quae incommodo mederi aut erratum iudicum corrigere possit. Quo in loco non incommodum erit uti ceterarum rerum conparatione, ut ostendamus alias res posse aut uetustate sedari aut consilio corrigi, huius rei aut leniendae aut corrigendae nullam rem adiumento futuram.

[49]   Sextus est locus, cum ostendimus et consulto factum, et dicimus uoluntario facinori nullam esse excusationem, inprudentiae iustam deprecationem paratam.

Septimus locus est, quo ostendimus taetrum facinus, crudele, nefarium, tyrannicum esse: quod genus iniuria mulierum, aut earum rerum aliquid, quarum rerum causa bella suscipiuntur et cum hostibus de uita dimicatur.

Octauus locus est, quo ostendimus non uulgare sed singulare esse maleficium, spurcum, nefarium, inusitatum: quo maturius et atrocius uindicandum est.

Nonus locus est qui constat ex peccatorum conparatione, quasi cum dicemus maius esse maleficium stuprare ingenuum quam sacrum legere quod alterum propter egestatem, alterum propter intemperantem superbiam fiat.

Decimus locus est, per quem omnia, quae in negotio gerundo acta sunt quaeque rem consequi solent, exputamus acriter et criminose et diligenter, ut agires et geri negotium uideatur rerum consequentium enumeratione.

63  Em *Retórica a Herênio* 4.68 há um exemplo de como esse lugar-comum de amplificação do crime pode ser desenvolvido por meio da figura chamada *demonstração*.

a mesma sorte que nós; ou aos inferiores, a quem superamos em todos esses aspectos.

O terceiro lugar é aquele pelo qual perguntamos o que haveria de acontecer se a todos fosse dada a mesma concessão, e mostramos os perigos e as desvantagens que se seguiriam se isso fosse negligenciado.

O quarto lugar é aquele pelo qual demonstramos que, se este homem for perdoado, muitos outros, até agora detidos pelo medo do julgamento, serão incentivados a cometer crimes.

Com o quinto lugar, mostramos que, uma vez julgado contra o que sustentamos, nada haverá capaz de remediar o dano ou corrigir o equívoco dos juízes. Nesse ponto, não será incômodo usar da comparação com outros erros, para mostrar que aqueles podem ter sido amenizados com o tempo ou corrigidos deliberadamente, mas, para amenizar ou corrigir este, nenhum recurso haverá.

[49] Com o sexto lugar, mostramos que o ato foi deliberado e dizemos que, para um crime intencional, não há desculpa, a súplica só é justa para a imprudência.

Com o sétimo lugar, mostramos que se trata de um crime tétrico, cruel, nefasto, tirânico, como o ultraje às mulheres ou coisas em nome das quais são travadas guerras e combates de vida ou morte com os inimigos.

Com o oitavo lugar, mostramos que o crime não é banal, mas singular, vil, abominável e incomum; por isso deve ser punido o mais rápida e impiedosamente possível.

O nono lugar consta da comparação dos delitos, como quando dizemos ser pior violentar um homem livre do que roubar um objeto sagrado, pois isso se faz por pobreza, aquilo por desmedida insolência.

No décimo lugar-comum, examinamos com acuidade, diligência e de modo incriminatório todos os procedimentos que acompanharam a ação executada e, também, os que costumam sucedê-la, de tal modo que, com seu encadeamento, pareça-nos ver a ação em curso e o próprio crime sendo perpetrado.[63]

[50] **XXXI.** Misericordia commouebitur auditoribus, si uariam fortunarum commutationem dicemus: si ostendemus, in quibus commodis fuerimus quibusque incommodis simus, conparatione: si, quae nobis futura sint, nisi causam optinuerimus, enumerabimus et ostendemus: si supplicabimus et nos sub eorum, quorum misericordiam captabimus, potestatem subiciemus: si, quid nostris parentibus, liberis, ceteris necessariis casurum sit propter nostras calamitates, aperiemus, et simul ostendemus illorum nos sollicitudine et miseria, non nostris incommodis dolere: si de clementia, humanitate, misericordia nostra, qua in alios usi sumus, aperiemus: si nos semper aut diu in malis fuisse ostendemus: si nostrum fatum aut fortunam conqueremur: si animum nostrum fortem, patientem incommodorum ostendemus futurum. Conmiserationem breuem esse oportet. Nihil enim lacrima citius arescit.

Fere locos obscurissimos totius artificii tractauimus in hoc libro; quapropter huic uolumini modus hic sit: reliquas praeceptiones, quoad uidebitur, in tertium librum transferemus. Haec si, ut conquisite conscripsimus, ita tu diligenter et nobiscum et sine nobis considerabis, et nos industriae fructus ex tua conscientia capiemus, et tute nostram diligentiam laudabis, tuaque perceptione laetabere: tu scientior eris praeceptorum artificii, nos alacriores ad reliquum persoluendum. Verum haec futura satis scio; te enim non ignoro. Nos deinceps ad cetera praecepta transeamus, ut, quod libentissime faciamus, tuae rectissime uoluntati morem geramus.

---

64 Ambas as listas de lugares, a da amplificação e a da comiseração, apresentam dez lugares-comuns. No entanto, a primeira estende-se por dez parágrafos; enquanto a segunda, resume-se num só. Isso nos sugere que o parágrafo sobre a comiseração é, ele mesmo, uma ilustração do imperativo de *brevidade* que o encerra: "a comiseração deve ser breve, pois nada seca mais rápido que uma lágrima". Variações dessa máxima são frequentes em textos latinos. Na obra de Cícero, ela ocorre duas vezes, no *Sobre a invenção* 1.109; e nas *Partições Oratórias* 2.57. Nessa última, há um acréscimo esclarecedor, *in alienis malis*: nada seca mais rápido que a lágrima vertida *pelo mal alheio*. Sobre outras ocorrências, ver Kellogg (1907: 301–310).

[50] XXXI. Incitaremos a **misericórdia** no auditório se falarmos da instabilidade da Fortuna, se mostrarmos a boa ventura de que desfrutávamos e a compararmos à desventura em que nos encontramos; se enumerarmos e expusermos o que nos acontecerá caso não ganhemos a causa; se suplicarmos e nos submetermos ao poder daqueles que queremos levar à misericórdia; se declararmos o que se há de abater sobre nossos pais, filhos e familiares em virtude de nossa desgraça e, simultaneamente, mostrarmos que sofremos não por nossa desventura, mas pelo desassossego e infortúnio deles; se expusermos a clemência, a humanidade, a misericórdia que costumamos dedicar aos outros; se lamentarmos nosso destino ou sorte; se mostrarmos que sempre, ou por muito tempo, enfrentamos males e que nosso ânimo será forte e paciente com os tormentos futuros. A comiseração deve ser breve, pois nada seca mais rápido que uma lágrima.[64]

Tratamos neste livro de quase todos os lugares mais obscuros[65] da arte; por isso, termina aqui o volume. Os preceitos restantes, até onde parecer bem, transferiremos para o terceiro livro. Se estudares estes preceitos conosco e sem nós, com a mesma dedicação com que os compilamos, não só colheremos, no teu conhecimento, o fruto de nosso empenho, como também tu te regozijarás do aprendizado e elogiarás nossa dedicação. Saberás mais dos preceitos da arte, e nós teremos maior prontidão em solucionar o que restou. Sei que assim será, pois bem te conheço. Passemos, então, aos demais preceitos, para satisfazer tua justíssima vontade, o que fazemos de muito bom grado.

---

65  Foram tratados, até aqui, os lugares da argumentação. O autor chamou-os de "os mais recônditos" (*obscurissimos*) e é interessante notar que também Quintiliano (*Instituição oratória* 5.10.20) diz: "chamo de lugar [...] a sede dos argumentos, onde eles se ocultam, e onde devem ser procurados" (*Locos appello* [...] *sedes argumentorum, in quibus latent, ex quibus sunt petenda*). Os lugares recônditos da invenção, de onde se tiram os argumentos, serão, depois, recompostos artificialmente na memória, "tesouro das coisas inventadas e guardiã de todas as partes da retórica" (*Retórica a Herênio* 3.28).

# Liber III

**Livro 3**

[1]     I. Ad omnem iudicialem causam quaemadmodum conueniret inuentionem rerum adcommodari, satis abundanter arbitror superioribus libris demonstratum. Nunc earum rationem rerum inueniendarum, quae pertinebant ad causas deliberatiuas et demonstratiuas, in hunc librum transtulimus, ut omnis inueniundi praeceptio tibi quam primum persolueretur.

    Reliquae quattuor partes erant artificii. De tribus partibus in hoc libro dictum est: dispositione, pronuntiatione, memoria. De elocutione, quia plura dicenda uidebantur, in quarto libro conscribere maluimus, quem, ut arbitror, tibi librum celeriter absolutum mittemus, ne quid tibi rhetoricae artis deesse possit. Interea prima quaeque et nobiscum, cum uoles, et interdum sine nobis legendo consequere, ne quid inpediare, quin ad hanc utilitatem pariter nobiscum progredi possis. Nunc tu fac attentum te praebeas: nos proficisci ad instituta pergemus.

[2]     II. Deliberationes partim sunt eiusmodi, ut quaeratur, utrum potius faciendum sit; partim eiusmodi, ut, quid potissimum faciendum sit, consideretur. Utrum potius, hoc modo: Kartago tollenda an relinquenda uideatur. Quid potissimum, hoc pacto: ut si Hannibal consultet, cum ex Italia Kartaginem arcessatur, an in Italia

---

66  Conforme observou o tradutor inglês, Harry Caplan ([1954] 1999), nessa passagem há uma inversão na ordem canônica das partes da retórica: invenção, disposição, elocução, memória e pronunciação. Ver *Retórica a Herênio* 1.3. Talvez isso se deva ao tratamento privilegiado que o autor dispendeu aos preceitos da

[1]    I. De que modo convém acomodar a **invenção** das coisas ao todo da causa **judiciária** demonstrou-se bem copiosamente nos livros precedentes. Agora, trouxemos para este livro o método de encontrar aquilo que é pertinente às causas **deliberativas** e **demonstrativas**, para que todo o preceito da invenção seja solucionado o quanto antes.

Restaram quatro partes da arte. Falou-se de três neste livro: **disposição, pronunciação e memória**. Sobre a **elocução**, porque parecia haver muito mais a dizer, preferimos compor um quarto livro,[66] que, penso eu, em breve te enviaremos completo, para que nada te falte da arte retórica. Enquanto isso, prosseguirás nos primeiros preceitos, conosco, quando quiseres; e por vezes lendo-os sem nós, de modo que não sejas impedido de alcançar tanto quanto nós a utilidade nessa arte. Agora, cuida de prestar atenção, pois continuaremos os ensinamentos.

[2]    II. Algumas **deliberações** indagam qual ação dentre duas é preferível, outras consideram qual é a melhor dentre muitas.[67] O que é preferível: Cartago ser destruída ou poupada? O que é melhor: Aníbal, chamado da Itália para Cartago, decidir se permanece na

---

elocução; pois ele considera não apenas a adequação dos ornamentos à invenção e à disposição, mas também sua utilidade para a memória e a pronunciação. A *Retórica a Herênio* parece considerar, portanto, que a ornamentação do discurso implique todas as partes da retórica.

67  Aqui começa o tratamento do gênero deliberativo.

remaneat, an domum redeat, an in Aegyptum profectus occupet Alexandriam.

Item deliberationes partim ipsae propter se consultandae sunt, ut si deliberet senatus, captiuos ab hostibus redimat, an non; partim propter aliquam extraneam causam ueniunt in deliberationem et consultationem, ut si deliberet senatus soluatne legibus Scipionem, ut eum liceat ante tempus consulem fieri; partim et propter se sunt deliberandae et magis propter extraneam causam ueniunt in consultationem, ut si deliberet senatus bello Italico, sociis ciuitatem det, an non. In quibus causis rei natura faciet deliberationem, omnis oratio ad ipsam rem adcommodabitur; in quibus extranea causa conficiet deliberationem, in his ea ipsa causa erit adaugenda aut deprimenda.

[3]　　Omnem orationem eorum, qui sententiam dicent, finem sibi conueniet utilitatis proponere, ut omnis eorum ad eam totius orationis ratio conferatur.

Utilitas in duas partes in ciuili consultatione diuiditur: tutam, honestam.

Tuta est, quae conficit instantis aut consequentis periculi uitationem qualibet ratione. Haec tribuitur in uim et dolum, quorum aut alterum separatim aut utrumque sumemus coniuncte. Vis decernitur per exercitus, classes, arma, tormenta, euocationes hominum et alias huiusmodi res. Dolus consumitur in pecunia, pollicitatione, dissimulatione, maturatione, mentitione et ceteris rebus de quibus magis idoneo tempore loquemur, si quando de re militari aut de administratione rei publica scribere uelimus.

Honesta res diuiditur in rectum et laudabile. Rectum est, quod cum uirtute et officio fit. Id diuiditur in prudentiam, iustitiam,

---

68　As partes do correto, aqui definidas, dizem respeito às virtudes morais, que são matéria específica da filosofia ética. Essas definições são mobilizadas no discurso deliberativo por oradores que sustentam pareceres opostos e buscam convencer o auditório de que o que aconselham é mais prudente, mais justo, mais corajoso ou mais moderado do que aquilo que aconselha o oponente. Ao orador político, portanto, importa menos discutir a natureza da virtude do que manejar suas definições correntes para aplicá-las comodamente no aconselhamento e na dissuasão.

Itália, se volta para casa ou se, avançando contra o Egito, ocupa Alexandria?

Demais, algumas questões devem ser examinadas por si mesmas, por exemplo, o Senado deliberar se resgata ou não os prisioneiros ao inimigo; outras vêm à deliberação e ao debate em virtude de motivo exterior a elas, por exemplo, o Senado deliberar se isenta ou não Cipião das leis, para que lhe seja permitido tornar-se cônsul antes do tempo; outras, ainda, são para ser deliberadas por si mesmas, mas vêm ao debate sobretudo por motivo externo, por exemplo, se, durante a guerra da Itália, o Senado delibera dar ou não cidadania aos aliados.

Nas causas em que a questão em si demanda deliberação, todo o discurso se acomodará à própria questão, naquelas em que o motivo da deliberação é exterior à questão, esse motivo há de ser engrandecido ou minimizado.

[3] Convém que todo o discurso daqueles que sustentam um parecer tenha a **utilidade** como fim, de modo que o plano inteiro de seu discurso venha a contemplá-la.

Na deliberação política, a **utilidade** divide-se em duas partes: a segura e a honesta.

A parte **segura** procura evitar, por algum método, perigos atuais ou iminentes. Distribui-se em força e dolo, que tomamos separadamente ou em conjunto.

A **força** é determinada pelos exércitos, as frotas, as armas, as máquinas de guerra, o recrutamento de homens e outras coisas do tipo.

O **dolo** consuma-se com dinheiro, promessas, dissimulação, ligeireza, mentiras e demais coisas sobre as quais falaremos em ocasião mais propícia, se um dia desejarmos escrever sobre assuntos militares ou sobre a administração da República.

O que é **honesto** divide-se em correto e louvável.

**Correto** é o que se faz com virtude e dever. Subdivide-se em prudência, justiça, coragem e modéstia.[68]

**Prudência** é a habilidade que, com regra, pode discernir o

fortitudinem, modestiam. Prudentia est calliditas, quae ratione quadam potest dilectum habere bonorum et malorum. Dicitur item prudentia scientia cuiusdam artificii: item appellatur prudentia rerum multarum memoria et usus conplurium negotiorum. Iustitia est aequitas ius uni cuique rei tribuens pro dignitate cuiusque. Fortitudo est rerum magnarum adpetitio et rerum humilium contemptio et laboris cum utilitatis ratione perpessio. Modestia est in animo continens moderatio cupiditatem.

[4]     III. Prudentiae partibus utemur in dicendo, si commoda cum incommodis conferemus, cum alterum sequi, uitare alterum cohortemur; aut si qua in re cohortaemur aliquid, cuius rei aliquam disciplinam poterimus habere, quo modo aut qua quidque ratione fieri oporteat; aut si suadebimus quippiam, cuius rei gestae aut praesentem aut auditam memoriam poterimus habere: qua in re facile id, quod uelimus, exemplo allato persuadere possumus.

Iustitiae partibus utemur, si aut innocentium aut supplicium misereri dicemus oportere; si ostendemus bene merentibus gratiam referre conuenire; si demonstrabimus ulcisci male meritos oportere; si fidem magnopere censebimus conseruandam; si leges et mores ciuitatis egregie dicemus oportere seruari; si societates atque amicitias studiose dicemus coli conuenire; si, quod ius in parentes, deos, patriam natura conparauit, id religiose colendum

---

69  A definição de prudência como uma virtude prática é de matriz aristotélica. No livro sexto da *Ética a Nicomaco*, Aristóteles define a prudência como "uma disposição verdadeira e raciocinada de agir com respeito às coisas que são boas ou más para o homem" (1140b5). A tradução da palavra grega *phrónesis* pela palavra latina *prudentia* foi consagrada por Cícero (*Sobre a República* 6.1), que a aproximou de *prouidere*, "ver de antemão": *Totam igitur expectas prudentiam huius rectoris, quae ipsum nomen hoc nacta est ex prouidendo* [...]. ("O que esperas, portanto, desse governante é sua total *prudência*, cujo nome justamente deriva de *prever*").

70  Ao tratar do discurso deliberativo, no *Sobre a invenção* (2.160), Cícero assim define prudência: "prudência é o conhecimento das coisas boas, más e neutras. Suas partes: memória, inteligência e previdência. Com a memória, o ânimo repete aquilo que aconteceu; com a inteligência, investiga; com a previdência, vê um acontecimento futuro antes que ocorra". É interessante notar quão mais

bem e o mal.⁶⁹ Também se denomina prudência o conhecimento de alguma arte, e, ainda, a memória de muitas coisas e o trato de grande número de negócios.⁷⁰

**Justiça** é a equidade que confere o direito de algo a alguém conforme sua dignidade.⁷¹

**Coragem** é o apetite das coisas maiores e o desprezo das menores, é também a perseverança frente às dificuldades em razão da utilidade.

**Modéstia** é o comedimento no ânimo que modera os desejos.

[4] III. Usaremos as partes da **prudência** no discurso se compararmos vantagens com desvantagens, exortando a buscar umas e a evitar outras; ou se exortarmos a uma ação em matéria na qual possamos ter conhecimento dos meios ou do método para executá-la; ou se aconselharmos algo de cuja história tenhamos lembrança por tê-la presenciado ou ouvido contar – nesse caso, podemos facilmente persuadir daquilo que desejamos aduzindo um exemplo.

Usaremos as partes da **justiça** se dissermos que é preciso apiedar-se dos inocentes e dos suplicantes; se evidenciarmos que convém gratificar os que merecem o bem; se demonstrarmos que é preciso punir os que merecem o mal; se aconselharmos que a palavra seja mantida⁷² a todo custo; se dissermos que é preciso preservar principalmente as leis e os costumes da cidade; que convém cultivar com zelo as alianças e amizades; se mostrarmos que deve ser religiosamente cultuado o que a natureza estabelece como justo quanto aos pais, os deuses e a pátria; se dissermos que

---

pragmática é a definição dada na *Retórica a Herênio*. Nela, não tem lugar o discernimento das coisas neutras, porque essas são indiferentes à deliberação. Além disso, o *Sobre a invenção* caracteriza as "partes" da prudência intrinsecamente, como faculdades do ânimo, ao passo que a *Retórica a Herênio* dá relevo aos domínios práticos em que a prudência se exercita: as artes e os negócios.

71  Entenda-se "dignidade" como merecimento; tal como se explicita no tratamento das partes da justiça.

72  Traduzimos a expressão "*fidem* [...] *conservandam*" por "manter a palavra", e não "manter a fé", pois não se trata de crença; mas da credibilidade de quem empenha sua palavra num acordo, pacto ou contrato.

demonstrabimus; si hospitia, clientelas, cognationes, adfinitates caste colenda esse dicemus; si nec pretio nec gratia nec periculo nec simultate a uia recta ostendemus deduci oportere; si dicemus in omnibus aequabile ius statui conuenire. His atque huiusmodi partibus iustitiae si quam rem in contione aut in consilio faciendam censebimus, iustam esse ostendemus, contrariis iniustam. Ita fiet, ut isdem locis et ad suadendum et ad dissuadendum simus conparati.

[5] Sin fortitudinis retinendae causa faciendum quid esse dicemus, ostendemus res magnas et celsas sequi et appeti oportere; et item res humiles et indignas uiris fortibus uiros fortes propterea contemnere oportere nec idoneas dignitate sua iudicare. Item ab nulla re honesta periculi aut laboris magnitudine deduci oportere; antiquiorem mortem turpitudine haberi; nullo dolore cogi, ut ab officio recedatur; nullius pro rei ueritate metuere inimicitias; quodlibet pro patria, parentibus, hospitibus, amicis, iis rebus, quas iustitia colere cogit, adire periculum et quemlibet suscipere laborem.

Modestiae partibus utemur, si nimias libidines honoris, pecuniae, similium rerum uituperabimus; si unam quamque rem certo naturae termino definiemus; si quoad cuique satis sit, ostendemus, nimium progredi dissuadebimus, modum uni cuique rei statuemus.

[6] Huiusmodi partes sunt uirtutis amplificandae, si suadebimus, adtenuandae, si ab his dehortabimur, ut haec adtenuentur quae supra demonstraui. Nam nemo erit, qui censeat a uirtute recedendum; uerum aut res non eiusmodi dicatur esse, ut uirtutem possimus egregiam experiri, aut in contrariis potius rebus quam in his uirtus constare, quae ostendantur. Item, si quo pacto poterimus, quam is, qui contra dicet, iustitiam uocabit, nos demonstrabimus ignauiam esse et inertiam, ac prauam liberalitatem; quam prudentiam appellarit, ineptam et garrulam et odiosam scientiam esse dicemus; quam ille modestiam dicet esse, eam nos inertiam

a hospitalidade, a clientela, a consanguinidade e a afinidade devem ser piamente cultuadas; se demonstrarmos que nem o dinheiro, nem os favores, nem os riscos, nem a rivalidade podem desviar-nos do caminho correto; se dissermos que em tudo convém que o direito seja estabelecido equitativamente. Se ponderarmos sobre uma ação na assembleia ou no conselho, com essas e outras partes da justiça, mostraremos que é justa; com o que for contrário a essas partes, injusta. Assim, com os mesmos lugares, estaremos preparados para aconselhar e desaconselhar.

[5] Se, por outro lado, dissermos que se deve agir em nome da **coragem**, mostraremos que é preciso perseguir e desejar coisas grandiosas e elevadas e, por isso mesmo, os corajosos devem desprezar as coisas baixas e indignas de homens corajosos, julgando-as não idôneas a sua dignidade. E mais, é necessário não se desviar do que é honesto, não importando o tamanho do risco ou do sofrimento: antes a morte que a torpeza; nenhuma dor deve afastar do dever; não se teme a inimizade de ninguém quando se defende a verdade; pela pátria, pelos pais, pelos hóspedes, pelos amigos e pelas coisas que a justiça nos impele a cultuar, enfrenta-se qualquer perigo e suporta-se qualquer fardo.

Usaremos as partes da **modéstia** se vituperarmos o desejo excessivo de honrarias, dinheiro e similares; se mantivermos cada coisa no seu limite definido por natureza; se mostrarmos o quanto é suficiente em cada caso, dissuadirmos de buscar o que é excessivo e estabelecermos a medida de cada coisa.

[6] Partes da virtude como essas devem ser amplificadas se as aconselhamos, atenuadas, se delas dissuadimos, de modo que o que mostrei acima seja enfraquecido. Com efeito, não haverá quem prescreva o abandono da virtude, mas diga-se, então, que o caso não é tal que permita pôr à prova uma excepcional virtude, ou que a virtude reside, antes, em coisas opostas às que foram exibidas; portanto, se assim pudermos, o que o adversário chamar de justiça demonstraremos que é covardia, fraqueza e torpe liberalidade; o que denominar prudência, diremos que é um saber inepto, verboso

et dissolutam neglegentiam esse dicemus; quam ille fortitudinem nominarit, eam nos gladiatoriam et inconsideratam appellabimus temeritatem.

[7]    IV. Laudabile est, quod conficit honestam et praesentem et consequentem commemorationem. Hoc nos eo separauimus a recto, non quod hae quattuor partes, quae subiciuntur sub uocabulum recti, hanc honestatis commemorationem dare non soleant; sed quamquam ex recto laudabile nascitur, tamen in dicendo seorsum tractandum est hoc ab illo: neque enim solum laudis causa rectum sequi conuenit, sed si laus consequitur, duplicatur rectei adpetendi uoluntas. Cum igitur erit demonstratum rectum esse, laudabile esse demonstrabimus aut ab idoneis hominibus — ut si qua res honestiori ordinei placeat, quae a deteriore ordine inprobetur — aut quibus sociis aut omnibus ciuibus, exteris nationibus, posterisque nostris.

Cum huiusmodi diuisio sit locorum in consultatione, breuiter aperienda erit totius tractatio causae.

Exordiri licebit uel a principio uel ab insinuatione uel isdem rationibus, quibus in iudiciali causa. Si cuius rei narratiuo incidet, eadem ratione narrari oportebit.

[8]    Quoniam in huiusmodi causis finis est utilitas et ea diuiditur in rationem tutam atque honestam, si utrumque poterimus ostendere, utrumque pollicebimur nos in dicendo demonstraturos esse; si alterum erimus demonstraturi, simpliciter quid dicturi sumus, ostendemus. At si nostram rationem tutam esse dicemus, diuisione utemur in uim et consilium. Nam quod in docendo rei dilucide magnificandae causa dolum appellauimus, id in dicendo honestius consilium appellabimus. Si rationem nostrae sententiae rectam esse dicemus et omnes partes recti incident, quadripertita diuisione utemur: si non incident, quot erunt, tot exponemus in dicendo.

---

73   O adjetivo *honestus* costumava distinguir o cidadão romano que pertencia a um estrato social superior. Outras qualidades que matizavam sua superioridade social eram: *bonus, egregius, illustris, praeclarus* e *ornatus*.

e molesto; o que disser que é modéstia, diremos que é inércia e negligência dissoluta; ao que ele nomear coragem, chamaremos de temeridade irrefletida e gladiatória.

[7] IV. É **louvável** aquilo que produz lembrança honesta tanto no presente quanto na posteridade. Separa-se o louvável do correto não porque as quatro partes que se subordinam ao correto não costumem proporcionar essa lembrança honesta, mas porque, embora o louvável derive do correto, no discurso, aquele deve ser tratado separadamente deste. Também não convém buscar o correto apenas em razão do louvor, mas se o louvor o acompanha, duplica-se a vontade de alcançá-lo. Quando, enfim, se demonstrar que algo é correto, demonstraremos que é louvável ou por homens idôneos – como algo que agrade a uma ordem mais honesta,[73] e desagrade a uma ordem inferior – ou por alguns aliados, ou por todos os cidadãos, pelas nações estrangeiras e por nossos descendentes.

Sendo desse feitio a divisão dos **lugares** na deliberação, será brevemente exposto o **tratamento** da causa como um todo.

É recomendável começar pela **introdução** ou pela **insinuação**, ou com os mesmos métodos que se aplicam à causa judicial.

Se houver **narração** do ocorrido, também caberá o mesmo método de narrar.

[8] Tendo em vista que, neste tipo de causa, o fim é a utilidade e essa se divide no cálculo da segurança e da honestidade, se pudermos mostrar uma e outra, prometeremos, no discurso, demonstrar ambas; se tivermos de demonstrar apenas uma, apontaremos unicamente aquela de que falaremos. Mas, se dissermos que consideramos a segurança, usaremos a **divisão** em força e astúcia. Com efeito, aquilo que, para ensinar com mais clareza, exagerando, eu havia chamado dolo, ao discursar é mais digno chamar astúcia. Se dissermos que nosso parecer considera a retidão e incidirem todas as partes do correto, utilizaremos a divisão quádrupla; se não incidirem todas, exporemos no discurso tantas quantas houver.

Confirmatione et confutatione utemur, nostris locis, quos ante ostendimus, confirmandis, contrariis confutandis. Argumentationis artificiose tractandae ratio de secundo libro petetur. **V.** Sed si acciderit, ut in consultatione alteri ab tuta ratione, alteri ab honesta sententia sit, ut in deliberatione eorum qui a Poeno circumsessi deliberant, quid agant, qui tutam rationem sequi suadebit, his locis utetur: nullam rem utiliorem esse incolumitate; uirtutibus uti neminem posse, qui suas rationes in tuto non conlocarit; ne deos quidem esse auxilio is, qui se inconsulto in periculum mittant; honestum nihil oportere existimari, quod non salutem pariat. **[9]** Qui tutae rei praeponet rationem honestam, his locis utetur: uirtutem nullo tempore relinquendam; uel dolorem, si is timeatur, uel mortem, si ea formidetur, dedecore et infâmia leuiorem esse; considerare, quae sit turpitudo consecutura: at non inmortalitatem neque aeternam incolumitatem consequi, nec esse exploratum illo uitato periculo nullum in aliud periculum uenturum; uirtuti uel ultra mortem proficisci esse praeclarum; fortitudini fortunam quoque esse adiumento solere; eum tute uiuere, qui honeste uiuat, non, qui in praesentia incolumis, et eum, qui turpiter uiuat, incolumem in perpetuum esse non posse.

Conclusionibus fere similibus in his et in iudicialibus causis uti solemus, nisi quod his maxime conducit quam plurima rerum ante gestarum exempla proferre.

**[10]**   **VI.** Nunc ad demonstratiuum genus causae transeamus. Quoniam haec causa diuiditur in laudem et uituperationem, quibus ex rebus laudem constituerimus, ex contrariis rebus erit uituperatio conparata. Laus igitur potest esse rerum externarum, corporis, animi.

---

74   É importante notar que, embora o demonstrativo seja dividido em elogio e vitupério, tal divisão não costuma implicar o caráter agonístico que a retórica assume nos tribunais e assembleias, onde dois oradores apresentam discursos opostos a respeito de uma mesma questão. Quando usado autonomamente, o demonstrativo serve ao elogio ou vitupério de algo ou alguém: um homem público ante seus concidadãos, uma cidade ante seus habitantes, um general que retorna da batalha etc., matérias que não são em si controversas, não suscitam um discurso em resposta, nem demandam uma decisão dos ouvintes. Espera-

Usaremos a **confirmação** e a **refutação** para confirmar nossos argumentos, que antes expusemos, e refutar os contrários. O método de tratar artisticamente a argumentação buscar-se-á no Livro 2. **V.** Mas, se acontecer de, numa deliberação, um lado sustentar seu parecer considerando a segurança, o outro, considerando a honestidade – como no caso daqueles que, cercados pelos cartagineses, deliberavam sobre como agir –, quem aconselhar a segurança utilizará estes lugares: nada é mais útil do que estar a salvo; ninguém pode usar da virtude se não tiver colocado suas razões na segurança; nem mesmo os deuses podem ajudar aqueles que irrefletidamente se lançam ao perigo; nada que não proporcione segurança pode ser considerado honesto. **[9]** Quem colocar a honestidade à frente da segurança usará os seguintes lugares: a virtude jamais deve ser abandonada; mesmo a dor, se é receada, e a morte, se é temida, são mais leves do que a desonra e a infâmia; é preciso considerar a torpeza que se seguirá – pois não se pode conseguir nem imortalidade, nem segurança eterna; e nada garante que, uma vez evitado esse perigo, não sobrevirá outro –; a glória da virtude é ir além da morte; a fortuna, além disso, costuma auxiliar a coragem; viverá em segurança quem viver honestamente, não quem no presente está seguro; além disso, aquele que vive na torpeza não pode estar seguro para sempre.

Costumamos usar de conclusões quase iguais nessas causas e nas judiciárias, salvo que nessas o proveito será tanto maior quanto mais exemplos históricos forem apresentados.

**[10]** **VI.** Passemos agora ao gênero **demonstrativo**. Como causas desse gênero se dividem em elogio e vitupério, o vitupério será obtido com o contrário daquilo que usarmos para compor o elogio. O elogio, então, pode ser das coisas externas, do corpo e do ânimo.[74]

se da audiência, apenas, o aplauso ou a vaia. São discursos de aparato, em prosa, com função análoga à da poesia cerimonial, aquela que celebra os casamentos, os funerais e as façanhas dos heróis etc. (Russel; Wilson 1981: XIII–XVIII). À época Helenística e talvez desde muito antes (Perelman & Tyteca 1996: 53-57), o uso público do gênero deliberativo encontrava-se muito reduzido. Os discur-

Rerum externarum sunt ea, quae casu aut fortuna secunda aut aduersa accidere possunt: genus, educatio, diuitiae, potestates, gloriae, ciuitas, amicitae, et quae huiusmodi sunt et quae his contraria. Corporis sunt ea, quae natura corpori adtribuit commoda aut incommoda: uelocitas, uires, dignitas, ualetudo, et quae contraria sunt. Animi sunt ea, quae consilio et cogitatione nostra constant: prudentia, iustitia, fortitudo, modestia, et quae contraria sunt. [11] Erit igitur haec confirmatio et confutatio nobis in huiusmodi causa.

Principium sumitur aut ab nostra aut ab eius, de quo loquemur, aut ab eorum, qui audient, persona aut ab re.

Ab nostra, si laudabimus: aut officio facere, quod causa necessitudinis intercedat; aut studio, quod eiusmodi uirtute sit, ut omnes commemorare debeant uelle, aut quod rectum sit; ex aliorum laude ostendere, qualis ipsius animus sit. Si uituperabimus: aut merito facere, quod ita tractati simus; aut studio, quod utile putemus esse ab omnibus unicam malitiam atque nequitiam cognosci; aut quod placeat ostendi, quod nobis placeat, ex aliorum uituperatione.

Ab eius persona, de quo loquemur, si laudabimus: uereri nos, ut illius facta uerbis consequi possimus; omnes homines illius uirtutes praedicare oportere; ipsa facta omnium laudatorum eloquentiam anteire. Si uituperabimus, ea, quae uidemus contrarie paucis uerbis commutatis dici posse, dicemus, ut paulo supra exempli causa demonstratum est.

sos desse gênero circulavam principalmente por escrito, para serem lidos em âmbito privado, e sua finalidade era obter a aprovação do leitor não para o objeto a que se referiam, mas para a habilidade do escritor. Ao determinar que o elogio ou vitupério incidam sobre "as coisas externas, o corpo e o ânimo", a *Retórica a Herênio* restringe o objeto do gênero às pessoas. O tratado não preceitua sua aplicação a circunstâncias e instituições, à paz ou à guerra, à República e às leis, às festas públicas etc.; mas prevê que seja usado como um ingrediente dos outros dois gêneros; por exemplo, no judiciário, quando se trata de qualificar a pessoa do réu, atribuindo-lhe virtudes ou vícios; no deliberativo, quando se trata de recomendar ou não um candidato. Nessa aplicação, o *demonstrativo* desenvolve-se *in utramque partem*: se o discurso do acusador demonstrar o caráter vicioso do réu, o do defensor terá de demonstrar sua virtude.

**Coisas externas** são aquelas que podem acontecer por obra do acaso ou da fortuna,[75] favoráveis ou adversas: ascendência, educação, riqueza, poder, glória, cidadania, amizades, enfim, coisas dessa ordem e seus contrários.

Ao **corpo** pertence o que a natureza lhe atribuiu de vantajoso ou desvantajoso: rapidez, força, beleza, saúde e seus contrários.

Dizem respeito ao **ânimo** as coisas que comportam nossa deliberação e ponderação: prudência, justiça, coragem, modéstia e seus contrários.[76] **[11]** Isso é o que usaremos para **confirmar** e **refutar** em causas desse tipo.

A **Introdução** é tirada ou de nossa pessoa, ou da pessoa de quem falamos, ou da pessoa dos ouvintes ou do próprio assunto.

**De nossa pessoa**, se elogiarmos: ou é por dever, pois assim exige a amizade; ou é por zelo, pois a virtude é tal que todos devem querer recordá-la; ou porque é certo mostrar, elogiando outros, qual seja nosso próprio ânimo.

Se vituperarmos: ou é por desagravo, por causa do modo como fomos tratados; ou é por zelo, pois julgamos útil que maldade e perversidade sem igual sejam conhecidas de todos; ou porque agrada mostrar, com o vitupério de outros, o que nos agrada.

**Da pessoa de quem falamos**, se elogiarmos: tememos não poder igualar seus feitos com palavras; todos os homens devem proclamar tais virtudes; os fatos em si superam a eloquência de todos os apologistas. Se vituperarmos, diremos o contrário dessas coisas, o que sabemos ser possível com a troca de umas poucas palavras, conforme se exemplificou acima.

---

75  As coisas atribuídas ao acaso ou à fortuna são aquelas que ocorrem independentemente da vontade e da ação humanas.
76  Essas virtudes do ânimo são as mesmas consideradas na parte da deliberação que pondera sobre o correto e o louvável (*Retórica a Herênio* 3.3). No gênero deliberativo, as virtudes e seus contrários qualificam ou desqualificam a decisão a ser tomada, considerando sua possível repercussão no futuro; no gênero demonstrativo, prestam-se a qualificar, no presente, o caráter da pessoa elogiada ou vituperada.

[12]     Ab auditorum persona, si laudabimus: quoniam non apud ignotos laudemus, nos monendi causa pauca dicturos; aut si erunt ignoti, ut talem uirum uelint cognoscere, petemus: quoniam in eodem uirtutis studio sint, apud quos laudemus, atque ille, qui laudatur, fuerit aut sit, sperare nos facile iis, quibus uelimus, huius facta probaturos. Contraria uituperatio: quoniam norint, pauca de nequitia eius dicturos; quod si ignorent, petemus, uti gnoscant, uti malitiam uitare possint: quoniam dissimiles sint, qui audiant, atque ille, qui uituperatur, sperare eos illius uitam uehementer inprobaturos.

Ab rebus ipsis: incertos esse, quid potissimum laudemus; uereri, ne, cum multa dixerimus, plura praetereamus, et quae similes sententias habebunt; quibus sententiis contraria sumuntur a uituperatione.

[13]     VII. Principio tractato aliqua harum, quas ante commemorauimus, ratione, narratio non erit ulla, quae necessario consequatur; sed si qua inciderit, cum aliquod factum eius, de quo loquemur, nobis narrandum sit cum laude aut uituperatione, praeceptio narrandi de primo libro repetetur.

Diuisione hac utemur: exponemus, quas res laudaturi sumus aut uituperaturi; deinde, ut quaeque, quoue tempore res erit gesta, ordine dicemus, ut, quid quamque tute cauteque egerit, intellegatur. Sed exponere oportebit animi uirtutes aut uitia; deinde commoda aut incommoda corporis aut rerum externarum, quomodo ab animo tractata sint, demonstrare. Ordinem hunc adhibere in demonstranda uita debemus: ab externis rebus: genus: in laude, quibus maioribus natus sit; si bono genere, parem aut excelsiorem fuisse; si humili genere, ipsum in suis, non in maiorum uirtutibus

---

77 Diferentemente dos tradutores franceses, Bornecque (1932: 117) e Achard ([1989] 1997: 98), que traduziram a palavra *sententiae* por *considérations*, e do inglês, Caplan ([1954] 1999: 179), que a traduziu por *sentiments* entendemos que, aqui, a palavra se refere não só ao conteúdo do enunciado, mas também a sua forma de expressão. Com isso, a noção de *sententiae* aproxima-se à de lugar-comum, entendido quer como esquema argumentativo, quer como frase-feita.

[12]     **Da pessoa dos ouvintes**, se elogiarmos: uma vez que não o desconhecem, diremos pouco, apenas para avivar a memória; por outro lado, se desconhecem, aspiraremos a que queiram conhecer tal homem e, já que aqueles que nos ouvem têm o mesmo apreço pela virtude que tem ou teve aquele que elogiamos, esperamos que venham a aprovar facilmente seus feitos. Para o vitupério, o contrário: já que o conhecem, pouco diremos de sua iniquidade; se o desconhecem, desejaremos que o conheçam para que possam evitar sua maldade; por serem nossos ouvintes diferentes daquele que é vituperado, esperamos que desaprovem veementemente sua conduta.

Da própria **matéria**: não sabemos o que vamos elogiar primeiro; tememos que mesmo dizendo muitas coisas, deixemos de dizer outras tantas; enfim, frases[77] semelhantes que tivermos. Para vituperar, usaremos frases opostas a essas.

[13]     **VII.** Se a introdução foi feita com um desses métodos que mencionei, não será necessário que uma **narração** a suceda; mas se houver alguma – quando for necessário narrar, elogiando ou vituperando, algo feito por aquele de quem falamos – retome-se o preceito para a narração no Livro 1.

Usaremos a seguinte **divisão**: apresentaremos o que vamos elogiar ou vituperar; depois falaremos, em ordem, como e quando ocorreu cada evento, para que se compreenda o que foi feito e com quanta segurança e cautela.

Será necessário expor as virtudes ou vícios do ânimo e, depois, demonstrar de que modo foram tratadas por tal ânimo as vantagens ou desvantagens do corpo ou das circunstâncias externas. Para a demonstração da vida, devemos seguir esta ordem:

Das **circunstâncias externas**:

A **ascendência**. No elogio, quais são seus ancestrais; caso tenha boa ascendência, foi semelhante ou superior a ela; caso seja de ascendência humilde, fiou-se na sua própria virtude e não na de seus ancestrais. No vitupério, se de boa ascendência, foi indigno de seus antepassados; se de má, até a esses degradou.

habuisse praesidium; in uituperatione, si bono genere, dedecori maioribus fuisse; si malo, tamen his ipsis detrimento fuisse. Educatio: in laude, bene et honeste in bonis disciplinis per omnem pueritiam educatum. In uituperatione [...]

**[14]** Deinde transire oportet ad corporis commoda: natura si sit dignitas atque forma, laudei fuisse eam, non quemadmodum ceteris detrimento atque dedecori; si uires atque uelocitas egregia, honestis haec exercitationibus et industriis dicemus conparata; si ualetudo perpetua, diligentia et temperantia cupiditatum; in uituperatione, si erunt haec corporis commoda, male his usum dicemus, quae casu et natura tamquam quilibet gladiator habuerit; si non erunt, praeter formam omnia ipsius culpa et intemperantia afuisse dicemus.

Deinde reuertemur ad extraneas res, et in his animi uirtutes aut uitia quae fuerint, considerabimus; diuitiae an paupertas fuerit, et quae potestates, quae gloriae, quae amicitiae, quae inimicitiae, et quid fortiter inimicitiis gerundis fecerit; cuius causa susceperit inimicitias; qua fide, beniuolentia, officio gesserit amicitias; in diuitiis qualis aut paupertate cuiusmodi fuerit; quemadmodum habuerit in potestatibus gerundis animum. Si interierit, cuiusmodi mors eius fuerit, cuiusmodi res mortem eius sit consecuta. **[15] VIII.** Ad omnes autem res, in quibus animus hominis maxime consideratur, illae quattuor animi uirtutes erunt adcommodandae; ut, si laudemus, aliud iuste, aliud fortiter, aliud modeste, et aliud prudenter factum esse dicamus; si uituperabimus, aliud iniuste, aliud inmodeste, aliud ignaue, aliud stulte factum praedicemus.

Perspicuum est iam nimirum ex hac dispositione, quemadmodum sit tractanda tripertita diuisio laudis et uituperationis, si illud etiam adsumpserimus, non necesse esse nos omnes has partes in laudem aut in uituperationem transferre, propterea quod saepe ne incidunt quidem, saepe ita tenuiter incidunt, ut non sint necessariae dictu. Quapropter eas partes, quae firmissimae uidebuntur, legere oportebit.

---

78 Os manuscritos são muito fragmentados nesse trecho. Para completar a lacuna,

A **educação**. No elogio: foi bem e honestamente educado nas boas disciplinas por toda a infância. No vitupério: [...] ele explicitamente se desencaminhou.[78]

[14] Então, cabe passar às vantagens do **corpo**: se tem beleza e proporção naturais, diremos que, para ele, são motivos de louvor e não, como para outros, de desonra e degradação; se é de força e velocidade excelentes, diremos que foram alcançadas com exercício e dedicação recomendáveis; se tem boa saúde, que se deve ao cuidado de si e à moderação dos desejos. No vitupério, se existirem essas vantagens físicas, diremos que fez mau uso daquilo que, como qualquer gladiador, tem por natureza e acaso; se não existirem, diremos que carece não só de beleza, mas de todas as outras vantagens por sua própria culpa e intemperança.

Depois, voltaremos às circunstâncias externas e consideraremos quais são os vícios e virtudes de seu ânimo. Foi rico ou pobre? Com que poder, que glória, que amizades e inimizades? O que fez, corajosamente, para gerar inimizades? Com que fé, benevolência e dever conduziu suas amizades? Que tipo de homem foi, na riqueza e na pobreza? Com que tipo de ânimo exerceu o poder? Se já morreu, que tipo de morte teve e qual sua repercussão? [15] VIII. A todas as outras coisas para as quais se considera principalmente o ânimo do homem, devem-se adequar aquelas quatro virtudes, de modo que, se elogiarmos, diremos que uma coisa foi feita com justiça, outra com coragem, outra com modéstia, outra com prudência; se vituperarmos, declararemos que uma coisa se fez injusta, outra imodesta, outra covarde, outra imprudentemente.

Com essa disposição, resulta bastante claro como deve ser tratada a tríplice divisão do elogio e do vitupério. Devemos compreender, no entanto, que não é necessário usar todas as partes ao elogiar ou vituperar, porque é frequente que elas não concordem, ou podem concordar tão pouco, que não mereçam ser mencionadas. Por isso se devem escolher as partes que pareçam as mais consistentes.

consideramos a sugestão de Achard: *inde se retraxisse aperte* ([1989] 1997: 99).

Conclusionibus breuibus utemur, enumeratione ad exitum causae; in ipsa causa crebras et breues amplificationes interponemus per locos communis.

Nec hoc genus causae, eo quod raro accidit in uita, neglegentius commendandum est: neque enim id quod potest accidere, ut faciendum sit aliquando, non oportet uelle quam adcommodatissime posse facere; et si separatim haec causa minus saepe tractatur, at in iudicialibus et in deliberatiuis causis saepe magnae partes uersantur laudis aut uituperationis. Quare in hoc quoque causae genere nonnihil industriae consumendum putemus.

Nunc, absoluta a nobis difficillima parte rhetoricae, hoc est inuentione perpolita atque ad omne causae genus adcommodata, tempus est ad ceteras partes proficisci. Deinceps igitur de dispositione dicemus.

[16]    IX. Quoniam dispositio est, per quam illa, quae inuenimus, in ordinem redigimus, ut certo quicquid loco pronuntietur, uidendum est, cuiusmodi rationem in disponendo habere conueniat. Genera dispositionum sunt duo: unum ab institutione artis profectum, alterum ad casum temporis adcommodatum.

---

79  Neste trecho, justifica-se o estudo do gênero demonstrativo por sua utilidade para os outros dois gêneros, judiciário e deliberativo (ver também: *Sobre o orador* 2.349). Quintiliano (*Instituição oratória* 3.4.11), tratando dos tipos de oratória e de suas características, afirma que Isócrates considerava que o louvor e o vitupério estavam presentes em todos os tipos de oratória, mas que a maioria dos autores os circunscrevem em um gênero próprio, que chamam laudativo ou demonstrativo, numa tradução dos termos gregos *enkomiastikón* e *epideiktikón*. Ele acrescenta que o nome *demonstratiuum* parece significar não tanto "demonstrar" quanto "ostentar", mas, que, no fim das contas, os três gêneros ocupam-se tanto de *negotiis* (isto é, das coisas que devem ser demonstradas pelo orador por meio de sua arte) quanto de *ostentatione* (isto é, a exibição do discurso em si, uma demonstração da própria arte do orador). Afirma que é possível, no entanto, que os romanos usem o termo "demonstrativo" porque o louvor e o vitupério mostram, expõem, isto é, dão a ver como se parece o objeto de que tratam. A palavra "demonstração" pode fazer pensar, também, nas demonstrações lógico-dedutivas, e alguns estudiosos se preocuparam em prevenir o leitor moderno quanto a esse possível equívoco (Caplan [1954] 1999: 172;

Usaremos de **conclusões** breves: uma enumeração para finalizar e amplificações frequentes e breves intercaladas no discurso com o uso dos lugares-comuns.

Não se há de recomendar esse gênero de causa com mais negligência, sob o pretexto de que, na vida, ele ocorre raramente; pois, mesmo aquilo que só se faz às vezes, deve-se desejar fazer com a maior conveniência possível. Se, isoladamente, o gênero demonstrativo é tratado com menos frequência, é comum que, nas causas judiciárias e deliberativas, grandes seções se ocupem do elogio e do vitupério. Por isso, consideremos que também esse gênero de causa deve demandar alguma dedicação.[79]

Agora que solucionamos a parte mais difícil da retórica, ou seja, com a invenção burilada e acomodada a todo tipo de causa, é hora de passar às outras partes. Falemos, portanto, da disposição.

[16]    IX. Já que é pela **DISPOSIÇÃO** que colocamos em ordem aquilo que inventamos,[80] para que que cada coisa seja pronunciada em seu devido lugar, devemos considerar que tipo de método é conveniente. São dois os gêneros de disposição: um que provém dos princípios da arte e outro que se acomoda ao momento.

---

Hinks 1936: 173). No entanto, parece interessante notar que, embora não se trate da demonstração como num silogismo, o valor probatório do elogio e do vitupério – quando aplicados nos outros dois gêneros – não é menos relevante. A demonstração, no sentido proposto por Quintiliano, é um forte elemento da prova patética. O apelo ao sentido da visão impressiona o auditório de tal modo que ele pensa formar uma opinião como se estivesse testemunhando os acontecimentos, sem a mediação do orador. Esse efeito é obtido na pronunciação e na elocução. Na pronunciação, o orador, como um ator, demonstra os afetos pertinentes ao caso, usando sua voz, semblante e gestos. Na elocução, faz uso de ornamentos para representar esses afetos, tornando paupáveis as qualidades e os defeitos daqueles que são objeto de elogio ou vitupério. Não por acaso, o ornamento que mais se associa à produção desse efeito, visado pelo gênero demonstrativo, recebe o nome de *demonstração* (*Retórica a Herênio* 4.68).

80  "Aquilo que inventamos" refere-se ao material probatório inventariado pelo orador que cumpriu a tarefa da invenção: excogitar coisas verdadeiras e verossímeis que tornem a causa provável. *Retórica a Herênio* 1.3.

Ex institutione artis disponemus, cum sequemur eam praeceptionem, quam in primo libro exposuimus, hoc est, ut utamur principio, narratione, diuisione, confirmatione, confutatione, conclusione; et ut hunc ordinem, quemadmodum praeceptum est ante, in dicendo sequamur. Item ex institutione artis non modo totas causas per orationem, sed singulas quoque argumentationes disponemus, quemadmodum in libro secundo docuimus: in expositionem, rationem, confirmationem rationis, exornationem, conclusionem. [17] Haec igitur duplex dispositio est: una per orationes, altera per argumentationes, ab institutione artis profecta.

Est autem alia dispositio, quae, cum ab ordine artificioso recedendum est, oratoris iudicio ad tempus adcommodatur; ut si ab narratione dicere incipiamus aut ab aliqua firmissima argumentatione aut litterarum aliquarum recitatione; aut si secundum principium confirmatione utamur, deinde narratione aut si quam eiusmodi permutationem ordinis faciemus; quorum nihil, nisi causa postulat, fieri oportebit. Nam si uehementer aures auditorum obtunsae uidebuntur atque animi defatigati ab aduersariis multitudine uerborum, commode poterimus principio supersedere, et exordiri causam aut a narratione aut aliqua firma argumentatione. Deinde, si commodum erit, quod non semper necesse est, ad principii sententiam reuerti licebit. **X.** Si causa nostra magnam difficultatem uidebitur habere, ut nemo aequo animo principium possit audire, ab narratione cum inceperimus, ad principii sententiam reuertemus. Si narratio parum probabilis, exordiemur ab aliqua firma argumentatione. His commutationibus et translationibus saepe uti necesse est, cum ipsa res artificiosam dispositionem artificiose commutare cogit.

[18] In confirmatione et confutatione argumentationum dispositionem huiusmodi conuenit habere: firmissimas argumentationes

---

81 "Fraseado" traduz *sententia* no mesmo sentido que em *Retórica a Herênio* 3.12 – aqui, entretanto, empregada no singular.

Disporemos de acordo com os princípios da arte quando seguirmos aqueles preceitos que expus no Livro 1 – isto é, usando introdução, narração, divisão, confirmação, refutação, conclusão – e observando essa ordem ao discursar, conforme foi prescrito anteriormente. Ainda conforme a arte estabelece, disporemos no discurso não só a causa como um todo, mas também cada um dos argumentos, que se organizará em exposição, razão, confirmação da razão, ornamentação e conclusão, conforme ensinamos no Livro 2. **[17]** Essa disposição é, portanto, dupla: uma nos discursos, outra nos argumentos, de acordo com os princípios da arte.

Todavia, existe ainda outra disposição, que, quando é preciso afastar-se da ordem prescrita, se acomoda ao momento segundo o juízo do orador. Por exemplo, quando começamos o discurso pela narração, ou por um argumento bastante forte, ou pela leitura de algum texto, ou quando usamos a confirmação logo após a introdução e depois a narração; ou quando fazemos outra alteração desse tipo na ordem, o que não deve acontecer a menos que a causa exija. Pois, se parece claramente que os ouvidos do auditório estão embotados e seu ânimo esgotado pela verborragia do adversário, poderemos, comodamente, dispensar a introdução e dar início à causa pela narração ou por qualquer argumento forte. Depois, se for conveniente, pois nem sempre é necessário, é lícito voltar ao fraseado[81] da introdução. **X.** Se nossa causa apresenta tamanha dificuldade que ninguém suporte ouvir uma introdução de bom grado, ainda que comecemos pela narração, voltaremos ao fraseado da introdução. Se uma narração for pouco plausível, começaremos por um argumento forte. Com frequência é necessário usar essas alterações e transposições, quando a própria matéria nos força a mudar com arte a disposição prescrita pela arte.

**[18]** Na confirmação e refutação é conveniente dispor os argumentos assim: colocar os mais fortes no início e no final da causa;

in primis et in postremis causae partibus conlocare; mediocris et neque inutiles ad dicendum neque necessarias ad probandum, quae, si separatim ac singulae dicantur, infirmae sint, cum ceteris coniunctae firmae et probabiles fiunt, interponi oportet. Nam et statim re narrata expectat animus auditoris, si qua re causa confirmari possit – quapropter continuo firmam aliquam oportet infere argumentationem –: et, reliqua, quoniam nuperrime dictum facile memoriae mandatur, utile est, cum dicere desinamus, recentem aliquam relinquere in animis auditorum bene firmam argumentationem. Haec dispositio locorum, tamquam instructio militum, facillime in dicendo, sicut illa in pugnando, parere poterit uictoriam.

[19] XI. Pronuntiationem multi maxime utilem oratori dixerunt esse et ad persuadendum plurimum ualere. Nos quidem unum de quinque rebus plurimum posse non facile dixerimus, egregie magnam esse utilitatem in pronuntiatione audacter confirmauerimus. Nam commodae inuentiones et concinnae uerborum elocutiones et partium causae artificiosae dispositiones et horum omnium diligens memoria sine pronuntiatione non plus, quam sine his rebus pronuntiatio sola ualere poterit. Quare, et quia nemo de ea re diligenter scripsit — nam omnes uix posse putarunt de uoce et uultu et gestu dilucide scribi, cum eae res ad sensus nostros pertinerent — et quia magnopere ea pars a nobis ad dicendum conparanda est, non neglegenter uidetur tota res consideranda.

Diuiditur igitur pronuntiatio in uocis figuram et in corporis motum. Figura uocis est ea, quae suum quendam possidet habitum

---

82  Perelman e Tyteca (1996: 565), no *Tratado da Argumentação*, criticam a disposição que se baseia na força de cada argumento separadamente, por não levar em consideração que a força, muitas vezes, é cumulativa. Essa passagem da *Retórica a Herênio*, porém, evidencia a existência de dois tipos de argumentos: os que têm, de fato, força intrínseca e, por isso, são necessários à prova; e os que tem força relativa e, se dispostos adequadamente, são úteis ao discurso.

83  Esse tipo de disposição ficou conhecido como ordem homérica, ou nestoriana, porque reproduz o alinhamento das tropas de Nestor, rei de Pilos, para

intercalar os de força mediana e aqueles que não são nem inúteis ao discurso, nem necessários à prova, que isolados e ditos separadamente são fracos, mas unidos uns aos outros tornam-se fortes e prováveis.[82] Logo após a narração, a expectativa dos ouvintes é de que se possa confirmar a causa – por isso é preciso apresentar imediatamente um argumento forte. De resto, como o que foi dito por último guarda-se mais facilmente na memória, é útil deixar vivo na mente dos ouvintes algum argumento bem forte ao terminarmos de falar. Essa disposição dos lugares no discurso, tal qual a ordem dos soldados na batalha, poderá facilmente propiciar a vitória.[83]

[19]   XI. Muitos disseram que a **PRONUNCIAÇÃO**\* é o que há de mais útil ao orador e de maior eficácia para persuadir. Nós não diríamos tão facilmente que uma das cinco partes possa mais do que as outras; mas, sem receio, asseguraríamos que há utilidade particularmente grande na pronunciação. A invenção adequada, a elocução harmoniosa das palavras, a disposição artificiosa das partes e a memória zelosa de tudo isso, sem a pronunciação, não valerão mais do que poderia valer a pronunciação sozinha. Portanto, porque ninguém escreveu detidamente sobre o assunto – todos julgaram que, por dependerem de nossos sentidos, dificilmente se conseguiria escrever com clareza sobre a voz, o semblante e os gestos – e porque precisamos muito dispor dessa parte para discursar, parece-nos que a pronunciação deve ser considerada por inteiro, sem negligência.

A pronunciação divide-se em **configuração da voz e movimento do corpo**. A **configuração** é o que dá à voz caráter próprio, alcan-

---

enfrentar os troianos. Homem sábio, Nestor posicionou as tropas fracas entre duas tropas fortes: "dispôs primeiro os cavaleiros com seus cavalos e carros; por trás colocou muita e valente infantaria, que seria o baluarte da guerra; no meio colocou os covardes, para que tivessem de combater à força, à sua revelia". (Homero, *Ilíada* 4.297–300).

\*   Agradecemos à Prof.ª Dr.ª Joana Mariz de Sousa pela revisão técnica do léxico relativo ao uso da voz na pronunciação do discurso.

ratione et industria conparatum. **[20]** Ea diuiditur in tres partes: magnitudinem, firmitudinem, mollitudinem. Magnitudinem uocis maxime conparat natura, nonnihil auget, sed maxime amplificat adcuratio. Firmitudinem uocis maxime conparat cura, nonnihil adauget et maxime conseruat exercitatio declamationes. Mollitudinem uocis, hoc est, ut eam torquere in dicendo nostro commodo possimus, maxime faciet exercitatio declamationis. Quapropter de magnitudine uocis et firmitudinis parte, quoniam altera natura paritur, altera cura conparatur, nihil nos adtinet commonere, nisi ut ab iis, qui non inscii sunt eius artificii, ratio curandae uocis petatur. **XII.** De ea parte firmitudinis, quae conseruatur ratione declamationis, et de mollitudine uocis, quae maxime necessaria est oratori, quoniam ea quoque moderatione declamationis conparatur, dicendum uidetur.

**[21]** Firmam ergo maxime poterimus in dicendo uocem conseruare, si quam maxime sedata et depressa uoce principia dicemus. Nam laeditur arteria, si, antequam uoce leni permulsa est, acri clamore completur. Et interuallis longioribus uti conuenit: recreatur enim spiritu uox et arteriae reticendo adquiescunt. Et in continuo clam-

---

84  A intensidade da voz é o que comumente chamamos de volume.
85  A palavra latina que traduzimos por traqueia é *arteria* (Plínio, *História natural* 11.175, 176, 179, 180). Ela ocorre, em Cícero, como uma lexia composta: *aspera arteria* (Cícero, *Sobre a natureza dos deuses* 2.136, 2.138). Dentre as "vias arteriais", essa era a única com paredes rugosas, daí Cícero tê-la chamado de *aspera*, adjetivo latino que traduz o grego *tracheîa*. Desde aproximadamente 300 AEC, a medicina greco-latina entendia que as artérias eram vias aéreas. Isso ocorria porque os estudos anatômicos eram feitos em corpos mortos, cujo sangue se concentra no sistema venoso. As artérias, vazias, eram então consideradas condutos de ar. Segundo essa teoria, a *arteria trachea* seria o vaso que comunicava o sistema arterial com exterior do corpo, pois estendia-se dos pulmões à garganta. O modelo alterou-se por volta de 170 EC, quando Galeno (*Sobre procedimentos anatômicos*) fazendo vivissecção em macacos, pôde observar que as vias arteriais faziam parte do sistema de circulação sanguínea e que, para além dos pulmões, não circulava ar no interior do corpo dos animais superiores.
86  A pausa e a respiração descansam não propriamente a traqueia, mas as pregas vocais, que se localizam na laringe. Á época da *Retórica a Herênio*, século I AEC,

çado com método e empenho. **[20]** Esta, por sua vez, divide-se em três partes: intensidade,[84] resistência, flexibilidade.

A **intensidade** da voz é dada principalmente pela natureza; o cultivo aumenta-a um pouco; mas, sobretudo, a conserva.

A **resistência** da voz é principalmente obtida pelo cuidado; a prática da pronunciação aumenta-a em certa medida e, acima de tudo, a conserva.

A **flexibilidade** da voz, ou seja, que possamos adequadamente modulá-la no discurso, é principalmente alcançada pelo exercício declamatório.

Por isso, quanto à intensidade, já que é dada pela natureza, e quanto à parte da resistência da voz que se obtém com o cuidado, nada nos concerne aconselhar senão que se busque o método de cultivar a voz com aqueles que não ignoram essa arte. **XII.** Parece que cumpre, no entanto, falar da parte da resistência da voz que se mantém pelo método declamatório e da flexibilidade – sumamente necessária ao orador –, porque também se adquire com o controle da declamação.

**[21]** Conseguiremos, pois, acima de tudo, manter a **resistência** da voz ao discursar se proferirmos a introdução com a voz calma e baixa o mais possível. Com efeito, a traqueia[85] irrita-se se, antes de ser acariciada pela voz suave, for preenchida por um clamor estrondoso.

Também é conveniente usar de longas pausas, pois a voz renova-se com a respiração e a traqueia, ao silenciar, descansa.[86]

É preciso, ainda, interromper o clamor contínuo e passar ao tom de conversa, pois as mudanças fazem com que, não nos excedendo em nenhum gênero de voz, sejamos perfeitos em todos eles.

---

não se conhecia nem a laringe, nem o funcionamento das pregas vocais. Na mesma obra em que observou a existência do sangue arterial, por volta de 170 EC, Galeno produziu a primeira descrição conhecida do aparelho fonador que estabelecia distinção entre laringe e traqueia e explicava a produção da voz nas pregas da laringe.

ore remittere et ad sermonem transire oportet: commutationes enim faciunt, ut nullo genere uocis effuso in omni uoce integri simus. Et acutas uocis exclamationes uitare debemus: ictus enim fit et uulnus arteriae acuta atque attenuata nimis adclamatione, et qui splendor est uocis, consumitur uno clamore uniuersus. Et uno spiritu continenter multa dicere in extrema conuenit oratione: fauces enim calefiunt et arteriae conplentur et uox, quae tractata uarie est, reducitur in quendam sonum aequabilem atque constantem. Quam saepe rerum naturae gratia quaedam iure debetur! Velut accidit in hac re. Nam quae dicimus ad uocem seruandam prodesse, eadem adtinent ad suauitudinem pronuntiationis, ut, quod nostrae uoci prosit, idem uoluntati auditoris probetur.

[22]    Utile est ad firmitudinem sedata uox in principio. Quid insuauius quam clamor in exordio causae? Interualla uocem confirmant; eadem sententias concinniores diuisione reddunt et auditori spatium cogitandi relinquunt. Conseruat uocem continui clamoris remissio: et auditorem quidem uarietas maxime delectat, cum sermone animum retinet aut exsuscitat clamore. Acuta exclamatio uocem uulnerat; eadem laedit auditorem: habet enim quiddam inliberale et ad muliebrem potius uociferationem quam ad uirilem dignitatem in dicendo adcommodatum. In extrema oratione continens uox remedio est uoci. Quid? Haec eadem nonne animum uehementissime calefacit auditoris in totius conclusione causae? Quoniam igitur eadem uocis firmitudini et pronuntiationis suauitudini prosunt, de utraque re simul erit in praesentia dictum, de firmitudine, quae uisa sunt, de suauitudine, quae coniuncta fuerunt: cetera suo loco paulo post dicemus.

87 "A traqueia é golpeada e ferida". O sentido desse enunciado pode ser bastante literal. Segundo a doutrina atomista de Lucrécio (século I AEC), a irritação da traqueia era uma prova da natureza material do som: "em primeiro lugar, ouvimos todos os sons e vozes que, se insinuando no ouvido, pressionam com seu corpo nosso órgão do sentido. É, pois, necessário reconhecer que o som e a voz são corpóreos, uma vez que podem impressionar nossos sentidos. Além disso, é comum a voz raspar a garganta e os gritos, ao se externarem, deixarem mais

Devemos evitar a voz aguda das exclamações, pois a traqueia é golpeada e ferida[87] nos gritos excessivamente agudos e estridentes, e o brilho da voz consome-se todo num único clamor.

No final do discurso, convém falar muitas coisas sem interrupção, de um só fôlego, pois a garganta se aquece, a traqueia infla, e a voz, que foi usada de vários modos, é trazida a um som uniforme e constante.

Quantas vezes não devemos, com razão, agradecer à natureza das coisas! É o que acontece aqui. Pois o que dissemos ser útil para conservar a voz, também diz respeito à suavidade da pronunciação, de modo que aquilo que favorece nossa voz também ganha a aprovação do ouvinte.

[22] É bom para a resistência usar uma voz calma na introdução. O que pode ser mais áspero do que um grito no início do discurso? As pausas fortificam a voz, tornam as falas mais harmoniosas ao separá-las e proporcionam ao ouvinte tempo para pensar.

Relaxar do clamor contínuo conserva a voz; e a variedade, com certeza, deleita sobremaneira o ouvinte, ao cativar seu ânimo com o tom de conversa ou exaltá-lo com o clamor.

A exclamação aguda fere a voz e incomoda os ouvintes, pois tem algo de ignóbil, mais adequado à gritaria das mulheres do que à dignidade viril no discursar.

No final do discurso, o tom contido é remédio para a voz. Acaso não é esse mesmo tom que na conclusão derradeira da causa inflama ardentemente o auditório?

Já que as mesmas coisas favorecem a resistência da voz e a suavidade da pronunciação, falou-se de ambas ao mesmo tempo: ao que se observou sobre a resistência juntou-se o que compete à suavidade; do restante, falaremos em breve, no lugar apropriado.

---

áspera a traqueia, pois os elementos (átomos) da voz, concorrendo em grande número, forçam a passagem pelo estreito canal e, ao sair, atritam contra a abertura da boca. Não há dúvida, portanto, de que a voz e as palavras se constituem de elementos corpóreos, uma vez que nos podem ferir" (Lucrécio 4.524–534).

[23]   XIII. Mollitudo igitur uocis, quoniam omnis ad rhetoris praeceptionem pertinet, diligentius nobis consideranda est. Eam diuidimus in sermonem, contentionem, amplificationem. Sermo est oratio remissa et finitima cotidianae locutioni. Contentio est oratio acris et ad confirmandum et ad confutandum adcommodata. Amplificatio est oratio, quae aut in iracundiam inducit aut ad misericordiam trahit auditoris animum.

Sermo diuiditur in partes quattuor: dignitatem, demonstrationem, narrationem, iocationem. Dignitas est oratio cum aliqua grauitate et uocis remissione. Demonstratio est oratio, quae docet remissa uoce, quomodo quid fieri potuerit aut non potuerit. Narratio est rerum gestarum aut proinde ut gestarum expositio. Iocatio est oratio, quae ex aliqua re risum pudentem et liberalem potest conparare.

Contentio diuiditur in continuationem et in distributionem. Continuatio est orationis enuntiandae adceleratio clamosa. Distributio est in contentione oratio frequens cum raris et breuibus interuallis acri uociferatione.

[24]   Amplificatio diuiditur in cohortationem et conquestionem. Cohortatio est oratio, quae aliquod peccatum amplificans auditorem ad iracundiam adducit. Conquestio est oratio, quae incommodorum amplificatione animum auditoris ad misericordiam perducit.

Quoniam igitur mollitudo uocis in tres partes diuisa est, et eae partes ipsae sunt in octo partes alias distributae, harum octo partium, quae cuiusque idonea pronuntiatio sit, demonstrandum uidetur.

XIV. Sermo cum est in dignitate, plenis faucibus quam sedatissima et depressissima uoce uti conueniet; ita tamen, ut ne ab oratoria consuetudine ad tragicam transeamus.

---

88   Aqui se repete a definição dada à *narração* no início do Livro 1 (*Retórica a Herênio* 1.4).

[23]     XVIII. A **flexibilidade** da voz, porque depende inteiramente dos preceitos do rétor, teremos de considerar com mais diligência. Vamos dividi-la em: conversa, contenda e amplificação.

Na **conversa**, o discurso é brando e próximo da fala cotidiana.

Na **contenda**, o discurso é acerbo, adequado à confirmação e à refutação.

Na **amplificação**, o discurso induz o ouvinte à ira ou leva-o à misericórdia.

A conversa divide-se em quatro tipos: dignificante, demonstrativa, narrativa e jocosa.

**Dignificante** é a fala que possui certa gravidade e brandura na voz.

**Demonstrativa** é a fala que ensina, com voz branda, como algo poderia ou não ter ocorrido.

**Narrativa** é a exposição das coisas como ocorreram ou como poderiam ter ocorrido.[88]

**Jocosa** é a fala que tira proveito de algo para suscitar um riso comedido e educado.

A contenda divide-se em contínua e descontínua.

**Contínua** é a enunciação acelerada e clamorosa do discurso.

**Descontínua** é a enunciação de um discurso contido, com muitos intervalos, breves e espaçados, e vociferação pujante.

[24]     A amplificação divide-se em exortativa e lamentosa.

A **exortativa**, amplificando um crime, leva o ouvinte à ira.

A **lamentosa**, amplificando as desventuras, conduz seu ânimo à misericórdia.

Como, então, a flexibilidade da voz foi dividida em três partes e essas redistribuem-se em outras oito, é preciso mostrar qual a pronunciação idônea para cada uma das oito partes.

**XIV.** Quando a **conversa** é **dignificante**, convém usar toda potência da garganta, mas com a voz o mais calma e baixa possível, porém não a ponto de passarmos dos modos da oratória para os da tragédia.

Cum autem est in demonstratione, uoce paululum attenuata crebris interuallis et diuisionibus oportet uti, ut in ipsa pronuntiatione eas res, quas demonstrabimus, inserere atque insecare uideamur in animis auditorum.

Cum autem est sermo in narratione, uocum uarietates opus sunt, ut, quo quidque pacto gestum sit, ita narrare uideamur. Strenue quod uolumus ostendere factum: celeriuscule dicemus; at aliud otiose: retardabimus. Deinde modo acriter, tum clementer, maeste, hilare in omnes partes commutabimus ut uerba item pronuntiationem. Si qua inciderint in narrationem dicta, rogata, responsa, si quae admirationes de quibus nos narrabimus, diligenter animum aduertemus, ut omnium personarum sensus atque animos uoce exprimamus.

[25] Sin erit sermo in iocatione, leuiter tremebunda uoce, cum parua significatione risus, sine ulla suspicione nimiae cachinnationis leniter oportebit ab sermone serio torquere uerba ad liberalem iocum.

Cum autem contendere oportebit, quoniam id aut per continuationem aut per distributionem faciendumst, in continuatione, adaucto mediocriter sono uoci, uerbis continuandis uocem quoque iungere oportebit et torquere sonum et celeriter cum clamore uerba conficere, ut uim uolubilem orationis uociferatio consequi possit. In distributione uocis ab imis faucibus exclamationem quam clarissimam adhibere oportet, et quantum spatii in singulas exclamationes sumpserimus, tantum in singula interualla spatii consumere iubemur.

In amplificationibus cum cohortatione utamur uoce attenuatissima, clamore leni, sono aequabili, commutationibus crebris, maxima celeritate. In conquestione utemur uoce depressa, inclinato sono, crebris interuallis, longis spatiis, magnis commutationibus.

**XV.** De figura uocis satis dictum est: nunc de corporis motu dicendum uidetur.

Quando é **demonstrativa**, temos de usar a voz um pouquinho aguda, com numerosas pausas e variações, de modo que, na própria pronunciação, pareçamos inculcar e esmiuçar nos ânimos dos ouvintes as coisas que demonstraremos.

Quando é **narrativa**, é preciso variar as vozes de modo a parecer que narramos cada coisa assim como teria acontecido. O que quisermos mostrar que foi feito em pouco tempo, narraremos um pouco mais depressa; mas, o que se fez tranquilamente, narraremos devagar. Além disso, em todas as partes, mudaremos a pronunciação como mudarem as palavras: antes com acrimônia, depois com clemência, ora com tristeza, ora com alegria. Se incidir alguma declaração, pergunta, resposta ou exclamação de admiração na narrativa, cuidaremos atentamente de expressar com a voz os sentimentos e o ânimo de cada personagem.

[25] Se a **conversa** for **jocosa**, com a voz levemente estremecida e o sorriso apenas esboçado, sem a menor insinuação de zombaria, convirá desviar suavemente as palavras da conversa séria ao gracejo educado.

Como também será preciso debater e a **contenda** pode ser contínua ou descontínua, convirá, na **contínua**, aumentar moderadamente a sonoridade da voz e associá-la a um fluxo ininterrupto de palavras; além de fazer inflexões e emiti-las rapidamente, clamando, de modo que a vociferação possa acompanhar a tensão variável da fala.

Na **descontínua**, será preciso tirar do fundo da garganta exclamações as mais claras possíveis – e recomendamos consumir em cada pausa tanto tempo quanto se empregar em cada exclamação.

Na **amplificação** com **exortação**, usaremos a voz estridente, clamores suaves, sonoridade uniforme, frequentes alterações, velocidade máxima.

No **lamento**, usaremos a voz baixa, o som profundo, pausas frequentes e longas, alterações marcantes.

XV. Sobre a configuração da voz já foi dito o bastante, deve-se falar agora do movimento do corpo.

[26]   Motus est corporis gestus et uultus moderatio quaedam, quae probabiliora reddit ea, quae pronuntiantur. Conuenit igitur in uultu pudorem et acrimoniam esse, in gestu nec uenustatem conspiciendam nec turpitudinem esse, ne aut histriones aut operarii uideamur esse.

Ad easdem igitur partes, in quas uox est distributa, motus quoque corporis ratio uidetur esse adcommodanda. Nam si erit sermo cum dignitate, stantis in uestigio leui dexterae motu loqui oportebit, hilaritate, tristitia, mediocritate uultus ad sermonis sententias adcommodata. Sin erit in demonstratione sermo, paululum corpus a ceruicibus demittemus: nam est hoc datum, ut quam proxime tum uultum admoueamus ad auditores, si quam rem docere eos et uehementer instigare uelimus. Sin erit in narratione sermo, idem motus poterit idoneus esse, qui paulo ante demonstrabatur in dignitate. Sin in iocatione, uultu quandam debebimus hilaritatem significare sine commutatione gestus.

[27]   Sin contendemus per continuationem, brachio celeri, mobili uultu, acri aspectu utemur. Sin contentio fiet per distributionem, porrectione perceleri brachii, inambulatione, pedis dexteri rara subplausione, acri et defixo aspectu uti oportet.

Sin utemur amplificatione per cohortationem, paulo tardiore et consideratiore gestu conueniet uti, similibus ceteris rebus atque in contentione per continuationem. Sin utemur amplificatione per conquestionem, feminis plangore et capitis ictu, nonnumquam sedato et constanti gestu, maesto et conturbato uultu uti oportebit.

Non sum nescius, quantum susceperim negotii, qui motus corporis exprimere uerbis et imitari scriptura conatus sim uoces. Verum nec hoc confisus sum posse fieri, ut de his rebus satis commode scribi posset, nec, si id fieri non posset, hoc, quod feci, fore inutile putabam, propterea quod hic admonere uoluimus, quid oporteret: reliqua trademus exercitationi. Hoc tamen scire

[26]  **Movimento do corpo** é o controle dos gestos e do semblante que torna mais provável o que pronunciamos. Convém que haja pudor e acrimônia no semblante; nos gestos, nem encanto, nem fealdade devem chamar atenção, para que não pareçamos histriões ou trabalhadores braçais.

Também o método de mover o corpo deve adequar-se àquelas partes em que se distribui a voz. Se a **conversa** for **dignificante**, deve-se falar parado no lugar, movendo suavemente a mão direita, com o semblante alegre, triste ou sereno, conforme o teor da conversa. Se for **demonstrativa**, inclinaremos o corpo um pouquinho, abaixando o pescoço, pois naturalmente movemos o rosto para mais perto do ouvinte quando queremos instrui-lo de algo e instigá-lo vivamente. Se for **narrativa**, poderá convir o mesmo movimento que foi indicado acima para a conversa dignificante. Se for **jocosa**, devemos sugerir certa hilaridade no semblante, mas sem alterar os gestos.

[27]  Se a **contenda** for **contínua**, utilizaremos movimentos rápidos do braço, semblante variado e olhar penetrante. Se a **contenda** for **descontínua**, é necessário estender subitamente o braço, andar de um lado para o outro, bater ocasionalmente com o pé direito no chão e manter o olhar penetrante e fixo.

Se empregarmos a **amplificação** para **exortar**, convirá usar de gestos um pouco mais lentos e circunspectos, mas, de resto, proceder como na contenda contínua. Se usarmos a **amplificação** para o **lamento**, convém golpear com a mão as coxas e bater na cabeça, e, no mais, usar o gesto calmo e constante, o semblante triste e conturbado.

Não desconheço o tamanho da tarefa que assumi, eu que me esforcei em exprimir com palavras o movimento do corpo e imitar as vozes num texto escrito. Com efeito, eu não estava certo de que essas coisas pudessem ser escritas com suficiente adequação, nem, caso não pudessem, de que julgaria ter sido inútil o que fiz, pois aqui quisemos aconselhar o que era imprescindível: o resto deixaremos

oportet, pronuntiationem bonam id proficere, ut res ex animo agi uideatur.

[28] XVI. Nunc ad thesaurum inuentorum atque ad omnium partium rhetoricae custodem, memoriam, transeamus. Memoria utrum habeat quiddam artificiosi, an omnis ab natura proficiscatur, aliud dicendi tempus magis idoneum dabitur. Nunc proinde atque constet in hac re multum ualere artem et praeceptionem, ita de ea re loquemur. Placet enim nobis esse artificium memoriae; quare placeat, alias ostendemus; in praesentia, cuiusmodi sit ea, aperiemus.

Sunt igitur duae memoriae: una naturalis, altera artificiosa. Naturalis est ea, quae nostris animis insita est et simul cum cogi-

---

89 Essa é a única passagem em que traduzimos *animus* por "alma", porque "brotar da alma" é uma forma consagrada, em português, para expressar sinceridade, espontaneidade, franqueza. A pronunciação é eficaz quando *parece* espontânea e, portanto, oculta a habilidade do orador e o preparo do discurso (sobre ocultar o artifício, na *Retórica a Herênio*, ver também 2.47 e 4.10). Há, em latim, as palavras *anima* e *animus,* cujos sentidos são distintos. "Alma" (*anima, ae*) é o sopro vital, o princípio de movimento que anima um corpo, e "ânimo" (*animus, i*), que se opõe ao mesmo tempo a "alma" e a "corpo", é a sede do intelecto e das paixões, da faculdade do julgamento e da condução das ações (Ernout & Meillet 1951: 60). Na *Retórica a Herênio*, a palavra *anima* não ocorre nenhuma vez.

90 "Tesouro" é uma metáfora recorrente nos textos antigos de retórica latina: "tesouro da eloquência" (Quintiliano, *Instituições oratórias* 11.2.1), "tesouro de todas as coisas" (Cícero, *Sobre o orador* 1.18), "tesouro dos argumentos" (Cícero, *Partições oratórias* 109). Ela comporta, pelo menos, duas leituras. A primeira, e mais óbvia, é aquela de repositório, coleção de riquezas armazenadas. A segunda, também figurada, é a de manancial, fonte escondida. Como "tesouro da eloquência" e "tesouro de todas as coisas", a metáfora, nos textos referidos, relaciona-se à memória. Como "tesouro dos argumentos", relaciona-se aos lugares (*loci*) da invenção. Aqui, na *Retórica a Herênio*, os dois sentidos estão conjugados, pois a *memória* é chamada *thesaurum inuentorum* (tesouro daquilo que foi inventado). Como já se disse, a noção de "lugar" é comum à memória e à invenção; lugar onde se guarda e lugar onde se procura o material do discurso. É nessa dupla acepção que o tesouro da memória deve ser entendido, pois ele não apenas retém aquilo que é preciso lembrar no momento da pronunciação, mas é fonte para a produção de novos discursos.

91 "Guardiã" também é metáfora recorrente para a memória (Cícero, *Sobre o orador* 1.18; *Partições oratórias* 3; Quintiliano, *Instituições oratórias* 3.3.7). Todo o material apreendido pelo orador – as coisas, as palavras e sua disposição –

para a prática. Isto, porém, é preciso saber: a boa pronunciação tem esta vantagem, que o que é dito pareça brotar da alma.[89]

[28] **XVI.** Passemos agora ao tesouro[90] das coisas inventadas e à guardiã[91] de todas as partes[92] da retórica: a memória.

Se a **MEMÓRIA** acaso tem algo de artificioso ou provém inteiramente da natureza, caberá dizer numa ocasião mais propícia. Por ora, falaremos como se fosse certo que, nesse assunto, arte e preceito são de muita valia. A nós, parece bem que haja uma arte da memória[93] – o porquê, mostraremos alhures; no momento, explicaremos como ela é.

Existem duas memórias: uma natural, outra produzida pela arte. **Natural** é aquela situada em nossa mente e nascida junto com o pensamento; **artificial** é aquela que certa indução e método preceptivo consolidam. Porém, como em tudo mais, é frequente a boa

---

fica sob a guarda da memória. A memória é *diligens* (*Retórica a Herênio* 3.19), zelosa, vigilante, ela cuida de que não se perca no esquecimento o que lhe foi confiado e de que, embora guardado, esteja sempre pronto para ser evocado e pronunciado.

92 Apesar de, nessa passagem, a memória ser chamada de guardiã de todas as partes da Retórica, em *Retórica a Herênio* 1.3 e 3.19, a pronunciação está excluída de seu domínio.

93 A "arte da memória", também chamada "mnemotécnica" ou "mnemônica", teria sido descoberta fortuita e tragicamente pelo poeta lírico Simônides de Ceos (556-468 AEC) quando, único sobrevivente após o desabamento do teto do salão onde jantava com muitos outros convidados e do qual se afastara minutos antes do acidente, foi capaz de ajudar os parentes das vítimas na identificação dos corpos, terrivelmente disformes e irreconhecíveis. Conseguiu fazê-lo, porque, reconstituindo mentalmente a cena do banquete, lembrou-se perfeitamente do lugar que cada um ocupara à mesa. Deduziu, então, que a disposição de imagens em lugares ordenados auxiliava a memória e que isso poderia ser um recurso utilizado artificialmente para reter o que se deseja lembrar. Nenhum tratado grego sobre essa técnica sobreviveu, e sua transmissão se deu por meio de três textos latinos que incorporaram a Memória, antes estudada autonomamente, como parte da Retórica. O tratamento mais completo e mais antigo da matéria é o que se lê na *Retórica a Herênio*, o que a tornou a principal fonte de referência para o assunto (Yates, 2007: 21–22). A exemplar anedota a respeito de Simônides, no entanto, figura apenas em Cícero (*Sobre o orador* 2.351-354) e Quintiliano (*Instituição oratória* 11.2.11-17).

tatione nata; artificiosa est ea, quam confirmat inductio quaedam et ratio praeceptionis. Sed qua uia in ceteris rebus ingenii bonitas imitatur saepe doctrinam, ars porro naturae commoda confirmat et auget, item fit in hac re, **[29]** ut nonnumquam naturalis memoria, si cui data est egregia, similis sit huic artificiosae, porro haec artificiosa naturae commoda retineat et amplificet ratione doctrinae; quapropter et naturalis memoria praeceptione confirmanda est, ut sit egregia, et haec, quae doctrina datur, indiget ingenii. Nec hoc magis aut minus in hac re, quam in ceteris artibus fit, ut ingenio doctrina, praeceptione natura nitescat. Quare et illis, qui natura memores sunt, utilis haec erit institutio, quod tute paulo post poteris intellegere: et si illi, freti ingenio, nostril non indigerent, tamen iusta causa daretur, quare iis, qui minus ingenii habent, adiumento uelimus esse. Nunc de artificiosa memoria loquemur.

Constat igitur artificiosa memoria ex locis et imaginibus. Locos appellamus eos, qui breuiter, perfecte, insignite aut natura aut manu sunt absoluti, ut eos facile naturali memoria conprehendere et amplecti queamus: ut aedes, intercolumnium, angulum, fornicem et alia, quae his similia sunt. Imagines sunt formae quaedam et notae et simulacra eius rei, quam meminisse uolumus: quod genus equi, leones, aquilae; memoriam si uolemus habere imagines eorum, locis certis conlocare oportebit. **[30]** Nunc, cuiusmodi locos inuenire et quo pacto reperire et in locis imagines constituere oporteat, ostendemus.

**XVII.** Quemadmodum igitur qui litteras sciunt, possunt id, quod dictatur, eis scribere et recitare quod scripserunt, item qui mnemonica didicerunt, possunt, quod audierunt, in locis conlocare et ex his memoriter pronuntiare. Nam loci cerae aut cartae simillimi sunt, imagines litteris, dispositio et conlocatio imaginum scripturae, pronuntiatio lectioni. Oportet igitur, si uolumus multa

---

94 A menção específica a memorizar o que foi ouvido remete a circunstâncias de

qualidade do engenho imitar a doutrina; e a arte, por sua vez, fortalecer e aumentar a aptidão natural. [29] Assim acontece aqui: às vezes a memória natural, se alguém a tem excelente, é semelhante à artificial, que, por sua vez, com um método de ensino, conserva e amplia a aptidão natural. Por isso, para ser excelente, a memória natural deve ser fortalecida pelo preceito, bem como precisa do engenho aquela que se adquire com a doutrina. E nessa arte, nem mais, nem menos que nas outras, ocorre que a doutrina se ilumine com o engenho e a natureza, com o preceito. Por isso, essa instrução será útil também para aqueles que, por natureza, têm boa memória, o que seguramente logo poderás compreender. Mas, ainda que esses, fiados em seu engenho, não precisassem de nossa ajuda, ainda assim estaríamos justificados por querer ajudar os menos favorecidos pelo engenho. Agora, falemos da memória artificial.

A **memória artificial** constitui-se de lugares e imagens.

Chamamos **lugar** àquilo que foi contido inteira e distintamente, pela mão do homem ou pela natureza, num espaço pequeno, de modo que possamos facilmente percebê-lo e abarcá-lo com a memória natural, como um nicho, um vão entre colunas, um canto, um arco e coisas semelhantes.

Já as **imagens** são determinadas formas, marcas ou simulacros das coisas que desejamos lembrar. Por exemplo, se queremos guardar na memória um cavalo, um leão ou uma águia, será preciso dispor suas imagens em lugares determinados. [30] Agora mostraremos que espécie de lugares devemos encontrar e como obter as imagens e colocá-las nesses lugares.

**XVII.** Assim como quem conhece as letras do alfabeto é capaz de escrever o que lhe é ditado e ler em voz alta o que escreveu, quem tiver aprendido a mnemotécnica será capaz de colocar nos lugares o que ouviu[94] e, recorrendo a eles, pronunciar de memória.

---

altercação oral, em que o orador dever ser capaz de recordar prontamente os argumentos da parte contrária, para compor uma refutação.

meminisse, multos nos nobis locos conparare, uti multis locis multas imagines conlocare possimus.

Item putamus oportere ex ordine hos locos habere, ne quando perturbatione ordinis inpediamur, quo setius, quoto quoque loco libebit, uel ab superiore uel ab inferiore parte imagines sequi et ea, quae mandata locis erunt, edere possimus: **XVIII.** nam ut, si in ordine stantes notos quomplures uiderimus, nihil nostra intersit, utrum ab summo an ab imo an ab medio nomina eorum dicere incipiamus, item in locis ex ordine conlocatis eueniet, ut in quamlibebit partem quoque loco libebit imaginibus commoniti dicere possimus id, quod locis mandauerimus: **[31]** quare placet et ex ordine locos conparare.

Locos, quos sumpserimus, egregie commeditari oportebit, ut perpetuo nobis haerere possint: nam imagines, sicuti litterae delentur, ubi nihil utimur; loci, tamquam cera, remanere debent. Et, ne forte in numero locorum falli possimus, quintum quemque placet notari: quod genus, si in quinto loco manum auream conlocemus, si in decimo aliquem notum, cui praenomen sit Decimo; deinde

---

95 A comparação entre a memória e a escrita reaparece em Cícero (*Partições oratórias* 26; *Sobre o orador* 2.354 e 2.360) e em Quintiliano (*Instituição oratória* 11.2.21). Tanto Cícero, no *Sobre o orador*, quanto Quintiliano, na *Instituição*, fazem um símile abreviado, apenas equiparando as imagens às letras e os lugares à cera. Nas *Partições*, como na *Retórica a Herênio*, a comparação é estendida, incorporando, além do procedimento de remissão das imagens aos lugares, também o argumento de que a memória, como a escrita, pode ser adquirida com o ensino e aprimorada com a prática. Cícero (*Partições oratórias* 26) diz que a memória é, "de certo modo, gêmea da escrita *e super semelhante num gênero dessemelhante*" (*in dissimili genere persimilis*). Ambas as versões do símile estabelecem uma equivalência entre o caráter técnico da escrita e da memória artificial, mas não comportam a ideia de que a escrita seja concorrente ou sucedânea da memória (como por exemplo em Platão, *Fedro* 274e–275b). A escrita não substitui a memória natural, mas fornece um modelo para o desenvolvimento da memoria artificial, a mnemotécnica. Ainda que seus suportes e seus signos sejam comparáveis e seja análogo o processo de *inscrição* dos signos nos suportes, uma não substitui a outra; coexistem, cada qual num âmbito diferente (*in dissimili genere*). Um resíduo dessa comparação subsiste nos dias de hoje em expressões metafóricas como "traço" de memória, "inscrito" e "gravado" na memória, ou ainda, "apagar" e "cancelar" da memória.

Os lugares assemelham-se muito a tábuas de cera ou rolos de papiro; as imagens, às letras; a disposição e colocação das imagens, à escrita; a pronunciação, à leitura.[95]

Devemos, então, se desejarmos lembrar muitas coisas, preparar muitos lugares, para neles colocar muitas imagens.

Também julgamos que se devam ordenar esses lugares, para não acontecer de, por confundir a ordem, sermos impedidos de seguir as imagens partindo do ponto que quisermos – do começo ou do fim –, e de proferir o que havia sido confiado aos lugares. **XVIII.** Com efeito, se víssemos vários de nossos conhecidos alinhados numa determinada ordem, seria indiferente para nós começar a dizer seus nomes do início, do fim ou do meio da linha.[96] O mesmo acontecerá com os lugares dispostos numa sequência: uma vez que tenhamos sido lembrados pelas imagens, poderemos repetir aquilo que assinalamos aos lugares, começando de qualquer lugar e indo na direção que desejarmos. **[31]** Por isso, é bom dispor também os lugares em ordem.

É preciso atentar de modo especial aos lugares que tomamos, para que possamos fixá-los para sempre; pois as imagens, como as letras, são apagadas quando não servem mais; mas os lugares, como a cera, devem permanecer. E, para não acontecer de nos enganarmos quanto ao número dos lugares, convém marcá-los a cada cinco. Por exemplo, se no quinto lugar colocarmos uma mão de ouro e no décimo, algum conhecido que se chame Décimo,

---

96 Jocelyn Penny Small (2005: 89) vê, expresso nessa passagem, o credito do autor a seus predecessores: "ele resume o método de Simônides em sua imagem de lembrar-se dos conhecidos e alude à concepção aristotélica de uma série como o alfabeto, que pode ser lida em qualquer direção, mas usa pessoas em vez de letras". Acrescente-se que uma das práticas que caracteriza a erudição helenística é esse tipo de alusão entrecruzada, muito difundida no âmbito da poesia, mas cuja presença não deve ser ignorada também nos textos didáticos, como este manual. Oliva Neto (1996: 28, §10) ao tratar da técnica alusiva faz notar a relação entre "aludir" e "ludo" para ressaltar o caráter lúdico que está na origem dessa prática. A brincadeira de omitir e misturar as fontes instiga o leitor a procurá-las e a descobrir a variação que foi operada pelo escritor.

facile erit deinceps similis notas quinto quoque loco conlocare.
**XIX.** Item commodius est in derelicta, quam in celebri regione locos conparare, propterea quod frequentia et obambulatio hominum conturbat et infirmat imaginum notas, solitudo conseruat integras simulacrorum figuras. Praeterea dissimilis forma atque natura loci conparandi sunt, ut distincti interlucere possint: nam si qui multa intercolumnia sumpserit, conturbabitur similitudine, ut ignoret, quid in quoquo loco conlocarit. Et magnitudine modica et mediocris locos habere oportet: nam et praeter modum ampli uagas imagines reddunt et nimis angusti saepe non uidentur posse capere imaginum conlocationem.

[32]  Tum nec nimis inlustris nec uehementer obscuros locos habere oportet, ne aut obcaecentur tenebris imagines aut splendore praefulgeant. Interualla locorum mediocria placet esse, fere paulo plus aut minus pedum tricenum: nam ut aspectus item cogitatio minus ualet, siue nimis procul remoueris siue uehementer prope admoueris id, quod oportet uideri. Sed quamquam facile est ei, qui paulo plura nouerit, quamuis multos et idoneos locos conparare, tamen si qui satis idoneos inuenire se non putabit, ipse sibi constituat quam uolet multos licebit. Cogitatio enim quamuis

---

97  A expressão "distância dos lugares" (*interualla locorum*) é ambígua, pois pode ser entendida como distância de um lugar a outro ou distância do orador até os lugares. Certos comentadores medievais da *Retórica a Herênio* interpretaram-na diferentemente dos tradutores modernos. Guillaume de Champeaux e Thierry de Chartres entenderam que *interualla* se refere à distância entre o lugar e o orador. Alain de Lile ("Alanus"), no entanto, diz que *interualla* é a distância dos lugares *inter se*, isto é, o espaço entre um lugar e outro. Essa foi a glosa que fez escola e o engano persiste desde então (*apud* Carruthers 2006: 223). Caplan ([1954] 1999: 213), Núñez (1997: 202) e Achard ([1989] 1997: 117) traduzem *interualla locorum* como "distância entre os lugares": *intervals between backgrounds, intervalos entre los entornos, intervalles entre les emplacements*; Bornecque (1932: 141) e Reyes (2010: 85) mantêm em suas traduções a ambiguidade causada pelo uso do genitivo *locorum* em "distância dos lugares": *intervalle des cases, intervalos de los lugares*. É certo que se trata da distância do orador até os lugares, pois trinta pés romanos (8,9 m) entre um lugar e outro não seria uma medida moderada, como requer o preceito. Esse entendimento, além disso, é confirmado na continuidade do texto.

então será fácil colocar sucessivamente marcas desse tipo a cada cinco lugares. **XIX.** Também é mais cômodo arranjar lugares em regiões desertas do que nas muito frequentadas, pois a multidão de pessoas indo e vindo, confunde e enfraquece as marcas das imagens, ao passo que, o isolamento conserva intacta a aparência dos simulacros.

Além disso, devem-se providenciar lugares de forma e natureza diversas para que, distintos, possam sobressair-se; pois, se alguém escolhe muitos vãos entre colunas, será confundido pela semelhança, de modo que não saberá o que colocou em cada lugar.

Os lugares devem ter tamanho médio e razoável, pois, se são amplos demais, tornam as imagens vagas e, se estreitos demais, parecem não poder comportar a inserção das imagens.

[32]     Também não devem ser nem muito iluminados, nem muito escuros, para que as imagens não sejam obscurecidas pelas sombras ou ofuscadas pelo brilho.

É bom que a distância dos lugares[97] também seja moderada, de mais ou menos trinta pés, pois o pensamento, assim como a visão, é menos eficaz se o que deve ser visto for levado para muito longe ou trazido para muito perto.[98]

Ainda que seja fácil, a quem conhece um pouco mais, obter quantos lugares adequados quiser, até mesmo quem julgar que não encontrou lugares suficientemente adequados conseguirá constituir para si tantos quantos desejar. O pensamento pode abarcar

---

98    Ainda que estejam em jogo os critérios mobilizados, mais tarde, no *ut pictura* horaciano, a saber, perto/longe, claro/escuro, a comparação com a pintura não está entre aquelas usadas para explicar o funcionamento da memória neste texto. Não obstante, Caplan ([1954] 1999: 205) refere-se a esse sistema mnemônico como *pictorial method*, provavelmente influenciado por glosadores medievais da *Retórica a Herênio*, que descrevem esses processos com verbos relacionados às artes plásticas, como *pingere* (pintar), *depingere* (retratar), *fingere* (moldar) e *describere* (desenhar). Carruthers (2006: 225) entende que essa escolha está ligada à prática monástica de produzir imagens mentais durante a meditação, ao modo de uma *ékphrasis* interior.

regionem potest amplecti et in ea situm loci cuiusdam ad suum arbitrium fabricari et architectari. Quare licebit, si hac prompta copia contenti non erimus, nosmet ipsos nobis cogitatione nostra regionem constituere et idoneorum locorum commodissimam distinctionem conparare.

De locis satis dictum est; nunc ad imaginum rationem transeamus.

[33]   XX. Quoniam ergo rerum similes imagines esse oportet, ex omnibus rebus nosmet nobis similitudines eligere debemus. Duplices igitur similitudines esse debent, unae rerum, alterae uerborum. Rerum similitudines exprimuntur, cum summatim ipsorum negotiorum imagines conparamus; uerborum similitudines constituuntur, cum unius cuiusque nominis et uocabuli memoria imagine notatur.

Rei totius memoriam saepe una nota et imagine simplici conprehendimus; hoc modo, ut si accusator dixerit ab reo hominem ueneno necatum, et hereditatis causa factum arguerit, et eius rei multos dixerit testes et conscios esse: si hoc primum, ut ad defendendum nobis expeditum sit, meminisse uolemus, in primo loco rei totius imaginem conformabimus: aegrotum in lecto cubantem faciemus ipsum illum, de quo agetur, si formam eius detinebimus; si eum non, agnouerimus, at aliquem aegrotum non de minimo loco sumemus, ut cito in mentem uenire possit. Et reum ad lectum eius adstituemus, dextera poculum, sinistra tabulas, medico testiculos arietinos tenentem: hoc modo et testium et hereditatis et ueneno necati memoriam habere poterimus.

---

99  O uso dos verbos *architectari* (arquitetar), *fabricari* (fabricar) e *constituere* (construir), para referir a criação dos lugares nos quais as imagens serão colocadas, já prenuncia aquilo que, nos séculos afora, será chamado de palácio da memória, por exemplo, por Agostinho (354–430), e teatro da memória, por exemplo, por Giulio Camillo Delminio (c.1480–1544) e Robert Fludd (1574–1637). Jocelyn Penny Small (2005: 89-90) refere-se a esses lugares forjados na mente como *architectural loci* e os caracteriza como uma contribuição tipicamente romana à arte da memória. À diferença dos *tópoi* gregos, mais abstratos, os *loci* romanos

qualquer região e, uma vez nela, fabricar e arquitetar a posição de qualquer lugar ao seu arbítrio.[99] Por isso, se não estivermos satisfeitos com essa variedade de recursos prontos, poderemos construir para nós mesmos uma região no nosso pensamento e distinguir com muito mais comodidade os lugares adequados. Falou-se o suficiente sobre os lugares, passemos agora ao método das imagens.

[33] XX. Uma vez que as imagens devem assemelhar-se às coisas, nós mesmos devemos escolher similitudes para nosso uso. Devem ser de duas espécies as semelhanças, uma de coisas, outra de palavras.

As **similitudes das coisas** exprimem-se quando compomos sumariamente as imagens dos próprios casos. As **similitudes das palavras** constituem-se quando cada um dos nomes ou vocábulos é marcado na memória com uma imagem.

Com frequência, abarcamos a memória de um assunto inteiro com apenas uma marca, em uma só imagem. Por exemplo, o acusador diz que um homem foi envenenado pelo réu, argumenta que o motivo do crime foi uma herança e acrescenta que houve muitas testemunhas e cúmplices. Se quisermos lembrar disso prontamente, para fazer a defesa com desenvoltura, comporemos no primeiro lugar uma imagem referente ao caso inteiro: imaginaremos a própria vítima, agonizante, deitada no leito. Isso, se soubermos quais são suas feições; se não a conhecermos, tomaremos um outro como doente, mas não de posição inferior, para que possa vir à memória prontamente. E colocaremos o réu junto ao leito, segurando uma taça com a mão direita, tábuas de cera com a esquerda e testículos de carneiro com o dedo anular.

---

são tratados como análogos aos lugares do espaço físico ocupados pelos corpos e, consequentemente, a percepção das imagens mentais, neles inseridas, está sujeita aos mesmos limites físicos da percepção visual (tamanho, distância, luminosidade etc.). O termo *sedes*, que Cícero (*Sobre o orador* 2. 162, 2. 166; *Tópica*, 7-8) e Quintiliano (*Instituição oratória* 5.10.20 e 11.2.17–22) empregam como parassinônimo de *loci*, é ainda mais concreto e remete aos "assentos" por meio dos quais Simônides teria identificado os corpos das vítimas sob o teto desabado.

[34]    Item deinceps cetera crimina ex ordine in locis ponemus; et, quotienscumque rem memainisse uolemus, si formarum dispositione et imaginum diligenti notatione utemur, facile ea, quae uolemus, memoria consequemur.

XXI. Cum uerborum similitudines imaginibus exprimere uolemus, plus negotii suscipiemus et magis ingenium nostrum exercebimus. Id nos hoc modo facere oportebit:

"Iam domum itionem reges Atridae parant".

Hunc uersum meminisse si uolemus, conueniet primo in loco constituere manus ad caelum tollentem Domitium, cum a Regibus Marciis loris caedatur: hoc erit "Iam domum itionem reges"; in altero loco Aesopum et Cimbrum subornari, ut ad Ephigeniam, in Agamemnonem et Menelaum: hoc erit "Atridae parant". Hoc modo omnia uerba erunt expressa. Sed haec imaginum conformatio tum ualet, si naturalem memoriam exsuscitauerimus hac notatione, ut

---

100 A morte por envenenamento é representada pela taça, que conteria o veneno; a herança, pelas tábuas de cera, onde estaria escrito o testamento; as testemunhas, pelos testículos de carneiro. As duas primeiras imagens fundamentam-se em sinédoques (o continente pelo conteúdo); a última, diferentemente das outras, pressupõe uma identidade sonora – é não só uma imagem visual, mas também uma imagem acústica – pois *tēsticuli* é o diminutivo de *tēstĕs* e testemunhas também se diz *tēstĕs*; são palavras homógrafas e homófonas. Há consenso entre os filólogos de que essas palavras são aparentadas: o significado "testículos" derivaria do significado "testemunhas"; mas as fontes divergem ao tentar explicar tal derivação. Nascentes (1955: 493) diz que as gônadas masculinas recebem a alcunha de testículos porque são as pequenas testemunhas do ato sexual; um comentador medieval da *Retórica a Herênio*, Thierry de Chartres (*apud* Carruthers 2006: 224), sugere que os testículos de carneiro remetem às testemunhas, porque atestam a diferença sexual (quando nasce um borrego, o índice do sexo são os testículos); de maneira semelhante, outros alegam que, entre os antigos itálicos, apenas os homens "inteiros" poderiam apresentar-se em juízo como testemunhas (Katz 1998), comprometendo sob juramento sua prole futura, pois a pena para perjúrio era a castração. A associação entre "testículos", "carneiros" e "dedo anular" é ainda mais engenhosa, e parece condensar muitos sentidos. Caplan ([1954] 1999) e Núñez (1997) aduzem que, na Roma antiga, o saco escrotal dos carneiros era utilizado para confeccionar bolsas de guardar moedas,

Assim conseguiremos lembrar das testemunhas, da herança e da morte por envenenamento.[100]

[34] Em seguida, colocaremos, do mesmo modo, as outras acusações ordenadas nos lugares e, sempre que quisermos nos lembrar de algo, conseguiremos fazê-lo facilmente se usarmos a disposição das formas e marcarmos cuidadosamente as imagens.

XXI. Quando quisermos exprimir com imagens as similitudes de **palavras**, assumiremos uma tarefa maior e faremos mais uso do nosso engenho. Devemos proceder da seguinte maneira:

"Já os passos rumo à casa os reis atridas preparam".

[...][101] num lugar, Domício levantando as mãos aos céus, enquanto é açoitado pelos Márcios Reis – isso corresponderá a *Iam domum itionem reges* (Já os passos rumo à casa os reis). Noutro lugar, Esopo e Cimbro sendo paramentados como Agamêmnon e Menelau para encenar *Ifigênia* – isso corresponderá a *Atridae parant* (Atridas pre-

---

por isso a cena poderia aludir ao suborno das testemunhas. Essa interpretação tem o mérito de fundamentar a associação entre os testículos e as testemunhas numa sinédoque, do mesmo modo como a taça e as tábuas de cera se associam a seus significados. Quase todos os tradutores desse texto, nos séculos XIX e XX, comentam que o "dedo médico" (*digitus medicinalis*) corresponde ao dedo anular, e citam o diálogo *Saturnálias*, de Macróbio (7.13.8), para explicar por que se costuma usar a joia nesse dedo; mas não se interessam em compreender o motivo de, na imagem mnemônica, os testículos se pendurarem justamente ali. A passagem frequentemente citada fala da existência de um nervo proveniente do coração que termina no quarto dedo da mão esquerda. Um anel, nesse dedo, simbolizaria um pacto selado, uma palavra empenhada (Rouche 1989: 451–452) uma aliança afiançada com a própria vida, pois o coração era tido como a sede do *animus*, o sopro vital. É curioso não se ter aventado a hipótese de que os testículos enlaçando o dedo anular como uma aliança corroboram a interpretação – também sugerida pela associação dos testículos à bolsa de moedas (suborno) – de que o acusador supõe que as testemunhas estejam aliadas ao réu, na condição de cúmplices do envenenamento.

101 Lacuna. Marx (1923) sugeriu que fosse preenchida com *Hunc versum meminisse si volemus, conveniet primo*: "se quisermos lembrar desse verso, convirá no primeiro [lugar]".

uersu posito ipsi nobiscum primum transeamus bis aut ter eum uersum, deinde tum imaginibus uerba exprimamus. Hoc modo naturae subpeditabitur doctrina. Nam utraque altera separata minus erit firma, ita tamen, ut multo plus in doctrina atque arte praesidii sit. Quod docere non grauaremur, ni metueremus, ne, cum ab instituto nostro recessissemus, minus commode seruaretur haec dilucida breuitas praeceptionis.

[35]    Nunc, quoniam solet accidere, ut imagines partim firmae et acres et ad monendum idoneae sint, partim inbecillae et infirmae, quae uix memoriam possint excitare, qua de causa utrumque fiat, considerandum est, ut cognita causa, quas uitemus et quas sequamur imagines, scire possimus.

XXII. Docet igitur nos ipsa natura, quid oporteat fieri. Nam si quas res in uita uidemus paruas, usitatas, cottidianas, meminisse non solemus propterea quod nulla noua nec admirabili re commouetur animus: at si quid uidemus aut audimus egregie turpe inhonestum, inusitatum, magnum, incredibile, ridiculum, id diu meminisse consueuimus. Itaque quas res ante ora uidemus aut audimus, obliuiscimur plerumque; quae acciderunt in pueritia, meminimus optime saepe; nec hoc alia de causa potest accidere, nisi quod usitatae res facile e memoria elabuntur, insignes et nouae diutius manent in animo.

---

102 Na verdade, o advérbio *iam* não foi expresso. Quintiliano chama atenção para o fato de que palavras gramaticais são difíceis de representar na memória (*Instituição oratória* 11.2.25). Em *Domitio* = *dom(um) itionem*, a representação se faz por paronomásia. A primeira metade do nome próprio remete a *domum*; a segunda, a *itionem*. O verso é um senário jâmbico e sua escansão sugere não só que a sílaba acima isolada entre parênteses não se pronuncia, como também que o "m" final de "dom" articula-se ao "i" da palavra seguinte (elisão). As palavras *domum itionem* são, portanto, representadas por uma imagem acústica, assim como o nome comum *reges*, pelo codinome *Reges* (Reis); *Atridae parant*, por outro lado, representa-se pela visualização dos dois atores vestindo-se de Agamêmnon e Menelau para entrar em cena. As personagens são imaginadas em movimento, como recomenda o preceito. Assim como na memória de coisas, tam-

param). Assim, todas as palavras serão expressas.[102] No entanto, uma tal composição de imagens só será válida se, com as marcas, estimularmos a memória natural, de modo que, dado um verso, primeiro o recitemos para nós mesmos duas ou três vezes e só depois exprimamos as palavras com imagens. Desse modo, a doutrina fortalecerá a natureza. Ora, uma e outra separadas terão menos força, ainda que na doutrina e na arte haja muito mais segurança. Não nos seria penoso explicar melhor, se não temêssemos que, por afastar-nos do que começamos, a clara brevidade dos preceitos deixasse de ser convenientemente observada.

[35] Como costuma suceder de umas imagens serem fortes e incisivas, adequadas à recordação, e outras serem obtusas e fracas a ponto de dificilmente conseguirem estimular a memória, é preciso considerar o motivo dessa diferença, para que possamos saber que imagens buscar e quais evitar.

XXII. A própria **natureza** nos ensina o que é preciso fazer. As coisas pequenas, comezinhas, corriqueiras, que vemos na vida, não costumamos guardar na memória, porque nada de novo ou admirável move o ânimo. Mas se vemos ou ouvimos algo particularmente torpe, desonesto, extraordinário, grandioso, inacreditável ou ridículo, costumamos lembrar por muito tempo. É assim que esquecemos a maioria das coisas que vemos ou escutamos a nossa volta, mas quase sempre nos lembramos muito bem de acontecimentos da infância. Isso não pode ter outra causa senão que as coisas usuais facilmente escapam à memória, as inusitadas e insignes permanecem por mais tempo.

---

bém na memória de palavras a representação pode se dar por meio de imagens visuais (taça/veneno; vestir-se/preparar) ou de imagens acústicas (testículos/ *testes*; Domitio/*domum itionem*). Poder-se-ia, desavisadamente, identificar a imagem acústica à memória de palavra e a imagem visual à memória das coisas. No entanto, tal como se depreende da *Retórica a Herênio,* a relação é a seguinte: a *memória das coisas* representa o assunto (referente) do discurso; a *memória das palavras* representa ora a forma sonora (significante), ora o conteúdo nocional (significado) das palavras.

[36]   Solis exortus, cursus, occasus nemo admiratur, propterea quia cottidie fiunt; at eclipses solis mirantur, quia raro accidunt, et solis eclipses magis mirantur quam lunae, propterea quod hae crebriores sunt. Docet ergo se natura uulgari et usitata re non exsuscitari, nouitate et insigni quodam negotio commoueri. Imitetur ars igitur naturam et, quod ea desiderat, id inueniat, quod ostendit, sequatur. Nihil est enim, quod aut natura extremum inuenerit aut doctrina primum; sed rerum principia ab ingenio profecta sunt, exitus disciplina conparantur.

[37]   Imagines igitur nos in eo genere constituere oportebit, quod genus in memoria diutissime potest haerere. Id accidet, si quam maxime notatas similitudines constituemus; si non multas nec uagas, sed aliquid agentes imagines ponemus; si egregiam pulcritudinem aut unicam turpitudinem eis adtribuemus; si aliquas exornabimus, ut si coronis aut ueste purpurea, quo nobis notatior sit similitudo; aut si qua re deformabimus, ut si cruentam aut caeno oblitam aut rubrica delibutam inducamus, quo magis insignita sit forma, aut ridiculas res aliquas imaginibus adtribuamus: nam ea res quoque faciet, ut facilius meminisse ualeamus. Nam, quas res ueras facile meminemus, easdem fictas et diligenter notatas meminisse non difficile est. Sed illud facere oportebit, ut identidem primos quosque locos imaginum renouandarum causa celeriter animo peruagemus.

[38]   XXIII. Scio plerosque Graecos, qui de memoria scripserunt, fecisse, ut multorum uerborum imagines conscriberent, uti, qui ediscere uellent, paratas haberent, ne quid in querendo consumerent operae. Quorum rationem aliquot de causis inprobamus: primum, quod in uerborum innumerabili multitudine ridiculumst mille uerborum imagines conparare. Quantulum enim poterunt haec ualere, cum ex infinita uerborum copia modo aliud modo

[36]     O nascer do sol, seu curso e o poente não surpreendem ninguém, pois acontecem todos os dias; mas os eclipses solares são admiráveis, porque raros, e ainda mais admiráveis que os lunares, pois esses são mais frequentes. Nossa natureza ensina, portanto, que ela mesma não se exalta com coisa usual e comum, mas impressiona-se com a novidade e com acontecimentos excepcionais. Que a arte, então, imite a natureza: descubra o que ela deseja, siga o que ela indica. Nada há que a natureza tenha descoberto por último e a doutrina primeiro; ao contrário, o princípio das coisas provém do engenho, o êxito é alcançado pela disciplina.

[37]     Devemos, pois, constituir **imagens** daquele tipo capaz de aderir à memória por mais tempo. Isso ocorrerá se estabelecermos similitudes marcadas o mais possível, se não colocarmos imagens vagas, ou em grande número, mas que tenham algo de ação, se lhes atribuirmos especial beleza ou singular fealdade, se ornarmos algumas com coroas ou vestes de púrpura, para tornar a semelhança mais marcante para nós, ou se de algum modo as desfigurarmos, manchando-as de sangue, cobrindo-as de lama, ou borrando-as com tinta vermelha, para que sua forma seja mais notável; ou, ainda, se atribuirmos às imagens alguns elementos ridículos, pois também isso nos fará lembrar com mais facilidade. As mesmas coisas de que nos lembramos facilmente quando verdadeiras, também lembraremos sem dificuldade quando forem forjadas e cuidadosamente marcadas. Porém, será necessário fazer o seguinte: repassar rapidamente em pensamento o primeiro lugar de cada série repetidas vezes, para reavivar as imagens.

[38]     XXIII. Sei que quase todos os gregos que escreveram sobre a memória puseram-se a compilar imagens de muitas palavras para que quem as quisesse decorar as encontrasse prontas e não consumisse seus esforços na procura. Desaprovamos seu método por várias razões: primeiro, porque em meio a uma quantidade inumerável de palavras é irrisório reunir imagens para apenas um milhar. De que poderão servir, se, dentre uma ilimitada provisão de palavras, tivermos de lembrar ora de uma, ora de outra? Depois,

aliud nos uerbum meminisse oportebit? Deinde cur uolumus ab industria quemquam remouere, ut ne quid ipse quaerat, nos illi omnia parata quaesita tradamus? Praeterea similitudine alia alius magis commouetur. Nam ut saepe, formam si quam similem cuipiam dixerimus esse, non omnes habemus adsensores, quod alii uidetur aliud, item fit in imaginibus, ut, quae nobis diligenter notata sit, ea parum uideatur insignis aliis. **[39]** Quare sibi quemque suo commodo conuenit imagines conparare. Postremo praeceptoris est docere, quemadmodum quaeri quidque conueniat, et unum aliquod aut alterum, non omnia, quae eius generis erunt, exempli causa subicere, quo res possit esse dilucidior: ut cum de prohemiis quaerendis disputamus, rationem damus quaerendi, non mille prohemiorum genera conscribimus, item arbitramur de imaginibus fieri conuenire.

XXIV. Nunc, ne forte uerborum memoriam aut nimis difficilem aut parum utilem arbitrere, rerum ipsarum memoria contentus sis, quod et utilior sit et plus habeat facultatis, admonendus es, quare uerborum memoriam non inprobemus. Nam putamus oportere eos, qui uelint res faciliores sine labore et molestia facere, in rebus difficilioribus esse ante exercitatos. Nec nos hanc uerborum memoriam inducimus, ut uersus meminisse possimus, sed ut hac exercitatione illa rerum memoria, quae pertinet ad utilitatem, confirmetur, ut ab hac difficili consuetudine sine labore ad illam facultatem transire possimus.

**[40]** Sed cum in omni disciplina infirma est artis praeceptio sine summa adsiduitate exercitationis, tum uero in mnemonicis minimum ualet doctrina, nisi industria, studio labore, diligentia conprobatur. Quam plurimos locos ut habeas et quam maxime ad praecepta adcommodatos curare poteris; in imaginibus conlocandis exerceri cotidie conuenit. Non enim, sicut a ceteris studiis abducimur nonnumquam occupatione, item ab hac re nos potest

por que desejaríamos poupar alguém do trabalho, entregando-lhe pronto tudo o que procura, de modo que não investigue mais por si próprio? Além disso, há quem se impressione mais com uma similitude do que com outra. Frequentemente, quando dizemos que uma forma é semelhante a outra, não obtemos o assentimento de todos, pois as coisas parecem diferentes para pessoas diferentes. O mesmo acontece com as imagens: aquela que nos parece cuidadosamente marcada, a outros, pode parecer pouco marcante. [39] Por isso, convém que cada um prepare imagens adequadas para si. Enfim, é dever do preceptor ensinar de que modo cabe buscar cada coisa e, para que fique mais claro, oferecer um ou dois exemplos e não todos que houver. Assim, quando discutimos a escolha da introdução, fornecemos um método de busca, não uma lista com mil modelos de introdução. Cremos que convém fazer o mesmo com as imagens.

XXIV. Agora, para não pensares que a memória das palavras é excessivamente difícil, ou pouco útil, e te contentares com a memória das próprias coisas, porque é mais fácil e mais útil, devemos avisar-te que não desaprovamos a memória das palavras. Julgamos que quem deseja fazer as coisas mais fáceis, sem trabalho nem aborrecimento, deve antes se exercitar nas mais difíceis. Não incluímos a memória das palavras para conseguir decorar versos, mas para que com seu exercício se fortalecesse a memória das coisas, que diz respeito a nossa prática, de modo que possamos, acostumados a essa, que é mais difícil, alcançar sem esforço maior facilidade naquela.

[40] Mas, como em toda disciplina os preceitos da arte são impotentes sem extrema assiduidade nos exercícios, também na mnemônica a doutrina quase não tem serventia, se não for validada por dedicação, empenho, esforço e diligência. Poderás empenhar-te em conseguir o maior número possível de lugares acomodados do melhor modo aos preceitos, mas a colocação das imagens convém exercitar cotidianamente. Pois, se às vezes uma ocupação nos afasta de outros estudos, deste nenhum motivo é capaz de nos

causa deducere aliqua. Numquam est enim, quin aliquid memoriae tradere uelimus et tum maxime, cum aliquo maiore negotio detinemur. Quare, cum sit utile facile meminisse, non te fallit, quod tantopere utile sit, quanto labore sit adpetendum: quod poteris existimare utilitate cognita. Pluribus uerbis ad eam te hortari non est sententia, ne aut tuo studio diffisi aut minus, quam res postulat, dixisse uideamur.

De quinta parte rhetoricae deinceps dicemus: tu primas quasque partes in animo frequenta et, quod maxime necesse est, exercitatione confirma.

desviar. Não há momento em que não queiramos confiar algo à memória, ainda mais quando nos ocupamos de uma tarefa muito importante. Assim, não ignoras que lembrar com facilidade é tão útil quanto difícil de alcançar; isso poderás avaliar na prática. Não pretendemos exortar-te com mais palavras, para não parecer que não confiamos no teu empenho ou que dissemos menos do que a matéria exige.

A seguir falaremos da quinta parte da retórica. Tu, repassa mentalmente as primeiras partes e – o que é de suma importância – fortalece-as com o exercício.

Liber IV

**Livro 4**

[1]   I. Quoniam in hoc libro, Herenni, de elocutione conscripsimus et, quibus in rebus opus fuit exemplis uti, nostris exemplis usi sumus et id fecimus praeter consuetudinem Graecorum, qui de hac re scripserunt, necessario faciendum est, ut paucis rationem nostri consilii demus. Atque hoc necessitudine nos facere, non studio, satis erit signi, quod in superioribus libris nihil neque ante rem neque praeter rem locuti sumus. Nunc, si pauca, quae res postulat, dixerimus, tibi id, quod reliquum est artis, ita uti instituimus, persoluemus. Sed facilius nostram rationem intelleges, si prius, quid illi dicant, cognoueris.

Compluribus de causis putant oportere, cum ipsi praeceperint, quo pacto oporteat ornare elocutionem, unius cuiusque generis ab oratore aut poeta probato sumptum ponere exemplum. Et primum se id modestia commotos facere dicunt, propterea quod

---

103  Os comentadores deste prefácio dão como quase certo que ele tenha origem grega (Caplan [1954] 1999: 228-229) e que, portanto, reelabore uma polêmica grega, cujo alvo seria Hermágoras (século II AEC), atacado como representante da "velha retórica" baseada na imitação dos predecessores. Para sustentar tal suposição, cita-se um passo de Cícero (*Sobre a invenção* 1.8) em que Hermágoras é acusado de não ser capaz de *ex arte dicere* (Calboli [1969] 1993: 42), o mesmo argumento usado em *Retórica a Herênio* 4.6 contra os gregos, que não são capazes de *ex arte scribere*. Friedrich Marx (1894: 113) foi um dos primeiros a aventar essas hipóteses, amplamente repercutidas depois dele. Também são recorrentes os protestos de que a promessa do autor de criar os próprios exemplos não foi cumprida, uma vez que é possível identificar suas fontes, tanto gregas, quanto romanas. Poucos se atêm à análise imanente da argumentação.

[1]    I. Já que neste livro, Herênio, escrevemos sobre a ELOCUÇÃO e, quando foi preciso usar exemplos, usamos os de nossa lavra – contrariando o costume dos gregos que escreveram sobre o mesmo assunto –, faz-se necessário que apresentemos, brevemente, as razões de nossa decisão.[103] Sinal suficiente de que o fizemos por necessidade, não por capricho, é o fato de nada termos dito nos livros anteriores, nem antes, nem depois de tratar a matéria. Agora, assim que tivermos dito as poucas palavras que o assunto exige, explicaremos para ti o restante da arte como vínhamos fazendo. Entenderás, contudo, mais facilmente a nossa razão se antes souberes o que dizem os gregos.

Por vários motivos, julgam que, após terem preceituado como se deve ornar a elocução, têm de propor para cada tipo de ornamento um exemplo tirado de orador ou poeta aclamado. Dizem, em primeiro lugar, que são impelidos pela modéstia, porque pareceria

---

Núñez (1997: 217–218), porém, após percorrer as inferências acima, as contrasta com a seguinte consideração: "o prólogo reflete perfeitamente as doutrinas do autor sobre a demonstração tal como as expôs no primeiro livro (1.10; 1.18 ss.): exposição da tese contrária (§§ 1–3), refutação (§§ 3–7) e confirmação (§§ 7–10)". Essa observação reconhece ter havido uma apropriação didática da polêmica – fosse ela uma querela grega, fosse mesmo uma hostilidade dos romanos aos gregos – para servir como exemplo de argumentação a partir da tese contrária, amplificada por muitos dos ornamentos que serão ensinados no transcurso do Livro 4. Nas notas anteriores e posteriores, chamamos atenção para características enunciativas dessa argumentação, sobretudo para as alterações frequentes de pessoa da enunciação e seus efeitos de sentido.

uideatur esse ostentatio quaedam non satis habere praecipere de artificio, sed etiam ipsos uideri uelle artificiose gignere exempla: hoc est, inquiunt, ostentare se, non ostendere artem. [2] Quare pudor in primis est ad eam rem inpedimento, ne nos solos probare, nos amare alios contemnere et deridere uideamur. Etenim cum possimus ab Ennio sumere aut a Gracco ponere exemplum, uidetur esse adrogantia illa relinquere, ad sua deuenire.

Praeterea exempla testimoniorum locum obtinent. Id enim, quod admonuerit et leuiter fecerit praeceptio, exemplo sicut testimonio conprobatur. Non igitur ridiculus sit, si quis in lite aut in iudicio domesticis testimoniis pugnet? Ut enim testimonium, sic exemplum rei confirmandae causa sumitur. Non ergo oportet hoc nisi a probatissimo sumi, ne quod aliud confirmare debeat, egeat id ipsum confirmationis. Etenim necesse est, aut se omnibus anteponant et sua maxime probent, aut negent optima esse exempla quae a probatissimis oratoribus aut poetis sumpta sint. Si se omnibus anteponant, intolerabili adrogantia sunt; si quos sibi praeponant et eorum exempla suis exemplis non putant praestare, non possunt dicere, quare sibi illos anteponant.

II. Quid? Ipsa auctoritas antiquorum non cum res probabiliores tum hominum studia ad imitandum alacriora reddit? Immo erigit omnium cupiditates et acuit industriam, cum spes iniecta est posse imitando Gracci aut Crassi consequi facultatem.

---

104 No prefácio, que se estende da seção 1 a 10, o autor apresentará os argumentos dos gregos (1–7) para depois rebatê-los (7–10); mas os constantes câmbios enunciativos – embreagens e desembreagens – emaranham o fio da argumentação e tornam difícil discernir quem diz o quê. Na seção 1, o relato da fala dos gregos é introduzido por um verbo de dizer em terceira pessoa do plural ("dizem que"); mas já no início da seção 2, seu discurso, em primeira pessoa do plural ("apreciamos", "aprovamos" ...), atravessa o relato. O autor subsume a personagem: quem fala por sua voz são "os gregos". Produz-se, assim, o efeito de personificação dos oponentes, como se estivessem enunciando seus argumentos num debate de fato, *in praesentia*.

uma ostentação não se satisfazer em ensinar a arte, mas também pretender criar os exemplos com arte. Isso, dizem, é exibir-se, e não exibir a arte. [2] Por isso, o pudor acima de tudo nos impede de agir assim, para que não pareça que apreciamos e aprovamos a nós mesmos e, ao mesmo tempo, desdenhamos e zombamos dos outros.[104] Quando podemos tomar um exemplo de Ênio, ou apresentar um de Graco, parece arrogância rejeitá-los para lançar mão dos nossos.[105]

Além disso, os exemplos ocupam o lugar de testemunhos. Aquilo que o preceito recomendou, mas o fez levemente, é comprovado pelo exemplo, como se fosse um testemunho. Não seria ridículo que alguém perante o pretor ou durante o processo se defendesse com testemunhas de sua própria casa? Ora, assim como os testemunhos, os exemplos são apresentados para confirmar algo. Por isso, não podem ser tirados senão daqueles que gozam de total aprovação, para que aquilo que serve à confirmação não careça, por sua vez, de ser confirmado. Portanto, necessariamente, ou colocam-se acima de todos e estimam sobretudo o que é seu, ou negam a excelência dos exemplos tirados de oradores e poetas muito aprovados. Se preferem a si, são de intolerável arrogância; se preferem os outros, mas acham que os exemplos deles não são superiores aos seus, não podem explicar por que os preferem.

**II.** Quê? Não é a própria autoridade dos antigos que torna as coisas mais prováveis e os homens mais dispostos a imitá-los? Sem dúvida, ela estimula o desejo e aumenta o empenho de todos ao suscitar a esperança de alcançar, pela imitação, a habilidade de um Graco ou de um Crasso.

---

105 Desestabilizando ainda mais a referencialização, a fala atribuída pelo autor aos predecessores gregos coloca em cena autoridades romanas (Ênio, Graco e, mais adiante, Crasso). Há, nesse caso, uma neutralização da oposição espacial, entre Grécia e Roma, e temporal, entre a oratória grega e a romana.

[3] Postremo hoc ipsum summum est artificium res uarias et dispares in tot poematis et orationibus sparsas et uage disiectas ita diligenter eligere, ut unum quodque genus exemplorum sub singulos artis locos subicere possis. Hoc si industria solum fieri posset, tamen essemus laudandi, cum talem laborem non fugissemus; nunc sine summo artificio non potest fieri. Quis est enim, qui, non summe cum tenet artem, possit ea, quae iubeat ars, de tanta et tam difusa scriptura notare et separare? Ceteri, cum legunt orationes bonas aut poemata, probant oratores et poetas neque intellegunt, qua re commoti probent, quod scire non possunt, ubi sit nec quid sit nec quo modo factum sit id, quod eos maxime delectet; at is, qui et haec omnia intellegit, et idonea maxime eligit, et omnia in arte maxime scribenda redigit in singulas rationes praeceptionis, necesse est eius rei summus artifex sit. Hoc igitur ipsum maximum artificium est in arte sua posse et alienis exemplis uti.

[4] Haec illi cum dicunt, magis nos auctoritate sua commouent quam ueritate disputationis. Illud enim ueremur, ne cui satis sit ad contrariam rationem probandam, quod ab ea steterint ii, et qui inuentores huius artificii fuerint et uestutate iam satis omnibus probati sint. Quodsi, illorum auctoritate remota, res omnes uolent cum re conparare, intellegent non omnia concedenda esse antiquitati.

III. Primum igitur, quod ab eis de modestia dicitur, uideamus, ne nimium pueriliter proferatur. Nam si tacere aut nil scribere modestia est, cur quicquam scribunt aut locuntur? Sin aliquid suum scribunt, cur, quo setius omnia scribant, inpediuntur modestia? Quasi si quis ad Olympia cum uenerit cursum et steterit, ut mittatur, inpudentis dicat esse illos, qui currere coeperint, ipse intra carcerem stet et narret aliis, quomodo Ladas aut Boiscus Sicyonius cursitarint, sic

[3]  Enfim, nisto reside a maior arte: escolher diligentemente coisas várias e distintas, dispersas e espalhadas entre tantos poemas e discursos, para que possas subordinar cada gênero de exemplo a cada lugar da arte. Se para isso apenas fosse preciso empenho, ainda assim mereceríamos elogios por não termos evitado tamanho encargo; mas, com efeito, não se pode fazê-lo sem sumo artifício. Pois, quem haverá que, sem dominar todos os recursos da arte, possa notar e separar entre tantos e tão variados escritos aquilo que a arte prescreve? Muitos, ao ler bons discursos ou poemas, aprovam os oradores e poetas sem entender o que os levou à aprovação, porque não conseguem saber onde reside, tampouco o que é ou de que modo se fez aquilo que tanto os deleita. Mas, aquele que não só compreende todas essas coisas como também escolhe exemplos extremamente adequados e, além disso, reúne em preceitos separados tudo aquilo que é mister escrever num tratado, esse, sim, tem de ser um excelente artífice. Eis, portanto, a maior arte: poder também, em sua própria Arte, usar até de exemplos alheios.

[4]  Quando eles dizem essas coisas, nos impressionam mais por sua autoridade do que pela verdade dos argumentos. Receamos que alguém julgue suficiente, para provar o raciocínio contrário ao nosso, o fato de ele ser defendido por aqueles que não só inventaram essa arte como, dada a sua antiguidade, já são bastante aprovados por todos. Mas, relevando a autoridade dos antigos, se quiserem comparar os argumentos ponto por ponto, entenderão que nem tudo deve ser concedido à antiguidade.

III. Primeiro, então, vejamos se o que foi dito por eles a respeito da modéstia não se revela extremamente pueril. Se calar ou nada escrever é modéstia, por que então escrevem ou falam? Se chegam a escrever algo de seu, por que são impedidos pela modéstia de compor tudo o que escrevem? É como se alguém tivesse ido correr nos jogos olímpicos, mas, dada a largada, estancasse, chamando de descarados aqueles que começaram a correr; e ali, da cancela, se pusesse a contar como Ladas ou Boisco Sicião teriam disputado a

isti, cum in artis curriculum descenderunt, illos, qui in eo, quod est artificii, elaborent, aiunt facere inmodeste, ipsi aliquem antiquum oratorem aut poetam laudant aut scripturam, sic uti in stadium rhetoricae prodire non audeant. [5] Non ausim dicere, sed tamen uereor, ne, qua in re laudem modestiae uenentur, in ea ipsa re sint inpudentes. "Quid enim tibi uis?" aliquis inquiat. "Artem tuam scribis; gignis nouas nobis praeceptiones; eas ipse confirmare non potes; ab aliis exempla sumis. Vide ne facias inpudenter, qui tuo nominei uelis ex aliorum laboribus libare laudem". Nam si eorum uolumina prenderint antiqui oratores et poetae et suum quisque de libris sustulerit, nihil istis, quod suum uelint, relinquatur.

"At exempla, quoniam testimoniorum similia sunt, item conuenit ut testimonia ab hominibus probatissimis sumi". Primum omnium exempla ponuntur nec confirmandi neque testificandi causa, sed demonstrandi. Non enim, cum dicimus esse exornationem, quae uerbi causa constet ex similiter desinentibus uerbis et sumimus hoc exemplum a Crasso: "quibus possumus et debemus" testimonium conlocamus, sed exemplum. Hoc interest igitur inter testimonium et exemplum: exemplo demonstratur id, quod dicimus, cuiusmodi sit; testimonio, esse illud ita, ut nos dicimus, confirmatur. [6] Praeterea oportet testimonium cum re conuenire; aliter enim rem non potest confirmare. At id, quod illi faciunt, quom re non conuenit. Quid ita? Quia pollicentur artem se scribere, exempla proferunt ab iis plerumque, qui artem nescierunt. Tum quis est, qui possit id, quod de arte scripserit, conprobare, nisi aliquid scribat ex arte? Contraque faciunt, quam polliceri uidentur. Nam cum scribere

---

106 A comparação entre o professor de eloquência e o corredor olímpico é reiterada pelos sintagmas *artis curriculum* e *stadium rhetoricae*, que traduzimos por "circuito da arte" e "arena da retórica".
107 Na seção 5, a voz do autor surge em primeira pessoa do singular ("não ousaria", "temo") e os gregos são referidos em terceira pessoa do plural ("sejam", "serem"), em seguida instaura-se um diálogo, em discurso direto, entre um

corrida. Do mesmo modo, esses, quando descem ao circuito da arte, dizem que são imodestos aqueles que se aplicam ao que é próprio da arte; elogiam um texto, ou algum poeta ou orador antigo, mas não se aventuram a entrar na arena da retórica.[106] **[5]** Não ousaria dizer, mas temo que sejam impudentes justamente no anseio de serem elogiados por sua modéstia. "Que pretendes?", diria alguém, "escreves um tratado teu, oferece-nos novos preceitos; não és capaz de confirmá-los tu mesmo e tomas exemplos alheios. Cuida de não agir impudentemente querendo extrair, do trabalho dos outros, louvor para o teu nome".[107] Pois, se os oradores e poetas antigos apreendessem essas obras e delas retirassem tudo o que lhes pertence, nada sobraria para ser reivindicado.

"Mas os exemplos, já que são semelhantes a testemunhos, convém que, assim como os testemunhos, sejam tomados dos homens mais probos".[108] Antes de mais nada, os exemplos não são oferecidos nem para confirmar, nem para testificar, mas, sim, para demonstrar. Pois quando dizemos que há um ornato que se constitui de palavras cuja terminação é igual e tomamos este exemplo de Crasso: "a quem podemos e devemos", não oferecemos um testemunho, mas um exemplo. Eis a diferença entre o testemunho e o exemplo: o exemplo demonstra como é aquilo que dizemos, o testemunho confirma que é tal como dissemos. **[6]** Além disso, o testemunho deve convir à matéria, ou não poderá confirmá-la. Mas o que eles fazem não convém à matéria. E por quê? Porque prometem escrever sobre a arte, mas apresentam, o mais das vezes, exemplos daqueles que a desconheciam. Ora, quem pode comprovar o que escreve a respeito da arte se não tiver escrito a partir da arte? Fazem, portanto, o contrário do que prometem. Quando decidem escrever sobre a arte, parecem

---

"alguém" ("diria alguém") – que defende os argumentos do autor – e um "tu" – que personifica o escritor grego.
108  Aqui, o contrargumento dos gregos é citado em discurso direto.

artem instituunt, uidentur dicere se excogitasse, quod alios doceant; cum scribunt, ostendunt nobis, alii quid excogitarint.

**IV.** "At hoc ipsum difficile est", inquiunt, "eligere de multis". Quid dicitis difficile, utrum laboriosum an artificiosum? Laboriosum non statim praeclarum. Sunt enim multa laboriosa, quae si faciatis, non continuo gloriemini; nisi etiam, si uestra manu fabulas aut orationes totas transscripsissetis, gloriosum putaretis. Sin istud artificiosum egregium dicitis, uidete ne insueti rerum maiorum uideamini, si uos parua res sicuti magna delectabit. Nam isto modo seligere rudis quidem nemo potest, sed sine summo artificio multi. **[7]** Quisquis enim audiuit de arte paulo plus, in elocutione praesertim, omnia uidere poterit, quae ex arte dicentur; facere nemo poterit nisi eruditus. Ita ut, si Ennii de tragoediis uelis sententias eligere aut de Pacuuianis nuntios, sed quia plane rudis id facere nemo poterit, cum feceris, te litteratissimum putes, ineptus sis, propterea quod id facile faciat quiuis mediocriter litteratus, item si, cum de orationibus aut poematis elegeris exempla, quae certis signis artificii notata sunt, quia rudis id nemo facere possit, artificiosissime te fecisse putes, erres, propterea quod isto signo uidemus te nonnihil scire, aliis signis multa scire intellegemus. Quod si artificiosum est intellegere, quae sint ex arte scripta, multo est artificiosius ipsum scribere ex arte. Qui enim scribit artificiose, ab aliis commode scripta facile intellegere poterit; qui eliget facile, non continuo commode ipse scribet. Et, si est

---

109 O autor comenta a citação, enunciando-se na primeira pessoa do plural, mas com valor impessoal.
110 Novamente, o contrargumento é apresentado em discurso direto; mas, desta vez, o autor encarna numa personagem e responde, também em discurso direto, interpelando os gregos na segunda pessoa do plural ("quereis", "fizerdes", "julgueis"...).
111 A segunda pessoa, agora no singular ("serias néscio", "errarias"), tem valor de terceira pessoa, pois retoma o pronome "qualquer um", que inicia a seção 7. O efeito de sentido produzido por essa embreagem, neutralização da terceira impessoal pela segunda pessoa do singular, é o de pessoalização, que, neste caso, permite ao enunciador dirigir-se diretamente ao enunciatário, para fazer-lhe advertências.

dizer que descobriram aquilo que ensinam aos outros; mas, ao escreverem, mostram-nos o que outros descobriram.[109]

IV. "Mas o difícil é justamente isto", dizem, "escolher entre tantos". O que quereis dizer com difícil: o que requer trabalho ou o que requer arte? O que é trabalhoso não é necessariamente notável. Há muitas coisas trabalhosas que, se as fizerdes, não são de se gabar, a não ser, é claro, que julgueis digno de glória transcrever fábulas ou discursos inteiros com vossa própria mão. Se, porém, afirmais que isso é de extraordinário artifício, cuidai de não parecerdes pouco acostumados ao que é mais elevado, se tanto o insignificante quanto o importante vos deleitarem igualmente.[110] Com efeito, ninguém verdadeiramente rude pode escolher desse modo, mas muitos podem fazê-lo sem maiores artifícios. [7] Qualquer um que tenha ouvido um pouco mais sobre a arte, principalmente sobre a elocução, poderá perceber as coisas ditas artificiosamente; mas ninguém, a não ser o erudito, poderá produzi-las. Serias néscio se, querendo escolher máximas nas tragédias de Ênio ou núncios nas de Pacúvio, por conseguires, te julgasses um grande literato, só porque alguém completamente tosco não poderia fazê-lo, pois qualquer um medianamente letrado o faria facilmente. Do mesmo modo, errarias, se, ao escolher exemplos de discursos ou poemas que são marcados por sinais inequívocos da arte, julgasses tê-lo feito com extrema arte, só porque alguém rude não o conseguiria, pois com este único indício vemos que sabes algo, com muitos outros entenderíamos que sabes muito.[111] Porque, se há arte em compreender o que foi escrito com arte, muito mais haverá em escrever com arte. Quem assim escreve, facilmente poderá compreender o que foi adequadamente escrito por outros, mas não se segue que quem escolhe com facilidade possa escrever com adequação.[112] E, ainda que haja nisso um grande artifício, que usem dessa faculdade noutra ocasião, não quando

---

112 Desembreagem: a terceira pessoa impessoal ("quem") retorna no lugar da segunda pessoa do singular.

maxime artificiosum, alio tempore utantur ea facultate, non tum, cum parere et ipsi gignere et proferre debent. Postremo in eo uim artificii consumant, ut ipsi ab aliis potius eligendi, quam aliorum boni selectores existimentur.

Contra ea, quae ab iis dicuntur, qui dicunt alienis exemplis uti oportere, satis est dictum. Nunc, quae separatim dici possint, consideremus.

**V.** Dicimus igitur eos cum ideo, quod alienis utantur, peccare, tum magis etiam delinquere, quod a multis exempla sumant. Et de eo, quod postea diximus, antea uideamus. Si concederem aliena oportere adsumere exempla, uincerem unius oportere, primum quod hoc contra nulla staret illorum ratio. Licet enim eligerent et probarent quemlibet, qui sibi in omnes res subpeditaret exempla, uel poetam uel oratorem, cuius auctoritate niterentur. Deinde interest magni eius, qui discere uult, utrum omnes omnia an omnia neminem aliud alium putet consequi posse. Si enim putabit posse omnia penes unum consistere, ipse quoque ad omnium nitetur facultatem. Si id desperarit, in paucis se exercebit; ipsis enim contentus erit, nec mirum, cum ipse praeceptor artis omnia penes unum reperire non potuerit. Allatis igitur exemplis a Catone, a Graccis, a Laelio, a Scipione, Galba, Porcina, Crasso Antonio, ceteris, item sumptis aliis a poetis et historiarum scriptoribus necesse erit eum, qui discet, putare ab omnibus omnia, ab uno pauca uix potuisse sumi. **[8]** Quare unius alicuius esse similem satis habebit; omnia, quae omnes habuerint, solum habere se posse diffidet. Ergo inutilest ei, qui discere uult, non putare unum omnia posse. Igitur nemo in hanc incideret opinionem, si ab uno exempla sumpsis-

---

113 Na conclusão da refutação, os gregos voltam a ser referidos na terceira pessoa do plural ("usem", "devem" etc.).
114 Terminada a refutação dos argumentos gregos, o autor primeiro concede hipoteticamente que se tomem exemplos alheios, desde que tirados de uma fonte só; depois, finalmente, estabelece que essa fonte há de ser o próprio escritor da arte.

devem além de apresentar os exemplos, concebê-los e produzi-los por si mesmos. Enfim, que usem a força de sua arte para que sejam, de preferência, escolhidos pelos outros como exemplo, ao invés de serem julgados bons selecionadores de exemplos alheios.[113]

Contra aquilo que afirmam os que defendem o uso de exemplos emprestados, já foi dito o bastante. Agora, consideremos o que se pode dizer além disso.[114]

**V.** Dizemos, pois, que eles estão errados não só porque usam exemplos de outros, mas principalmente porque os tomam de muitos. Vejamos, primeiro, o que acabamos de mencionar. Se eu concedesse que se devem usar exemplos alheios, provaria, então, que é necessário tomá-los de um só. Em primeiro lugar, porque contra isso nenhum argumento deles se sustentaria. Pois poderiam escolher e aprovar quem quer que fosse, poeta ou orador, que lhes fornecesse exemplos de tudo, alguém em cuja autoridade se fiassem. Em segundo lugar, porque importa muito, a quem quer aprender, saber se todos podem lograr tudo; se ninguém pode lograr tudo; ou se alguns podem lograr alguma coisa. Se acreditar que tudo pode reunir-se em um único homem, ele próprio empenhará sua faculdade em tudo. Mas, se não tiver essa esperança, exercitar-se-á em pouco e com pouco se contentará. Não é de admirar, pois o próprio preceptor da arte não foi capaz de encontrar alguém que dominasse tudo. Como os exemplos são tirados de Catão, dos Gracos, de Lélio, de Cipião, Galba, Porcina, Crasso, Antônio e outros, e alguns também de poetas e historiadores, quem está aprendendo necessariamente irá supor que só se conseguem exemplos para tudo em todos e que, em um único, se encontra muito pouco. **[8]** Por isso, considerará suficiente ser semelhante a um desses e não acreditará que pode reunir em si tudo que se encontra disperso entre todos. Logo, não é útil, a quem deseja aprender, achar que uma pessoa não pode abarcar tudo. Ninguém, no entanto, seria dessa opinião se todos os exemplos fossem emprestados de um único autor. A prova de que os próprios escritores da arte não

sent. Nunc hoc signi est ipsos artis scriptores non putasse unum potuisse in omnibus elocutionis partibus enitere, quoniam neque sua protulerunt neque unius alicuius aut denique duorum, sed ab omnibus oratoribus et poetis exempla sumpserunt. Deinde, si quis uelit artem demonstrare nihil prodesse ad dicendum, non male utatur hoc adiumento, quod unus omnis artis partes consequi nemo potuerit. Quod igitur iuuat eorum rationem, qui omnino non probent artem, id non ridiculum est ipsum artis scriptorem suo iudicio conprobare?

Ergo ab uno sumenda fuisse docuimus exempla, si semper aliunde sumerentur. [9] VI. Nunc omnino aliunde sumenda non fuisse sic intellegemus.

Primum omnium, quod ab artis scriptore adfertur exemplum, id eius artificii debet esse. Ut si quis purpuram aut aliud quippiam uendens dicat: "Sume a me, sed huius exemplum aliunde rogabo tibi quod ostendam", sic mercem ipsi qui uenditant, aliunde exemplum quaeritant aliquod mercis, aceruos se dicunt tritici habere, eorum exemplum pugno non habent, quod ostendant. Si Triptolemus, cum hominibus semen largiretur, ipse ab aliis id hominibus mutuaretur, aut si Prometheus, cum mortalibus ignem

---

115 O autor inicia esse parágrafo na primeira pessoa do plural ("dizemos", "vejamos", "acabamos"), enunciando suas duas objeções aos gregos: tomam exemplos alheios e tomam exemplos de muitos. É um plural que já vinha sendo empregado, ora como plural de modéstia ("dizemos", "acabamos"), para diluir a individualidade do autor numa coletividade, ora como plural inclusivo ("vejamos"), que exorta o interlocutor a acompanhar o fio do argumento. Um câmbio enunciativo para a primeira pessoa singular interrompe o uso do plural de modéstia e produz o efeito de autoria, de responsabilização pessoal pela hipótese aventada ("se eu concedesse... provaria"), assim como ocorrera no início da seção 5 ("não ousaria dizer, mas..."). No final do parágrafo, há mais um câmbio enunciativo em que a primeira pessoa é neutralizada por uma terceira pessoa do singular indefinida ("se alguém quiser demonstrar que a arte de nada aproveita para o discursar, não usará mal o argumento de que ninguém foi capaz de alcançar, sozinho, todas as partes da arte"). Com esse uso da terceira pessoa, o autor obtém o distanciamento necessário para empregar, na forma de uma *diminuição*, lítotes, um argumento capaz de demonstrar que o modo de ensinar dos gregos dá razões para a reprovação da própria arte.

acreditavam que alguém pudesse se sobressair em todas as partes da elocução é não terem apresentado seus próprios exemplos, nem tomado exemplos de um só, quiçá de dois, mas sim da totalidade dos oradores e poetas. Além disso, se alguém quiser demonstrar que a arte de nada aproveita para o discursar, não usará mal o argumento de que ninguém foi capaz de alcançar, sozinho, todas as partes da arte. Não é, pois, ridículo que o próprio escritor da arte comprove com seu julgamento algo que corrobora o raciocínio daqueles que a reprovam completamente?[115]

Ensinamos, portanto, que, se os exemplos fossem sempre tomados de outrem, deveriam ser tomados de um só. **[9] VI.** Agora, compreenderemos que não devem absolutamente ser tomados de outros.[116]

Antes de mais nada, o que é apresentado pelo escritor da arte deve ser exemplo de seu artifício. Como se um vendedor de púrpura, ou outra coisa qualquer, dissesse: "compra de mim, mas a amostra do que te darei pedirei de outro", assim fazem os que vendem a mercadoria, mas buscam suas amostras em outro lugar; dizem ter montes de trigo, mas não têm um punhado para mostrar. Seria para rir se Triptólemo, ao distribuir sementes aos homens, as tivesse ele mesmo emprestado de outros, ou se Prometeu, querendo distribuir o fogo aos mortais, tivesse perambulado com sua cumbuquinha implorando aos vizinhos por algumas brasas.[117] Esses mestres, que a todos oferecem preceitos do discurso, não se percebem risíveis

---

116  Como no início do parágrafo precedente, há dois usos distintos para a primeira pessoa do plural, o de modéstia e o inclusivo ("ensinamos" e "compreenderemos"). A partir deste ponto até o final do prefácio (fim da seção 10), não há outros câmbios enunciativos dignos de nota.
117  Triptólemo e Prometeu são duas figuras mitológicas responsáveis por presentear a humanidade com artes civilizatórias. Ao comparar seus dons com o ensinamento dos rétores, o autor inclui a Retórica no âmbito dessas artes. Triptólemo dera aos humanos as sementes que recebera de Ceres, deusa da colheita, e com elas lhes transmitiu a agricultura. (Ovídio, *Metamorfoses* 5.646; Higino, *Fábulas* 147). Prometeu roubara o fogo de Atena e Hefesto, juntamente com o conhecimento das artes mecânicas (*demiourgikè téchne*), e os presenteara aos humanos (Platão, *Protágoras* 320d–323c; Higino, *Fábulas* 144).

diuidere uellet, ipse a uicinis cum testo ambulans carbunculos corrogaret, ridiculus uideretur: isti magistri, omniom dicendi praeceptores, non uidentur sibi ridicule facere, cum id, quod aliis pollicentur, ab aliis quaerunt? Si qui se fontes maximos penitus absconditos aperuisse dicat, et haec sitiens cummaxime loquatur neque habeat, qui sitim sedet, non rideatur? Isti cum non modo dominos se fontium, sed se ipsos fontes esse dicant et omnium rigare debeant ingenia, non putant fore ridiculum, si, cum id polliceantur, arescant ipsi siccitate? Chares ab Lysippo statuas facere non isto modo didicit, ut Lysippus caput ostenderet Myronium, brachia Praxitelis, pectus Polycletium, sed omnia coram magistrum facientem uidebat, ceterorum opera uel sua sponte poterat considerare isti credunt eos, qui haec uelint discere, alia ratione doceri posse commodius.

[10] **VII.** Praeterea ne possunt quidem ea, quae sumuntur ab aliis, exempla tam ad esse artem adcommodata, propterea quod in dicendo leuiter unus quisque locus plerumque tangitur, ne ars appareat; in praecipiendo expresse conscripta ponere oportet exempla, uti in artis formam conuenire possint: et post in dicendo, ne possit ars eminere et ab omnibus uideri, facultate oratoris occultatur. Ergo etiam ut magis ars cognoscatur, suis exemplis melius est uti.

Postremo haec quoque res nos duxit ad hanc rationem, quod nomina rerum Graeca quae conuertimus, ea remota sunt a consuetudine. Quae enim res apud nostros non erant, earum rerum nomina non poterant esse usitata. Ergo haec asperiora primo uideantur necesse est, id quod fiet rei, non nostra difficultate.

---

118 Carés, aluno de Lísipo, teria sido o artífice da colossal estátua do deus Hélio, em Rodes, considerada uma das sete maravilhas do mundo antigo. Míron e Policleto são dois dos grandes escultores do século de Péricles (século V AEC). Praxíteles e Lísipo exerceram sua atividade na época de Alexandre, o Grande (século IV AEC), início do período dito helenístico. A referência a esses escultores, para ilustrar a escolha didática do autor, funda-se num pressuposto de homologia entre as artes.

quando emprestam de uns o que prometem a outros? Se alguém proclama ter descoberto a fonte mais abundante e recôndita e diz isso sofrendo de sede atroz, sem poder saciá-la, não será alvo de risos? Esses preceptores, ao dizerem que não são apenas detentores das fontes, mas as próprias fontes, e que têm o dever de irrigar o engenho de todos, não acham ridículo prometerem isso enquanto eles mesmos secam de sede? Não foi vendo uma cabeça de Míron, um braço de Praxíteles, um torso de Policleto que Carés aprendeu a fazer estátuas com Lísipo: mas vendo o mestre a sua frente fazer tudo, ainda que pudesse examinar as obras dos outros à vontade.[118] E eles ainda acreditam que, com outro método, possam ensinar melhor aqueles que desejam aprender!?

[10]     VII. Além disso, os exemplos tomados de outros simplesmente não podem acomodar-se tão bem à arte, porque ao discursar, geralmente, cada um dos lugares é tocado de leve, para que o artifício não se mostre. Ao preceituar, porém, é preciso colocar exemplos expressamente redigidos para que possam conformar-se ao esquema da arte. E depois, ao discursar, para que não sobressaia e seja vista por todos, a arte é ocultada pela habilidade do orador. Portanto, também para que a arte seja bem aprendida, é melhor usar exemplos próprios.

Finalmente, algo mais levou-nos a adotar esse método: os nomes gregos que vertemos são estranhos ao nosso uso. Ora, como a matéria não existia entre nós, os termos não poderiam ter um nome familiar.[119] Por isso, necessariamente, parecerão mais ásperos

---

119 Os esforços do autor não frutificaram. As línguas modernas europeias não conservaram os nomes latinos das figuras de linguagem, que costumam ser referidas a partir da transliteração da nomenclatura grega: *metaphorá*, por exemplo, é "metáfora", "*métaphore*", "*metaphor*" e "*Metapher*", em português, francês, inglês e alemão, respectivamente. Como optamos por traduções que mantivessem o radical latino no nome português da figura, por exemplo, *translatio*/translação, apresentamos em nota o seu nome grego transliterado: *metaphorá*.

Reliquum scripturae consumetur in exemplis: haec tamen aliena si posuissemus, factum esset, ut, quod commodi esset in hoc libro, id nostrum non esset; quod asperius et inusitatum, id proprie nobis adtribueretur. Ergo hanc quoque incommoditatem fugimus.

His de causis, cum artis inuentionem Graecorum probassemus, exemplorum rationem secuti non sumus. Nunc tempus postulat, ut ad elocutionis praecepta transeamus. Bipertita igitur erit nobis elocutionis praeceptio. Primum dicemus, quibus in generibus semper omnis oratoria elocutio debeat esse; deinde ostendemus, quas res semper habere debeat.

[11]     VIII. Sunt igitur tria genera, quae genera nos figuras appellamus, in quibus omnis oratio non uitiosa consumitur: unam grauem, alteram mediocrem, tertiam extenuatam uocamus. Grauis est, quae constat ex uerborum grauium leui et ornata constructione. Mediocris est, quae constat ex humiliore neque tamen ex infima et peruulgatissima uerborum dignitate. Attenuata est, quae derissa est usque ad usitatissimam puri consuetudinem sermonis.

In grauei consumetur oratio figura, si, quae cuiusque rei poterunt ornatissima uerba reperiri, siue propria siue extranea, ad unam quamque rem adcommodabuntur; et si graues sententiae, quae in amplificatione et commiseratione tractantur, eligentur; et si exornationes sententiarum aut uerborum, quae grauitatem

---

120  Ressalte-se que aqui se dá o nome de *figuras* aos gêneros da elocução e não às "figuras de linguagem", às quais a *Retórica a Herênio* chama ornamentos (*exornationes*).

121  Esse é o mais antigo registro de uma divisão tripartida dos gêneros da elocução. A partir de Cícero (*O orador* 21, 69), a retórica latina associou-os aos ofícios do orador: o gênero baixo para provar (*probare*), o médio para deleitar (*delectare*), o alto para comover (*flectere*). A *Retórica a Herênio* (1.2; 2.1), porém, não divide o ofício do orador conforme a *figura* da elocução, mas, sim, segundo as partes da arte, que o orador deve dominar: invenção, disposição, elocução, memória e ação. Pode-se, no entanto, inferir uma relação entre a "altura" da elocução e o efeito visado pelo orador, conforme a parte do discurso dada como

de início, e isso se deve à matéria, não a uma dificuldade nossa. O restante desses escritos será consumido em exemplos; se esses fossem também pegos de outrem, aconteceria de não ser nosso o que porventura houvesse de conveniente neste livro, mas ser-nos-ia particularmente atribuído o que houvesse de mais áspero e inusitado. Também esse inconveniente evitamos.

Por tudo isso, embora aprovemos dos gregos a invenção da arte, não seguimos seu método de exemplos. Já é hora de passarmos aos preceitos da elocução, que dividiremos em duas partes. Primeiro, falaremos que gêneros devem sempre existir em toda elocução oratória, depois mostraremos o que ela deve sempre possuir.

[11]   VIII. Há três gêneros, que denominamos **figuras**,[120] aos quais todo discurso não vicioso se reduz: um chamado grave, outro médio e o terceiro, atenuado.

O **grave** é composto de palavras graves em construção leve e ornada.

O **médio** constitui-se de uma categoria de palavras mais humilde, todavia não absolutamente baixa e comum.

O **atenuado** desce ao costume mais usual da pura conversa.[121]

Um discurso será composto em **figura grave** se a cada matéria se acomodarem as palavras mais ornamentadas que se puderem encontrar, próprias ou não;[122] e se forem escolhidas sentenças graves como as que se empregam na amplificação e na comiseração; e se forem aplicados os ornamentos de sentenças e de palavras

---

exemplo de cada figura: para ilustrar o gênero grave, uma peroração, que visa à comoção; para o médio, uma argumentação, que visa à prova; para o atenuado, uma narração jocosa, que visa a agradar o auditório. Urge notar que essas associações não correspondem àquelas correlações lidas em Cícero e, grosso modo, reproduzidas por rétores latinos posteriores; pois, aqui, o médio relaciona-se ao *probare*; e o baixo, ao *delectare*.

122  Trata-se de palavras grandiloquentes, rebuscadas, raras, empregadas em sentido literal ou transladado (*Retórica a Herênio* 4.42–46).

habebunt, de quibus post dicemus, adhibebuntur. In hoc genere figurae erit hoc exemplum:

[12]   "Nam quis est uestrum, iudices, qui satis idoneam possit in eum poenam excogitare, qui prodere hostibus patriam cogitarit? Quod maleficium cum hoc scelere conparari, quod huic maleficio dignum supplicium potest inueniri? In iis, qui uiolassent ingenuum, matremfamilias constuprassent, uulnerassent aliquem aut postremo necassent, maxima supplicia maiores consumpserunt: huic truculentissimo ac nefario facinori singularem poenam non reliquerunt. Atque in aliis maleficiis ad singulos aut ad paucos ex alieno peccato iniuria peruenit: huius sceleris qui sunt adfines, uno consilio uniuersis ciuibus atrocissimas calamitates machinantur. O feros animos! O crudeles cogitationes! O derelictos homines ab humanitate! Quid agere ausi sunt aut cogitare possunt? Quo pacto hostis, reuulsis maiorum sepulcris, diiectis moenibus, ouantes inruerent in ciuitatem; quo modo deum templis spoliatis, optimatibus trucidatis, aliis abreptis in seruitutem, matribusfamilias et ingenuis sub hostilem libidinem subiectis urbs acerbissimo concidat incendio conflagrata; qui se non putant id, quod uoluerint, ad exitum perduxisse, nisi sanctissimae patriae miserandum scelerati uiderint cinerem. Nequeo uerbis consequi, iudices, indignitatem rei; sed neglegentius id fero, quia uos mei non egetis. Vester enim uos animus amantissimus rei publicae facile edocet, ut eum, qui fortunas omnium uoluerit prodere, praecipitem proturbetis ex ea ciuitate, quam iste hostium spurcissimorum dominatu nefario uoluerit obruere".

---

123 O trecho apresentado como exemplo é pertinente à amplificação, na conclusão de um discurso de acusação (*Retórica a Herênio* 2.47) e contém ornamentos característicos da figura grave, distribuídos e reiterados ao longo do texto: assonâncias e aliterações, assíndetos (*desligamento*, *Retórica a Herênio* 4.41), palavras altissonantes, superlativos (Marouzeau 1946: 139). Além disso, nele se encontram ornamentos pontuais, que discriminamos nas próximas notas com a terminologia estabelecida na *Retórica a Herênio*.

124 Com o par "lacerado/dilacerado" introduzimos uma agnominação que não consta no texto latino. Ali há apenas uma gradação (*Retórica a Herênio* 4.34), que se inicia em "sujeitado um homem livre" e termina em "dilacerado alguém".

que possuam gravidade, dos quais falarei depois. Desse gênero de figura, eis o exemplo:[123]

[12] "Pois quem há dentre vós, juízes, que possa excogitar pena bastante àquele que cogitara entregar a pátria aos inimigos? Que perfídia se há de comparar a tal crime, que castigo se há de encontrar à altura de tal perfídia? Contra aqueles que houvessem sujeitado um homem livre, violado uma mãe de família, lacerado, ou pior, dilacerado[124] alguém, nossos antepassados aplicaram suplícios extremos, mas para este atentado, o mais truculento e nefasto, nem uma pena legaram. Demais, noutros delitos o erro alheio inflige danos a um só, senão a poucos, mas os cúmplices deste crime urdiram, num único plano, a todos os cidadãos crudelíssimas desgraças.[125] Mentes selvagens! Maquinações cruéis! Homens destituídos de humanidade![126] O que foram capazes de tramar e ousaram fazer?[127] Tramaram de que modo os inimigos, revolvendo os túmulos de nossos ancestrais, derrubando as muralhas, investiriam triunfantes sobre a urbe; tramaram de que maneira – espoliando os templos dos deuses, trucidando os melhores cidadãos, arrastando os outros à escravidão e submetendo à lascívia inimiga mães de família e homens livres – a cidade sucumbiria abrasada ao mais pungente incêndio.[128] Não consideram ter levado a cabo seu intento, a não ser que – infames! – tenham visto de nossa santíssima pátria as lastimáveis cinzas.[129] Não posso, juízes, alcançar com palavras tamanha atrocidade; mas isso pouco

---

125 Contenção (*Retórica a Herênio* 4.21), ornamento de palavra: "único plano/todos os cidadãos"; contenção (*Retórica a Herênio* 4.58), ornamento de sentença: "um só, senão a poucos/[...] todos os cidadãos".
126 Exclamação (*Retórica a Herênio* 4.22).
127 Subjeção (*Retórica a Herênio* 4.33).
128 Descrição (*Retórica a Herênio* 4.51).
129 Neste período e no anterior, ocorrem duas trangressões (*Retórica a Herênio* 4.44), que só foi possível traduzir parcialmente: "a cidade sucumbiria abrasada ao mais pungente incêndio" (*urbs acerbissimo concidat incendio conflagrata*); "a não ser que – infames! – tenham visto de nossa santíssima pátria as lastimáveis cinzas" (*nisi sanctissima patriae miserandum scelerati uiderint cinerem*).

[13] IX. In mediocri figura uersabitur oratio, si haec, ut ante dixi, aliquantum demiserimus neque tamen ad infimum descenderimus, sic: "Quibuscum bellum gerimus, iudices, uidetis: cum sociis, qui pro nobis pugnare et imperium nostrum nobiscum simul uirtute et industria conseruare soliti sunt. Hi cum se et opes suas et copiam necessario norunt, tum uero nihilominus propter propinquitatem et omnium rerum societatem, quid omnibus rebus populus Romanus posset, scire et existimare poterant. Hi, cum deliberassent nobiscum bellum gerere, quaeso, quae res erat, qua freti bellum suscipere conarentur, cum multo maximam partem sociorum in officio manere intellegerent? Cum sibi non multitudinem militum, non idoneos imperatores, non pecuniam publicam praesto esse uiderent? Non denique ullam rem, quae res pertinet ad bellum administrandum? Si cum finitumis de finibus bellum gererent, si totum certamen in uno proelio positum putarent, tamen omnibus rebus instructiores et apparatiores uenirent; nedum illi imperium orbis terrae, cui imperio omnes gentes, reges, nationes partim ui, partim uoluntate consenserunt, cum aut armis aut liberalitate a populo Romano superati essent, ad se transferre tantulis uiribus

---

130 Permissão (Retórica a Herênio 4.39).
131 Nesse período notam-se, principalmente, um ornamento de palavra/construção, a continuação (Retórica a Herênio 4.27), e um de sentença, o ocultamento (Retórica a Herênio 4.39).
132 O exemplo ilustra, também, o uso variado de cinco dos dez lugares-comuns prescritos para instigar o auditório na conclusão do discurso (Retórica a Herênio 2.48-49). A esses lugares comuns são acomodados os ornamentos que assinalamos acima. O primeiro-lugar comum (Retórica a Herênio 2.48), da autoridade, é usado negativamente, pois os antepassados não se ocuparam deste crime, não previram sanção para este delito. Isso enseja o uso da comparação (nono lugar-comum, Retórica a Herênio 2.49) com outros crimes nefastos, por exemplo, o ultraje às mulheres, para os quais foram previstos grandes suplícios. Emprega-se, então, o sétimo lugar-comum (Retórica a Herênio 2.49), pois trata-se de mostrar que os crimes aos quais os ancestrais aplicaram suplícios extremos eram mesmo monstruosos, mas o que torna o crime em questão pior que esses outros é o fato de não atingir a um só, e, sim, a todos os cidadãos, o que é terrível (segundo lugar-comum, Retórica a Herênio 2.48). O sexto-lugar comum (Retórica a Herênio 2.49), a premeditação do crime, é empregado extensivamente no texto por meio dos vocábulos "cogitar" (cogitare), "plano" (consilio), "urdiram"

me aflige, pois sei que vós não precisais de mim.[130] Vosso coração, tão devotado à República, facilmente vos instruirá a expulsar este homem, que pretendeu entregar a riqueza de todos; [131] expulsá-lo da cidade que ele quis avassalar sob o domínio nefasto das hostes mais ímpias".[132]

[13]   IX. O discurso versará na **figura média** se, como já disse, o rebaixarmos ligeiramente, sem, todavia, descer ao mais ínfimo, assim:[133] "vejam, juízes, contra quem fazemos guerra – contra aliados que costumavam lutar a nosso favor e, com coragem e dedicação, conservar conosco nosso poder. Eles, certamente, não só conheciam seus homens, seus recursos e sua capacidade, como, por força da contiguidade e da aliança irrestrita, puderam igualmente conhecer e apreciar o poder do povo romano em todas as instâncias. Ao decidir guerrear contra nós, com que – vos pergunto – contavam para tentar deflagrar a guerra, se sabiam que a grande maioria dos aliados permaneceria fiel ao dever e podiam constatar que não teriam à disposição nem um sem-número de soldados, nem generais aptos, nem dinheiro público, nada, enfim, do que se exige para empreender uma guerra?[134] Se entrassem em conflito com vizinhos por uma questão de fronteiras, se pensassem que toda a disputa poderia resolver-se num só combate, ainda assim teriam vindo, em tudo, mais instruídos e equipados. É muito menos crível[135] que tentassem transferir para si, com forças tão insignificantes, o domínio sobre todo o orbe terrestre, domínio ao qual consentiram todos os povos, reis e nações, uns sob jugo, outros voluntariamente, ao serem vencidos pelas armas ou pela generosidade do povo romano. Alguém perguntará: 'o quê? Então

---

(*machinantur*), "maquinações" (*cogitationes*), "tramar" (*cogitare*), "levar a cabo seu intento" (*ad exitum perduxisse id quod uoluerunt*).

133   O trecho dado como exemplo da figura média é uma argumentação conjectural. Trata-se de convencer os juízes de que a sedição dos aliados só teria sido possível com a colaboração de um cúmplice em Roma, ou seja, de um traidor da República.

134   Expediência (*Retórica a Herênio* 4.40).

135   Diminuição (*Retórica a Herênio* 4.50).

conarentur. Quaeret aliquis: quid? Fregellani non sua sponte conati sunt? Eo quidem isti minus facile conarentur, quod illi quemadmodum discessent uidebant. Nam rerum inperiti, qui unius cuiusque rei de rebus ante gestis exempla petere non possunt, ii per inprudentiam facillime deducuntur in fraudem: at ii, qui sciunt, quid aliis acciderit, facile ex aliorum euentis suis rationibus possunt prouidere. Nulla igitur re inducti, nulla spe freti arma sustulerunt? Quis hoc credet, tantam amentiam quemquam tenuisse, ut imperium populi Romani temptare auderet nullis copiis fretus? Ergo aliquid fuisse necessum est. Quid aliud, nisi id, quod dico, potest esse?".

[14] X. In adtenuato figurae genere, id quod ad infumum et cottidianum sermonem demissum est, hoc erit exemplum: "nam ut forte hic in balneas uenit, coepit, postquam perfusus est, defricari; deinde, ubi uisum est, ut in alueum descenderet, ecce tibi iste de trauerso: 'heus', inquit, 'adolescens, pueri tui modo me pulsarunt; satis facias oportet'. Hic, qui id aetatis ab ignoto praeter consuetudinem appellatus esset, erubuit. Iste clarius eadem et alia dicere coepit. Hic: 'vix; tamen', inquit, 'sine me considerare'. Tum uero iste clamare uoce ista, quae perfacile cuiuis rubores eicere potest: ita petulans est atque acerba, ne ad solarium quidem, ut mihi uidetur, sed pone scaenam et in eiusmodi locis exercitata. Conturbatus est adolescens: nec mirum, cui etiam nunc pedagogi lites ad oriculas uersarentur inperito huiusmodi conuiciorum. Ubi enim iste uidisset scurram exhausto rubore, qui se putaret nihil habere, quod de existimatione perderet, ut omnia sine famae detrimento facere posset?".

---

136 Subjeção (*Retórica a Herênio* 4.33).
137 Sentença (*Retórica a Herênio* 4.24).
138 Interrogação (*Retórica a Herênio* 4.22).
139 *Solarium* era o relógio de sol localizado no fórum de Roma (Cícero, *Em defesa de Quíncio* 59). O contraste entre *solarium* e *pone scaenam* condensa várias oposições: claro/escuro; aberto/fechado; sério/cômico; negócio/ócio etc.
140 Esse exemplo de *figura atenuada*, gênero baixo, é provavelmente uma *narração*

os fregelanos não atentaram contra nós por vontade própria?'. Sim, mas os atuais aliados o fariam com menos facilidade, justamente porque viram como se saíram os primeiros.[136] Com efeito, os inexperientes, que não conseguem buscar nos feitos do passado exemplos para cada situação, esses, por imprudência, são muito prontamente levados ao erro, mas os que sabem o que ocorreu a outros podem facilmente, a partir da experiência alheia, precaver-se com seus próprios cálculos.[137] Então, não foram induzidos por nada, nenhuma esperança os nutriu ao pegarem em armas? Quem acreditará que alguém seja tão insano que ouse desafiar o domínio do povo romano sem contar com auxílio nenhum? É necessário, portanto, que tenha havido algum. Que mais poderia ser, senão o que digo?".[138]

[14]     X. Do gênero de figura **atenuado**, isto é, que desce à fala cotidiana mais rasa, este será um exemplo: "acontece que tinha ido aos banhos e, depois de molhar-se, começou a se esfregar; então, assim que resolveu descer ao tanque, alguém o abordou, dizendo: 'ei, rapaz, teu escravo agora há pouco me bateu, você me deve uma satisfação.' O jovem, que em sua tenra idade não estava acostumado a ser abordado por estranhos, corou. O homem levantou a voz, dizendo isso e aquilo. Com dificuldade, o rapaz respondeu: 'mas, permita-me considerar...'. Então, o homem começou mesmo a gritar, num tom que facilmente faria enrubescer qualquer um, tão petulante e grosseiro, que, a meu ver, não conviria ao *Solarium*[139] mas apenas às coxias dos teatros e a lugares assim. O jovenzinho ficou perturbado. Nada de admirar em quem desconhecia insultos como esses e em cujos ouvidos inda ecoavam as broncas do primeiro professor. Onde teria visto um bufão assim tão despudorado, que julgasse não ter nada a perder e pudesse fazer de tudo sem prejuízo da reputação?".[140]

*apoiada em personagens* (*Retórica a Herênio* 1.13). O narrador põe em cena um diálogo, com imitações convencionadas da oralidade, que visam à caracterização das personagens pela tipificação de sua fala.

[15]     Igitur genera figurarum ex ipsis exemplis intellegi poterant. Erant enim et adtenuata uerborum constructio quaedam et item alia in grauitate, alia posita in mediocritate.

Est autem cauendum, ne, dum haec genera consectemur, in finituma et propinqua uitia ueniamus. Nam graui figurae, quae laudanda est, propinqua est ea, quae fugienda; quae recte uidebitur appellari, si sufflata nominabitur. Nam ita ut corporis bonam habitudinem tumor imitatur saepe, item grauis oratio saepe inperitis uidetur ea, quae turget et inflata est, cum aut nouis aut priscis uerbis aut duriter aliunde translatis aut grauioribus, quam res postulat, aliquid dicitur, hoc modo: "Nam qui perduellionibus uenditat patriam, non satis subplicii dederit, si praeceps in Neptunias depultus erit lacunas. Poenite igitur istum, qui montis belli fabricatus est, campos sustulit pacis". In hoc genus plerique cum declinantur et ab eo, quo profecti sunt, aberrarunt, specie grauitatis falluntur nec perspicere possunt orationis tumorem.

[16]     XI. Qui in mediocre genus orationis profecti sunt, si peruenire eo non potuerunt, errantes perueniunt ad confinii genus eius generis; quod appellamus dissolutum, quod est sine neruis et articulis; ut hoc modo appellem "fluctuans" eo, quod fluctuat

---

141 Chamar de "vício" o erro na elocução implica um juízo ético. Aristóteles, na *Ética a Nicômaco* (Livro 2), caracteriza o vício como afastamento da justa medida relativamente a ações ou paixões. A noção de medida dá a entender que a própria virtude se torna vício quando há excesso ou falta na sua aplicação, "uma vez que a virtude sempre coincide com o meio-termo racional posto entre dois extremos, o da falta e o do excesso de virtude" (Hansen 2013: 40). Tudo aquilo que será censurado nos exemplos desviantes das três *figuras* de elocução não é intrinsecamente reprovável, mas torna-se vicioso quando lhe falta a medida dada pelo decoro, ou comodidade, que varia segundo o gênero do discurso. Semelhante advertência lê-se em Horácio (*Arte Poética* 30): "a fuga a um defeito, faltando arte, conduz a um vício."
142 O gênero recebe a alcunha de "inflado" (*inflatus, i*), porque o vício na figura grave é caracterizado pelo excesso.
143 Palavras novas e palavras ultrapassadas são o que chamamos, respectivamente, neologismos e arcaísmos.
144 Palavras transladadas são aquelas empregadas como *tropos*, ou seja, operando uma transposição de sentido.

[15]    Com esses exemplos foi possível compreender os gêneros de figura. Havia ali um arranjo atenuado de palavras, outro grave e outro mediano.

É preciso ter cuidado ao seguir esses gêneros para não incorrer nos vícios que lhes são adjacentes e afins.[141]

Assim, a figura grave, digna de louvor, é vizinha de outra a ser evitada, que parecerá corretamente denominada se a chamarmos **inflada**.[142] Como o inchaço frequentemente imita o bom estado do corpo, também o discurso que infla e se empola parecerá grave aos imperitos, quando se disser algo com palavras novas ou ultrapassadas,[143] ou transladadas[144] grosseiramente, ou ainda com mais gravidade do que o assunto demanda, assim: "quem mercadeja a pátria às hostes imigas, suplício bastante não terá pago se precipitado o lançarem a Netuno abissal. Penitenciai, pois, este que engendrou os montes da guerra e subjugou os campos da paz".[145] A maioria, quando, ao afastar-se do ponto de partida, desvia-se para esse gênero, engana-se com a aparência de gravidade e não consegue perceber o inchaço do discurso.

[16]    XI. Os que foram em direção ao gênero médio, se não conseguiram alcançá-lo, chegam errantes a um gênero adjacente que denominamos **frouxo**,[146] pois lhe faltam músculos[147] e articulações, tanto que eu poderia chamá-lo flutuante, pois deriva para

---

145 O exemplo é propositalmente curto para evidenciar os danos causados pelo excesso, que empolam a fala. Às metáforas (translações) e antíteses (contenções) dispostas em sintaxe contorcida acrescentam-se palavras incomuns quer por seu arcaísmo, quer por seu caráter solene e pomposo.

146 O vocábulo latino que traduzimos por "frouxo" é *dissolutum*, particípio passado do verbo *dissoluere*. A escolha desse termo para referir uma fala desarticulada e carente de fio condutor comporta um segundo sentido, que é moral: *dissolutus*, assim como no português, é "corrompido", "libertino", "devasso". A identificação da dignidade com a virilidade já havia sido estabelecida anteriormente, ao desaconselhar-se a exclamação aguda na pronunciação do discurso, porque típica das mulheres e, portanto, inconveniente à dignidade viril do orador (*Retórica a Herênio* 3.22).

147 O substantivo *neruus*, que traduzimos por "músculo", também nomeia o órgão sexual masculino.

huc et illuc nec potest confirmate neque uiriliter sese expedire. Id est eiusmodi: "Socii nostri cum belligerare nobiscum uellent, profecto ratiocinati essent etiam atque etiam, quid possint facere, si quidem sua sponte facerent et non haberent hinc adiutores multos, malos homines et audaces. Solent enim diu cogitare omnes, qui magna negotia uolunt agere". Non potest huiusmodi sermo tenere adtentum auditorem; diffluit enim totus neque quicquam conprehendens perfectis uerbis amplectitur.

Qui non possunt in illa facetissima uerborum attenuatione commode uersari, ueniunt ad aridum et exangue genus orationis, quod non alienum est exile nominari, cuiusmodi est hoc: "Nam istic in balineis accessit ad hunc; postea dicit: 'Hic tuus seruus me pulsauit.' Postea dicit hic illi: 'considerabo'. Post ille conuicium fecit et magis magisque praesente multis clamauit". Friuolus hic quidem iam et inliberalis est sermo: non enim est adeptus id, quod habet attenuata figura, puris et electis uerbis conpositam orationem.

Omne genus orationis, et graue et mediocre et adtenuatum, dignitate adficiunt exornationes, de quibus post loquemur; quae si rarae disponentur, distinctam, sicuti coloribus, si crebrae conlocabuntur, obliquam reddunt orationem. Sed figuram in dicendo commutare oportet, ut grauem mediocris, mediocrem excipiat attenuata, deinde identidem commutentur, ut facile satietas uarietate uitetur.

---

148 O gênero recebe a alcunha de "mirrado" (*exilis*), porque o vício na figura atenuada é caracterizado pela falta.
149 "Fala ignóbil" traduz *sermo inliberalis*, que significa "fala indigna de um homem livre". "Fala frívola", isto é, de pouco valor, traduz *sermo friuolus*, que também pode significar "fala fragmentada".
150 Aqui está dada a definição positiva da figura atenuada. Comparando o exemplo do "atenuado" com o "mirrado", notamos que aquele é de fato "bem composto", tem harmonia sonora e sintaxe de subordinação e coordenação. O "mirrado", por sua vez, é desarmônico, tem repetições de palavras e desinências; além disso, é paratático, ou seja, não é propriamente composto, mas fragmentado e justaposto.

lá e para cá e não consegue deslanchar com firmeza e virilidade. Eis um exemplo: "nossos aliados, se quisessem entrar em guerra conosco, certamente avaliariam repetidas vezes o que teriam condições de fazer, se de fato agissem por vontade própria e não tivessem aqui tantos comparsas, homens maus e audaciosos. Costumam, mesmo, ponderar longamente todos os que desejam empreender grandes feitos". Uma fala dessas não pode manter o ouvinte atento, dispersa-se toda e não se fixa em algo que possa revestir de palavras bem-acabadas.

Os que não conseguem versar adequadamente naquela atenuação muito faceciosa das palavras, incidem num gênero de discurso árido e exangue, que não seria estranho chamar **mirrado**.[148] Eis sua feição: "daí que esse, nos banhos, chegou para o outro e disse: 'este teu escravo me bateu'. Daí, esse disse àquele: 'verei'. Daí, aquele desatou a xingar e gritou mais e mais na frente de todo mundo". Essa é, sem dúvida, uma fala ignóbil e frívola,[149] e não alcançou o que caracteriza a figura atenuada: um discurso bem composto, com palavras puras e escolhidas.[150]

Os ornamentos, dos quais falarei adiante, conferem dignidade a cada gênero do discurso, ao grave, ao médio e ao atenuado. Se dispostos espaçadamente, tornam o discurso distinto, assim como ocorre com as cores; colocados todos juntos, deixam-no empastelado.[151] Mas, ao discursar, convém variar o gênero de figura – de modo que o médio suceda ao grave, o atenuado ao médio, depois novamente se alternem –, assim a variedade evitará facilmente o fastio.

---

151 Eis aqui uma comparação com a arte da pintura. Quase sempre as metáforas e comparações usadas pelos rétores para referir os ornamentos da elocução são da ordem do sensível e sugerem que o decoro das diferentes artes está sujeito a critérios análogos, tais como os que se estabelecem no *ut pictura* horaciano. Ora remetem à visão e diz-se que o ornamento ilumina, colore, enfeita como as flores; ora ao paladar, então ele condimenta, tempera; ora ao tato, e ele suaviza ou torna áspero o discurso.

[17]    XII. Quoniam, quibus in generibus elocutio uersari debeat, dictum est, uideamus nunc, quas res debeat habere elocutio commoda et perfecta. Quae maxime admodum oratori adcommodata est, tres res in se debet habere: elegantiam, conpositionem, dignitatem.

Elegantia est, quae facit, ut locus unus quisque pure et aperte dici uideatur. Haec tribuitur in Latinitatem et explanationem.

Latinitas est, quae sermonem purum conseruat, ab omni uitio remotum. Vitia in sermone, quo minus is Latinus sit, duo possunt esse: soloecismus et barbarismus. Soloecismus est, cum in uerbis pluribus consequens uerbum superiori non adcommodatur. Barbarismus est, cum uerbis aliquid uitiose effertur. Haec qua ratione uitare possumus, in arte grammatica dilucide dicemus.

Explanatio est, quae reddit apertam et dilucidam orationem. Ea conparatur duabus rebus, usitatis uerbis et propriis. Usitata sunt ea, quae uersantur in consuetudine cotidiana; propria, quae eius rei uerba sunt aut esse possunt, qua de loquemur.

[18]    Conpositio est uerborum constructio, quae facit omnes partes orationis aequabiliter perpolitas. Ea conseruabitur, si fugiemus crebras uocalium concursiones, quae uastam atque hiantem orationem reddunt, ut haec est:

"Bacae aeneae amoenissime inpendebant";

si uitabimus eiusdem litterae nimiam adsiduitatem, cui uitio uersus hic erit exemplo – nam hic nihil prohibet in uitiis alienis exemplis uti – :

"O Tite, tute, Tati, tibi tanta, tyranne, tulisti",

et hic eiusdem poetae:

---

152 Com a palavra "letra" (*littera*) entende-se, por metonímia, um som consonantal, não o grafema que o representa na escrita. A aliteração, aqui, é considerada um vício.

[17]     XII. Como já se disse em que gêneros ela deve versar, vejamos agora o que deve possuir a elocução cômoda e perfeita. Para que convenha o mais possível ao orador, deve ter três características: elegância, composição, dignidade.

A **elegância** faz com que cada tópico pareça ser dito correta e claramente. Divide-se em vernaculidade e explanação.

A **vernaculidade** conserva a fala pura, afastada de todo o vício. Os vícios da linguagem, que depreciam o vernáculo, podem ser dois: solecismo e barbarismo. O **solecismo** ocorre quando em meio a um grupo de palavras uma delas não concorda com outra que a precedeu. Há **barbarismo** quando algo de vicioso se manifesta nas palavras. Por quais métodos podemos evitar esses vícios, esclareceremos na *Arte Gramática*.

A **explanação** torna o discurso claro e inteligível. Proporciona-se por dois meios: por termos comuns e por termos especializados. **Comuns** são os que costumam estar presentes na fala cotidiana; **especializados** são os que pertencem ou podem pertencer ao assunto do qual falamos.

[18]     **Composição** é o arranjo de palavras que torna todas as partes do discurso igualmente bem polidas. Havemos de conservá-la se evitarmos encontros frequentes de vogais que deixam o discurso com vazios e hiatos, como o que segue:

"Baga acobreada e amena impendia";

e se evitarmos a excessiva recorrência da mesma letra,[152] vício que terá como exemplo este verso – pois aqui, ao tratar dos vícios, nada impede o uso de exemplos alheios:

"Oh, Tito Tácio, para ti, tal um tirano, tomaste tanto!";[153]

e, também, este, do mesmo poeta:

---

153   Ênio, *Anais* (Warmington 1935: 36).

"quoiquam quicquam quemquam, quemque quisque
[conueniat, neget";

et si eiusdem uerbi adsiduitatem nimiam fugiemus, eiusmodi:

"Nam cuius rationis ratio non extet,
ei rationi ratio non est fidem habere admodum;"

et, si non utemur continenter similiter cadentibus uerbis, hoc modo:

"Flentes, plorantes, lacrimantes, obtestantes";

et si uerborum transiectionem uitabimus, nisi quae erit concinna, qua de re posterius loquemur; quo in uitio est Caelius adsiduus, ut haec est: "in priore libro has res ad te scriptas, Luci, misimus, Aeli". Item fugere oportet longam uerborum continuationem, quae et auditoris aures et oratoris spiritum laedit.

His uitiis in conpositione uitatis reliquum operae consumendum est in dignitate.

**XIII.** Dignitas est, quae reddit ornatam orationem uarietate distinguens. Haec in uerborum et in sententiarum exornationes

---

154 O texto de Ênio de onde teriam sido extraídas essas linhas é desconhecido (Warmington 1935: 380).
155 Marx (Proleg. 1894: 118) entende que também esse exemplo está no estilo de Ênio.
156 Também atribuído a Ênio (Warmington 1935: 462). A fonte mais antiga para a atribuição deste e dos versos precedentes a Ênio é exatamente esta passagem, *Retórica a Herênio 4. 18*.
157 O ornamento que corresponde a uma "transposição harmoniosa" é a *transgressão* (*Retórica a Herênio* 4.44).
158 (...) *Luci, misimus, Aeli*. A concordância de caso permite que se introduza uma palavra entre o prenome e o nome de familia, com mais inteligibilidade do que é possível obter em línguas que não declinam.
159 Essa sequência de exemplos sugere que, para o orador, a composição dos poetas é viciosa. Isso diz respeito ao decoro externo do discurso. Trata-se de caracterizar o que convém à elocução oratória em contraposição ao decoro da poesia,

"... que quem quer que seja negue o que quer que seja a quem
[quer que seja, seja lá quem acuse quem";[154]

ainda, se evitarmos a repetição demasiada da mesma palavra, como aqui:

"Porque não subsistindo razão de certa razão,
por certo não há razão para ter fé nesta razão";[155]

não usarmos seguidamente palavras de terminação igual, assim:

"Suspirantes, deplorantes, lacrimantes, obstantes";[156]

se, também, evitarmos a transposição de palavras, salvo as que forem harmoniosas,[157] de que falaremos mais tarde. Nesse vício, Célio é persistente, como em: "no primeiro livro, enviamos essas coisas para ti, Lúcio, escritas, Élio".[158] Também deve-se evitar uma sucessão interminável de palavras, que cansa tanto os ouvidos do público, quanto o fôlego do orador.

Uma vez evitados esses vícios na composição,[159] o resto dos esforços deve consumir-se na dignidade.

**XIII.** A **dignidade** é o que torna o discurso ornado, fazendo-o distinto pela variedade.[160] Divide-se em ornamentos de palavra

trágica ou cômica. Semelhante procedimento, ou seja, a comparação negativa com a poesia, já estabelecera o que é vicioso à argumentação (*Retórica a Herênio* 3.34-45).
160 A dignidade do discurso resulta de uma aplicação decorosa dos ornamentos, mas a definição dada aqui – que inverte a relação causal entre ornamento e dignidade – revela a necessária coincidência entre a *dignitas* do orador, constituída em seu *êthos*, e o efeito obtido na elocução, uma vez que a dignidade de quem fala se depreende do discurso. No restante deste livro, são definidos e exemplificados 64 ornamentos. Para cada ornamento, anotamos no rodapé seus nomes gregos arrolados no *Glossary of Greek Rhetorical Terms* (Anderson Jr. 2000), que identifica as fontes antigas, de Anaxímenes a Quintiliano, em que se encontram registros e exemplos das "figuras de linguagem".

diuiditur. Verborum exornatio est, quae ipsius sermonis insignita continetur perpolitione. Sententiarum exornatio est, quae non in uerbis, sed in ipsis rebus quandam habet dignitatem.

\* \* \*

[19]   Repetitio est, cum continenter ab uno atque eodem uerbo in rebus similibus et diuersis principia sumuntur, hoc modo: "vobis istuc adtribuendum est, uobis gratia est habenda, uobis ista res erit honori". Item: "Scipio Numantiam sustulit, Scipio Kartaginem deleuit, Scipio pacem peperit, Scipio ciuitatem seruauit". Item: "tu in forum prodire, tu lucem conspicere, tu in horum conspectum uenire conaris? Audes uerbum facere? Audes quicquam ab istis petere? Audes supplicium deprecari? Quid est, quod possis defendere? Quid est, quod audeas postulare? Quid est, quod tibi concedi putes oportere? Non ius iurandum reliquisti? Non amicos prodidisti? Non parenti manus adtulisti? Non denique in omni dedecore uolutatus es?". Haec exornatio cum multum uenustatis habet tum grauitatis et acrimoniae plurimum. Quare uidetur esse adhibenda et ad ornandam et ad exaugendam orationem.

Conuersio est, per quam non, ut ante, primum repetimos uerbum, sed ad postremum continenter reuertimur, hoc modo: "poenos

---

161   As gramáticas escolares do português costumam dividir as figuras de linguagem em quatro categorias: figuras de som, figuras de palavra, figuras de construção ou sintaxe e figuras de pensamento. As três primeiras incluem-se no que a *Retórica a Herênio* chama de ornamento de palavra; as figuras de pensamento, no que chama de ornamento de sentença. O termo "sentença", nesse caso, não remete a um elemento da sintaxe, não quer dizer frase ou oração, mas, sim, "pensamento" ou "conteúdo do discurso".

162   É difícil determinar se a expressão "nas próprias coisas" (*in ipsis rebus*) diz respeito à relação enunciação/enunciado ou ao referente extralinguístico. Nilce Martins (1997: 217), conforme a teorização do grupo de Liège (Dubois et al. 1974: 174–201), entende que o conhecimento da realidade extralinguística é indispensável para que se compreenda o sentido de uma figura de pensamento, pois o receptor precisaria deduzir que houve uma "violação da relação de verdade" entre o discurso e aquilo de que ele fala, entre as palavras e as coisas.

e de sentença.[161] **Ornamento de palavra** é aquele que se atém ao polimento insigne da fala. **Ornamento de sentença** é o que encontra dignidade não nas palavras, mas nas próprias coisas.[162]

\* \* \*

[19]   Temos a **repetição**[163] quando iniciamos com uma mesma palavra, sucessivamente, coisas iguais ou diversas, assim: "a vós isso deve ser creditado, a vós deve-se agradecer, a vós isso será motivo de honra". Ou assim: "Cipião subjugou a Numância, Cipião destruiu Cartago, Cipião promoveu a paz, Cipião salvou a cidade". Ou ainda: "queres adentrar o fórum? Queres vir à luz? Queres comparecer diante destes homens? Ousas tomar a palavra? Ousas pedir-lhes algo? Ousas implorar perdão? Que podes em tua defesa? Que ousas postular? Que pensas que te deva ser concedido? Não quebraste o juramento? Não traíste os amigos? Não ergueste a mão contra teu pai? Não te envolveste, enfim, em todo tipo de infâmia?". Esse ornamento tem muito de encanto e mais ainda de gravidade e acrimônia, por isso pode ser aplicado para ornar e ainda para elevar o discurso.

Na **conversão**[164] repetimos não a primeira palavra, como há pouco, mas retomamos seguidamente um mesmo final, deste

---

Essa concepção implica um processo de verificação do discurso na realidade. Pode-se, de outro modo, compreender esse tipo de figura como resultante de um processo de veridicção em que se constata uma "violação da relação de verdade" não entre o signo e o referente, mas entre o dizer e o dito. Nesse caso, as figuras "de pensamento" resultariam de um "desacordo" entre o enunciado e a enunciação (Fiorin 1988: 58; Fiorin 2007: 16), isto é, entre o que foi efetivamente dito e a pressuposta intenção comunicativa do enunciador. Parece-nos que a prática retórica implica a semiotização do referente, a construção "das próprias coisas" no interior do discurso. Talvez por isso, os exemplos dessa classe de ornamentos sejam longos, para que o contexto possa ser composto internamente.

163   O termo *repetitio* corresponde ao grego *anaphorá, epanaphorá* ou *epibolé* (Anderson Jr. 2000: 19). Em português, registra-se anáfora, epanáfora, epíbole.
164   *Antistrophé, epiphorá* (Anderson Jr. 2000: 54). Epífora, epístrofe.

populus Romanus iustitia uicit, armis uicit, liberalitate uicit". Item: "ex quo tempore concordia de ciuitate sublata est, libertas sublata est, fides sublata est, amicitia sublata est, res publica sublata est". Item: "C. Laelius homo nouus erat, ingeniosus erat, doctus erat, bonis uiris et studiis amicus erat: ergo in ciuitate primus erat". Item: "nam cum istos, ut absoluant te, rogas, ut peierent, rogas, ut existimationem neglegant, rogas, ut leges populi Romani tuae libidini largiantur, rogas".

[20]     XIV. Conplexio est, quae utramque conplectitur exornationem, ut et conuersione et repetitione utamur, quam ante exposuimus, et ut repetatur idem uerbum saepius et crebro ad idem postremum reuertamur, hoc modo: "qui sunt, qui foedera saepe ruperunt? Kartaginienses. Qui sunt, qui crudelissime bellum gesserunt? Kartaginienses. Qui sunt, qui Italiam deformauerunt? Kartaginienses. Qui sunt, qui sibi postulent ignosci? Kartaginienses. Videte ergo, quam conueniat eos inpetrare". Item: "quem senatus damnarit, quem populus damnarit, quem omnium existimatio damnarit, eum uos sententiis uestris absoluatis?".

Traductio est, quae facit, uti, cum idem uerbum crebrius ponatur, non modo non offendat animum, sed etiam concinniorem orationem reddat, hoc pacto: "qui nihil habet in uita iucundius uita, is cum uirtute uitam non potest colere". Item: "eum hominem appellas, qui si fuisset homo, numquam tam crudeliter hominis uitam petisset. At erat inimicus. Ergo inimicum sic ulcisci uoluit, ut ipse sibi reperiretur inimicus?". Item: "diuitias sine diuitis esse: tu uero uirtutem praefer diuitiis; nam si uoles diuitias cum uirtute conparare, uix satis idoneae tibi uidebuntur diuitiae, quae uirtutis pedisequae sint".

---

165 *Symploké, koinótes* (Anderson Jr. 2000: 69). Símploce.
166 *Antimetáthesis, sýnkrisis* (Anderson Jr. 2000: 22). A palavra é repetida em dife-

modo: "aos púnicos o povo romano com justiça venceu, com armas venceu, com generosidade venceu". Também: "desde que da cidade a concórdia foi subtraída, a liberdade foi subtraída, a fé foi subtraída, a amizade foi subtraída, a República foi subtraída". Ainda: "homem novo era Caio Lélio, engenhoso ele era, douto ele era, amigo dos homens bons e dos bons hábitos ele era, por isso, na cidade, o primeiro ele era". Ainda: "que te absolvam, é isso que pedes? Então, que perjurem, é o que pedes? Que se descuidem da reputação, é o que pedes? Que as leis do povo romano se afrouxem ao teu dispor, é o que pedes?".

[20] XIV. A **complexão**[165] é a junção de ambos os ornamentos: a conversão e a repetição, que antes expusemos, de modo que se repita a mesma palavra várias vezes e retome-se amiúde o mesmo final, assim: "quem sempre rompeu os acordos? Os cartagineses. Quem empreendeu a guerra cruel? Os cartagineses. Quem devastou a Itália? Os cartagineses. Quem agora implora perdão? Os cartagineses. Considerai, então, o quanto merecem obtê-lo". Também: "alguém que o Senado condenou, alguém que o povo condenou, alguém que a opinião de todos condenou, seríeis vós a absolver com vossos pareceres?".

A **transposição**[166] permite que usemos seguidamente a mesma palavra sem enfastiar e até tornando o discurso mais harmônico, por exemplo: "quem nada tem na vida mais aprazível do que a própria vida não pode levar a vida com virtude". Também: "este a que chamas homem, se homem fosse, não teria tão cruelmente reclamado a vida de outro homem. Mas era seu inimigo. Então, quis tanto vingar-se do inimigo que se tornou, ele mesmo, seu próprio inimigo?". Ainda: "deixa as riquezas aos ricos. Prefere a virtude às riquezas, pois se quiseres comparar as riquezas com a virtude, as riquezas não te parecerão idôneas sequer para lacaias da virtude".

rentes funções sintáticas, por isso, em latim as desinências casuais variam e a identidade sonora limita-se ao radical.

[21]     Ex eodem genere est exornationis, cum idem uerbum ponitur modo in hac, modo in altera re, hoc modo: "cur eam rem tam studiose curas, quae tibi multas dabit curas?". Item: "nam amari iucundum sit, si curetur, ne quid insit amari". Item: "veniam ad uos, si mihi senatus det ueniam".

In his quattuor generibus exornationum, quae adhuc propositae sunt, non inopia uerborum fit, ut ad idem uerbum redeatur saepius; sed inest festiuitas, quae facilius auribus diiudicari quam uerbis demonstrari potest.

XV. Contentio est, cum ex contrariis rebus oratio conficitur, hoc pacto: "habet adsentatio iucunda principia, eadem exitus amarissimos adfert". Item: "inimicis te placabilem, amicis inexorabilem praebes". Item: "in otio tumultuaris; in tumultu es otiosus; in re frigidissima cales, in feruentissima friges; tacito cum opus est, clamas; ubi loqui conuenit, obmutescis; ades, abesse uis; abes, reuerti cupis; in pace bellum quaeritas, in bello pacem desideras; in contione de uirtute loqueris, in proelio prae ignauia tubae sonitum perferre non potes". Hoc genere si distingemus orationem, et graues et ornati poterimus esse.

[22]     Exclamatio est, quae conficit significationem doloris aut indignationis alicuius per hominis aut urbis aut loci aut rei cuiuspiam conpellationem, hoc modo: "te nunc adloquor, Africane, cuius mortui quoque nomen splendori ac decori est ciuitati. Tui clarissimi nepotes suo sanguine aluerunt inimicorum crudelitatem". Item: "perfidiosae Fregellae, quam facile scelere uestro contabuistis, ut, cuius nitor urbis Italiam nuper inlustrauit, eius nunc uix fundamentorum reliquiae maneant". Item: "bonorum insidiatores, latrocinia, uitam innocentissimi cuiusque petistis; tantamne ex iniquitate iudiciorum uestris calumniis adsumpsistis facultatem?". Hac exclamatione si loco utemur, raro, et cum rei

---

167 Esse tipo de transposição, que não recebeu nome específico em latim, chama-se, em grego, *antanáklasis* (Anderson Jr. 2000: 20). Antanáclase.
168 *Antíthesis* (Anderson Jr. 2000: 21). Antítese. Trata-se de "contenção", substantivo derivado do verbo "contender", não do verbo "conter".

[21] Do mesmo tipo é o ornamento em que a mesma palavra é usada, ora num sentido, ora noutro, assim:[167] "por que tens tanta cura com algo que não tem cura?". Ou assim: "ser amado será uma felicidade se cuidares do ser amado". E ainda: "acordo em ir até vós, se tiver o acordo do Senado".

Nos quatro tipos de ornamentos apresentados até aqui, não é a escassez de vocábulos que faz retomar várias vezes a mesma palavra. Há nisso uma festividade que é mais fácil apreciar com os ouvidos do que demonstrar com palavras.

XV. A **contenção**[168] é a construção do discurso a partir de contrários, por exemplo: "a adulação é doce no início, amarga no final". Também: "és implacável com os amigos, complacente com os inimigos".

E ainda: "no ócio, tumultuas; em meio ao tumulto, ficas ocioso; se a ocasião pede frieza, esquentas; se está fervendo, esfrias; quando é preciso calar, gritas; quando convém falar, emudeces; se estás, queres sair; se sais, queres voltar; na paz desejas a guerra; na guerra, a paz; na assembleia, falas de virtude; no combate, és tão covarde que estremeces ao toque das trombetas". Se realçarmos o discurso dessa maneira, conseguiremos ser graves e ornados.

[22] A **exclamação**[169] forja a expressão de dor ou indignação de alguém na invocação de um homem, de uma cidade, de um lugar ou do que aprouver. Por exemplo: "dirijo-me, agora, a ti, Africano, cujo nome, mesmo na morte, confere esplendor e glória à cidade. Teus ilustríssimos netos alimentaram com o próprio sangue a crueldade dos inimigos". Também: "ó, pérfida Fregelas, tão facilmente pereceste por tua vilania, que da cidade cujo brilho, outrora, iluminava a Itália, ora mal subsistem os escombros dos alicerces". E ainda: "traidores dos homens de bem! Por ganância atentastes contra a vida de cidadãos irrepreensíveis! Foi graças à

---

169 *Apostrophé, embóesis, schetliasmós* (Anderson Jr. 2000: 41); *ekphónesis* (Lausberg 1972: 259). Apóstrofe, invocação.

magnitudo postulare uidebitur, ad quam uolemus indignationem animum auditoris adducemus.

Interrogatio non omnis grauis est neque concinna, sed haec, quae, cum enumerata sunt ea, quae obsunt causae aduersariorum, confirmat superiorem orationem, hoc pacto: "cum igitur haec omnia faceres, diceres, administrares, utrum animos sociorum ab re publica remouebas et abalienabas, an non? Et utrum aliquem exornarei oportuit, qui istaec prohiberet ac fieri non sineret, an non?".

[23]   XVI. Ratiocinatio est, per quam ipsi a nobis rationem poscimus, quare quidque dicamus, et crebro nosmet a nobis petimus unius cuiusque propositionis explanationem. Ea est huiusmodi: "maiores nostri si quam unius peccati mulierem damnabant, simplici iudicio multorum maleficiorum conuictam putabant. Quo pacto? Quam inpudicam iudicarant, ea ueneficii quoque damnata existimabatur. Quid ita? Quia necesse est eam, quae suum corpus addixerit turpissimae cupiditati, timere multos. Quos istos? Virum, parentes, ceteros, ad quos uidet sui dedecoris infamiam pertinere. Quid postea? Quos tantopere timeat, eos necesse est, optet necare. Quare necesse est? Quia nulla potest honesta ratio retinere eam, quam magnitudo peccati facit timidam, intemperantia audacem, natura mulieris inconsideratam. Quid? Veneficii damnatam quid putabant? Inpudicam quoque necessario. Quare? Quia nulla facilius ad id maleficium causa, quam turpis amor et intemperans libido commouere potuit; tum cuius mulieris animus esset corruptus, eius corpus castum esse non putauerunt. Quid? In uiris idemne hoc obseruabant? Minime. Quid ita? Quia uiros ad unum quodque maleficium singulae cupiditates inpellunt, mulieris ad omnia maleficia cupiditas una ducit".

170 *Eperótesis* (Anderson Jr. 2000: 51-I), *erótema* (Anderson Jr. 2000: 58). É a chamada "pergunta retórica", ou seja, uma pergunta que não se interessa pela resposta do interlocutor. A *interrogatio*, no caso, implica o assentimento tácito do ouvinte. A figura se produz a partir de uma divergência entre enunciação e enunciado: a enunciação está no modo interrogativo, mas seu conteúdo, isto é, o enunciado, pressupõe uma afirmação, que o assentimento do ouvinte confir-

iniquidade da justiça que obtivestes tamanha facilidade para vossas calúnias?". Induziremos o ouvinte à indignação, que queremos, se colocarmos tais exclamações apenas onde e quando a grandeza da matéria exigir.

A **interrogação**[170] nem sempre é grave e harmônica, apenas quando, após a enumeração das coisas prejudiciais à causa do adversário, confirma o que fora dito antes, deste modo: "então ao fazer, dizer e agenciar tudo isso, estavas desinteressando e afastando os aliados da República, ou não? E foi preciso preparar alguém que obstasse essa manobra e evitasse sua realização, ou não?".

[23] XVI. Na **raciocinação**[171] perguntamos a razão de cada coisa que dizemos, pedindo continuamente a nós mesmos a explicação de cada uma das proposições, deste modo: "nossos antepassados, quando condenavam uma mulher por um único delito, no mesmo julgamento, consideravam-na culpada de muitos outros crimes. De que modo? Ora, como foi julgada impudica, consideraram-na condenada também por envenenamento. Por que isso? Porque quem entregou seu corpo ao desejo mais torpe necessariamente teme a muitos. A quem temeria? Ao marido, aos pais e àqueles que vê atingidos pelo opróbrio de sua desonra. E daí? Deve necessariamente procurar algum modo de envenenar a quem tanto teme. Por que necessariamente? Porque nenhuma razão honesta pode deter aquela cuja grandeza do delito torna apavorada; a intemperança, audaz e a natureza de mulher, irrefletida. E o que pensam de uma condenada por envenenamento? Que também é, necessariamente, impudica. Por quê? Pois nenhum outro motivo poderia mais facilmente levar a esse crime do que um desejo torpe e uma lascívia desmedida; enfim, não pensavam que pudesse ser casto o corpo da mulher cujo ânimo estivesse corrompido. Quê? Também aplicavam

---

ma. Há outro tipo de "pergunta retórica", a *subjeção*, que é aquela respondida pelo próprio orador (*Retórica a Herênio* 4.33-34).

171 *Aitiología* (Anderson Jr. 2000: 14). Não confundir com a argumentação em cinco partes chamada por Cícero de *ratiocinatio*.

Item: "bene maiores hoc conparauerunt, ut neminem regem, quem armis cepissent, uita priuarent. Quid ita? Quia, quam nobis fortuna facultatem dedisset, inicum erat in eorum supplicium consumere, quos eadem fortuna paulo ante in amplissimo statu conlocarat. Quid, quod exercitum contra duxit? Desino meminisse. Quid ita? Quia uiri fortis est, qui de uictoria contendant, eos hostes putare; qui uicti sunt, eos homines iudicare, ut possit bellum fortitudo minuere, pacem humanitas augere. Et ille, si uicisset, non idem fecisset? Non profecto tam sapiens fuisset. Cur igitur ei parcis? Quia talem stultitiam contemnere, non imitari consueui".
[24] Haec exornatio ad sermonem uehementer adcommodata est et animum auditoris retinet attentum cum uenustate sermonis tum rationum expectatione.

XVII. Sententia est oratio sumpta de uita, quae aut quid sit aut quid esse oporteat in uita, breuiter ostendit, hoc pacto: "difficile est primum quidque". Item: "non solet is potissimum uirtutes reuereri, qui semper secunda fortuna sit usus". Item: "liber is est existimandus, qui nulli turpitudini seruit". Item: "egens aeque est is, qui non satis habet, et is, cui satis nihil potest esse". Item: "optima uiuendi ratio est eligenda; eam iucundam consuetudo reddet". Huiusmodi sententiae simplices non sunt inprobandae, propterea quod habet breuis expositio, si rationis nullius indiget, magnam delectationem. Sed illud quoque probandum est genus sententiae, quod confirmatur subiectione rationis, hoc pacto: "omnes bene uiuendi rationes in uirtute sunt conlocandae, propterea quod sola uirtus in sua potestate est, omnia praeterea subiecta sunt sub fortunae dominationem". Item: "qui fortunis alicuius inducti amicitiam eius secuti sunt, hi, simul ac fortuna dilapsa est, deuolant omnes. Cum enim recessit ea res, quae fuit consuetudinis causa, nihil superest, quare possint in amicitia teneri".

---

172 *Gnóme* (Anderson Jr. 2000: 30–32). Esse ornamento assemelha-se à *máxima*, ao *provérbio* e ao *adágio*.

isso aos homens? De modo algum. E por que não? Porque os homens são impelidos a cada crime por um desejo diferente, ao passo que as mulheres são levadas a todos os crimes por um único desejo".

Outro exemplo: "bem estabeleceram os antepassados que nenhum rei capturado em combate fosse privado da vida. Por que isso? Porque seria injusto empregar a facilidade que o acaso nos proporcionou para punir alguém que o mesmo acaso pouco antes colocara no mais alto posto. Mas e quanto a ter conduzido um exército contra nós? Prefiro esquecer. Mas, por quê? Porque é próprio do homem corajoso considerar inimigos os que contra ele combatem pela vitória, mas depois de vencidos, vê-los como homens, de modo que possa, com bravura, pôr fim à guerra e, com humanidade, promover a paz. E ele, se fosse o vencedor, teria feito o mesmo? Não, certamente não teria sido tão sábio. Então, por que poupá-lo? Porque tenho o costume de desprezar, não de imitar, tamanha estupidez". **[24]** Esse ornamento acomoda-se muito bem à conversação e retém a atenção dos ouvintes tanto pelo encanto da conversa quanto pela expectativa das razões.

**XVII.** A **sentença**[172] é um fraseado tirado da experiência que mostra brevemente algo que acontece ou deveria acontecer na vida, por exemplo: "todo começo é difícil". Também: "não costuma reverenciar a virtude aquele a quem a sorte sempre favoreceu". Ainda: "deve ser considerado livre aquele que não é escravo de vício algum". Ainda: "tão pobre quanto aquele que não tem o suficiente é aquele a quem nada é suficiente". Ou: "escolha-se o melhor método de viver, o hábito o tornará agradável". Sentenças simples como essas não deixarão de ser aprovadas, porque a exposição breve, se não carece de justificativa, traz grande deleite. No entanto, também se deve apreciar aquele tipo de sentença confirmada pela apresentação de uma razão, assim: "todas as regras do bem viver devem-se apoiar na virtude, pois apenas a virtude depende só de si mesma, tudo o mais está sujeito ao domínio da fortuna".

Sunt item sententiae, quae dupliciter efferuntur. Hoc modo sine ratione: "errant, qui in prosperis rebus omnis impetus fortunae se putant fugisse; sapienter cogitant, qui temporibus secundis casus aduersos reformidant". Cum ratione, hoc pacto: **[25]** "qui adulescentium peccatis ignosci utant oportere, falluntur, propterea quod aetas illa non est inpedimento bonis studiis. At ii sapienter faciunt, qui adulescentes maxime castigant, ut, quibus uirtutibus omnem tueri uitam possint, eas in aetate maturissima uelint conparare". Sententias interponi raro conuenit, ut rei actores, non uiuendi praeceptores uideamur esse: cum ita interponentur, nultum adferent ornamenti. Et necesse est animi conprobet eam tacitus auditor, cum ad causam uideat adcommodari rem certam, ex uita et moribus sumptam.

**XVIII.** Contrarium est, quod ex rebus diuersis duabus alteram breuiter et facile contraria confirmat, hoc pacto: "Nam, qui suis rationibus inimicus fuerit semper, eum quomodo alienis rebus amicum fore speres?". Item: "nam, quem in amicitia perfidiosum cognoueris, eum quare putes inimicitias cum fide gerere posse? Aut qui priuatus intolerabili superbia fuerit, eum commodum et cognoscentem sui fore in potestate qui speres et qui in sermonibus et conuentu amicorum uerum dixerit numquam, eum sibi in contionibus a mendacio temperaturum?". Item: "quos ex collibus deiecimus, cum his in campo metuimus dimicare? Qui cum plures erant, paris nobis esse non poterant, hi, postquam pauciores sunt, metuimus, ne sint superiores?".

---

173 A sentença define-se como um "princípo indiscutível" por ser uma afirmação de caráter geral, que tem o assentimento prévio dos ouvintes. Segundo Aristóteles (*Retórica* 1394a ss.), a *gnóme* constitui a premissa maior ou a conclusão de um argumento retórico; quando ela é a premissa maior e vem acompanhada de uma razão, tem-se um argumento completo. Esse ornamento e os argumentos dele compostos servem ao *êthos* do orador, pois agrada aos ouvintes ouvir falar em termos gerais, tendentes ao univeral, de noções que lhes são conhecidas a partir de experiências pessoais, particulares.

Também: "os que buscam a amizade de alguém movidos pela riqueza, assim que a riqueza se esgota, fogem. Pois ao desaparecer aquilo que ocasionara o convívio, nada resta que possa conservar a amizade".

Há também sentenças que se apresentam em duas formas. Assim, sem a razão: "enganam-se aqueles que, na prosperidade, acreditam-se imunes aos golpes da fortuna; são mais prudentes os que, em tempos favoráveis, receiam a sorte adversa". Ou com acréscimo da razão, assim: [25] "engana-se quem acredita que os erros da juventude devem ser perdoados, pois essa idade não é obstáculo a boas propensões. Por outro lado, agem com mais sabedoria aqueles que castigam severamente os jovens, para que, em idade precoce, queiram adquirir virtudes que lhes possam guiar a vida". Convém interpor as sentenças esparsamente para que nos vejam como advogados de uma causa, não como preceptores do viver. Quando dispostas assim, contribuem muito para o ornamento. E necessariamente o ouvinte dará seu assentimento tácito, quando vir que se acomoda à causa um princípio indiscutível,[173] tomado da vida e dos costumes.

XVIII. O **contrário**[174], com a oposição de duas coisas, confirma uma delas rápida e facilmente, deste modo: "como esperas que seja favorável aos negócios alheios quem sempre foi avesso aos próprios interesses?". Também: "aquele que sabes pérfido com os amigos, como pensas que possa ser fiel aos inimigos? E aquele que, como particular, foi de intolerável soberba, como esperas que, no poder, seja comedido e sóbrio? E quem jamais disse a verdade na conversa entre amigos, esperas que na assembleia se abstenha de mentir?". E ainda: "com esses que lançamos colina abaixo temermos combater na planície? Quando eram muitos não conseguiram nos igualar, agora, em menor número, tememos que nos superem?".

---

174 *Enthýmema* (Anderson Jr. 2000: 44).

[26]     Hoc exornationis genus breuiter et continuatis uerbis perfectum debet esse, et cum commodum est auditu propter breuem et absolutam conclusionem tum uero uehementer, id quod opus est oratori, conprobat contraria re et ex eo, quod dubium non est, expedit illud, quod est dubium, ut dilui non possit aut multo difficillime possit.

XIX. Membrum orationis appellatur res breuiter absoluta sine totius sententiae demonstratione, quae denuo alio membro orationis excipitur, hoc pacto: "et inimico proderas". Id est unum, quod appellamus membrum; deinde hoc excipiatur oportet altero: "et amicum laedebas". Ex duobus membris haec exornatio potest constare; sed commodissima et absolutissima est, quae ex tribus constat, hoc pacto: "et inimico proderas et amicum laedebas et tibi non consulebas". Item: "nec rei publicae consuluisti nec amicis profuisti nec inimicis restitisti".

Articulus dicitur, cum singula uerba interuallis distinguuntur caesa oratione, hoc modo: "acrimonia, uoce, uultu aduersarios perterruisti". Item: "inimicos inuidia, iniuriis, potentia, perfidia sustulisti". Inter huius generis et illius superioris uehementiam

---

175 A "sucessão de palavras" prescrita aqui para expressar o *contrário* é o ornamento sintático da *continuação* descrito em *Retórica a Herênio* 4.27.

176 Partir do indubitável para resolver o que é dúbio é o procedimento geral da argumentação por dedução (ver Quintiliano, *Instituição oratória* 5.10.8). O nome grego que Anderson Jr. (2000: 44) e Calboli ([1969] 1993: 328) relacionam a esse ornato, *enthýmema*, remete imediatamente ao tipo de argumento que, no livro primeiro da *Retórica* (1356b), Aristóteles equipara ao silogismo dialético. Quintiliano (*Instituição oratória* 5.10.1–8), porém, nota que, enquanto alguns rétores assimilam o *entimema* a um argumento por dedução, como o silogismo, outros o relacionam especificamente a raciocínios a partir de contrários. É disso que se trata aqui. O raciocínio a partir de contrários, em Aristóteles (*Retórica* 1397a), é um dos "lugares", *tópoi*, de onde se extraem premissas para o entimema. Além da questão da nomenclatura, chama a atenção o fato de, na *Retórica a Herênio*, o *contrário* constar entre os ornamentos. Já vimos que a *sentença*, acrescida de razão, constitui um argumento. Outros ornamentos, como a *conclusão* (*Retórica a Herênio* 4.41) e o *exemplo* (*Retórica a Herênio* 4.62) também parecerão fora de lugar. A esse respeito, Quintiliano (*Instituição oratória* 9.3.99) diz preterir os autores que, na ânsia de encontrar novos nomes, inseriram entre as figuras o que

[26]     Esse tipo de ornamento se perfaz brevemente numa sucessão de palavras.[175] É cômodo de ouvir por sua execução rápida e completa; mas, sobretudo, pelo confronto de contrários, o orador comprova com mais veemência aquilo que tem de comprovar; e, partindo do indubitável, resolve o que é dúbio, de modo que ou não possa ser refutado, ou seja extremamente difícil fazê-lo.[176]

XIX. Chama-se **membro**[177] do discurso um segmento breve e completo que não expõe toda a sentença. Essa terá continuidade em outro membro. Assim: "não só favorecias o inimigo". Isso é o que chamamos de membro; deve depois ser seguido de um outro: "como prejudicavas o amigo". Este ornamento pode constar de dois membros, porém é muito mais conveniente e bem concluído quando consta de três: "não só favorecias o inimigo, como prejudicavas o amigo e não te ocupavas de ti". Ou ainda: "não te ocupaste da República, nem auxiliaste os amigos, nem detiveste os inimigos".

A **articulação**[178] separa com pausas cada palavra, num discurso entrecortado, deste modo: "aterrorizaste os adversários com tua voz, fisionomia, acrimônia". Ou ainda: "submetestes os inimigos por ódio, injúria, violência, perfídia". A força desse ornato e do

---

é próprio dos argumentos. Nós, porém, entendemos que há uma razão para esse deslocamento de matéria da *invenção* à *elocução*: a primeira aborda a forma do conteúdo do argumento (*res*); a segunda, sua forma de expressão (*uerba*). Já havíamos notado que "tratar o argumento", na *Retórica a Herênio*, é revesti-lo de ornamentos. Encontramos em Quintiliano (*Instituição oratória* 5.12.6) uma metáfora bastante eloquente a esse respeito: "há certa espécie de argumentos que não basta pô-los no discurso, como os mais; é necessário, além disso, ajudá-los com os lugares comuns, e amplicação. Por exemplo, se eu trouxer para argumento de um delito a avareza, deverei mostrar quanta é a força desta inclinação: se a ira, que efeitos causa no coração do homem semelhante paixão. Dêste modo ficarão os argumentos mais fortes, e ao mesmo tempo mais ornados, não se mostrando como uns esqueletos, nus e descarnados". (Soares Barbosa 1944: 273). O esqueleto é a invenção; a carne, a elocução.

177   *Kôlon* (Anderson Jr. 2000: 69, 96, 98–101).
178   *Kómma* (Anderson Jr. 2000: 34, 69, 96, 98). Assíndeto. Anderson Jr. nota que, na *Retórica a Herênio*, a articulação (*articulus*) é um assíndeto entre palavras, ao passo que o desligamento (*dissolutum*) é um assíndeto entre frases. Ver *Retórica a Herênio* 4.41.

hoc interest: illud tardius et rarius uenit, hoc crebrius et celerius peruenit. Itaque in illo genere ex remotione brachii et contortione dexterae gladius ad corpus adferri, in hoc autem crebro et celeri corpus uulnere consauciari uidetur.

[27]    Continuatio est densa et continens frequentatio uerborum cum absolutione sententiarum. Ea utemur commodissime tripertito: in sententia, in contrario, in conclusione. In sententia hoc pacto: "ei non multum potest obesse fortuna, qui sibi firmius in uirtute, quam in casu praesidium conlocauit". In contrario hoc modo: "nam si qui spei non multum conlocarit in casu, quid est quod ei magnopere casus obesse possit?". In conclusione hoc pacto: "quodsi in eos plurimum fortuna potest, qui suas rationes omnes in casum contulerunt, non sunt omnia committenda fortunae ne magnam nimis in nos habeat dominationem". In his tribus generibus ad continuationis uim adeo frequentatio necessaria est, ut infirma facultas oratoris uideatur, nisi sententiam et contrarium et conclusionem frequentibus efferat uerbis; sed alias quoque nonnumquam non alienum est, tametsi necesse non est, eloqui res aliquas per huiusmodi continuationes.

XX. Conpar appellatur, quod habet in se membra orationis, de quibus ante diximus, quae constent ex pari fere numero syllabarum. Hoc non denumeratione nostra fiet – nam id quidem puerile est – sed tantum adferet usus et exercitatio facultatis, ut animi quodam sensu par membrum superiori referre possimus, hoc modo: "in proelio mortem parens obpetebat, domi filius nuptias conparabat: haec omina grauis casus administrabant". Item: "alii fortuna dedit felicitatem, huic industria uirtutem conparauit".

---

179   *Períodos.* (Anderson Jr. 2000: 94–101).

anterior difere nisto: aquele vem esparsa e lentamente, este chega com maior acúmulo e rapidez. De modo que, naquele, parece que o braço se afasta e a mão se prepara para brandir a espada e desferir o golpe; neste, parece que o corpo é apunhalado com várias e rápidas investidas.

[27] A **continuação**[179] é o acúmulo maciço e ininterrupto de palavras encerrando um pensamento completo. Usamo-la com muita comodidade em três lugares: na sentença, no contrário e na conclusão. Na **sentença**, assim: "a fortuna não pode prejudicar muito aquele que construiu sua defesa firmando-se mais na virtude do que no acaso". No **contrário**, assim: "pois como pode o acaso prejudicar muito quem no acaso não depositou muita esperança?". Na **conclusão**: "não se deve entregar tudo à fortuna, para que ela não exerça um domínio ainda maior sobre nós, pois a fortuna tem muito mais poder contra aqueles que confiaram todos os seus planos ao acaso". Nesses três tipos, o acúmulo é tão necessário para dar força à continuação, que parecerá fraca a faculdade do orador que não produzir as sentenças, os contrários e as conclusões com palavras ininterruptas. Embora não seja necessário, não será impróprio, também em outras circunstâncias, enunciar algumas coisas em continuação.

XX. Na **paridade**[180] os membros do discurso, de que falamos acima, possuem um número aproximadamente igual de sílabas. Não fazemos isso contando – seria um tanto pueril. A prática e o exercício proporcionam tamanha facilidade, que conseguimos obter um número igual ao do membro anterior, como que por intuição. Por exemplo: "em combate, o pai enfrentava a morte; em casa, o filho preparava as bodas; presságios assim indicam má sorte". Ou ainda: "àquele a fortuna deu felicidade, este pelo empenho alcançou a virtude".

---

180 *Isókolon* (Anderson Jr. 2000: 65), *párison* (Anderson Jr. 2000: 90), *parísosis* (Anderson Jr. 2000: 98).

[28]    In hoc genere saepe fieri potest, ut non plane par numerus sit syllabarum et tamen esse uideatur, si una aut etiam altera syllaba est alterum breuius, aut si, cum in altero plures sunt, in altero longior aut longiores, plenior aut pleniores syllabae erunt, ut longitudo aut plenitudo harum multitudinem alterius adsequatur et exaequet.

Similiter cadens exornatio appellatur, cum in eadem constructione uerborum duo aut plura sunt uerba, quae similiter isdem casibus efferantur, hoc modo: "hominem laudem egentem uirtutis, abundantem felicitatis?". Item: "huic omnis in pecunia spes est, a sapientia est animus remotus: diligentia conparat diuitias, neglegentia corrumpit animum, et tamen, cum ita uiuit, neminem prae se ducit hominem".

Similiter desinens est, cum, tametsi casus non insunt in uerbis, tamen similes exitus sunt, hoc pacto: "turpiter audes facere, nequiter studes dicere; uiuis inuidiose, delinquis studiose, loqueris odiose". Item: "audaciter territas, humiliter placas".

Haec duo genera, quorum alterum in exitum, alterum in casus similitudine uersatur, inter se uehementer conueniunt; et ea re, qui his bene utuntur, plerumque simul ea conlocant in isdem partibus orationis. Id hoc modo facere oportet: "perditissima ratio est amorem petere, pudorem fugere, diligere formam, neglegere famam". Hic et ea uerba, quae casus habent ad casus similes, et illa, quae non habent, ad similes exitus ueniunt.

[29]    XXI. Adnominatio est, cum ad idem uerbum et nomen acceditur commutatione uocum aut litterarum, ut ad res dissimiles similia uerba adcommodentur. Ea multis et uariis rationibus conficitur.

---

181 *Homoióptoton* (Anderson Jr. 2000: 78). Esse ornamento perde-se na tradução. Só seria possível traduzi-lo se o português fosse uma língua declinável. Para que fosse identificado, deixamos o original no texto e traduzimo-lo em nota.
182 "Eu elogiaria um homem desprovido de virtude e farto em prosperidade?".
183 "A esperança deste homem, ele a deposita toda no dinheiro, da sabedoria se afasta, com diligência adquire riquezas, pela negligência se corrompe; mesmo vivendo assim, ninguém há que julgue superior a si".

[28]     Pode, com frequência, acontecer de o número de sílabas não ser exatamente o mesmo, mas parecer igual se, por exemplo, um dos membros é mais curto que o outro em uma ou até duas sílabas, se um tem mais sílabas e o outro tem uma ou duas sílabas mais longas, ou mais sonoras, de modo que a quantidade ou a sonoridade de um alcance e compense o maior número do outro.

O **caso igual**[181] é considerado ornamento quando, na mesma construção, duas ou mais palavras apresentam-se com a mesma desinência. Por exemplo: *"hominem laudem egentem uirtutis, abundantem felicitatis?"*.[182] Ou *"huic omnis in pecunia spes est, a sapientia est animus remotus; diligentia conparat diuitias, neglegentia corrumpit animum, et tamen, cum ita uiuit, neminem prae se ducit hominem"*.[183]

Na **terminação igual**,[184] apesar de as palavras serem indeclináveis, seus finais são iguais, assim: *"turpiter audes facere, nequiter studes dicere; uiuis inuidiose, delinquis studiose, loqueris odiose"*.[185] Ou ainda: *"audaciter territas, humiliter placas"*.[186]

Esses dois tipos, um que se ocupa da *semelhança de terminação*, outro da *semelhança das desinências casuais*, combinam muito bem entre si, por isso, quem faz bom uso deles, geralmente, emprega-os, juntos, no mesmo trecho do discurso. Pode-se fazer isso assim: *"perditissima ratio est amorem petere, pudorem fugere, diligere formam, neglegere famam"*.[187] Aqui as palavras declináveis têm a mesma desinência e as indeclináveis, a mesma terminação.

[29]     XXI. Há **agnominação**[188] quando, a um verbo ou nome, se aproxima outro igual – a não ser pela alteração de algum som ou letra –, de modo que palavras semelhantes se acomodem a coisas diferentes. Consegue-se isso por muitos e variados meios.

---

184 *Homoiotéleuton* (Anderson Jr. 2000: 79).
185 "Ousas agir despudoradamente, dedicas-te a falar maliciosamente; vives cobiçosamente, delinques dedicadamente, falas odiosamente".
186 "Audaciosamente aterrorizas, humildemente confortas".
187 "A mais vã das razões é procurar o amor, evitar o pudor, prezar a beleza, desprezar a reputação".
188 *Paronomasía* (Anderson Jr. 2000: 93). Paronomásia.

Adtenuatione aut conplexione eiusdem litterae sic: "hic, qui se magnifice iactat atque ostentat, uenit ante, quam Romam uenit". Et ex contrario: "hic, quos homines alea uincit, eos ferro statim uincit".

Productione eiusdem litterae, hoc modo: "hinc auium dulcedo ducit ad auium".

Breuitate eiusdem litterae: "hic, tametsi uidetur esse honoris cupidus, tantum tamen curiam diligit, quantum Curiam?".

Addendis litteris hoc pacto: "hic sibi posset temperare, nisi amori mallet obtemperare".

Demendis nunc litteris sic: "si lenones uitasset tamquam leones, uitae tradidisset se".

Transferendis litteris sic: "videte, iudices, utrum homini nauo an uano credere malitis".

Commutandis hoc modo: "deligere oportet, quem uelis diligere".

Hae sunt adnominationes, quae in litterarum breui commutatione aut productione aut transiectione aut aliquo huiusmodi genere uersantur.

[30]   XXII. Sunt autem aliae, quae non habent tam propinquam in uerbis similitudinem et tamen dissimiles non sunt; quibus de generibus unum est huiusmodi: "quid ueniam, qui sim, quem insimulem, cui prosim, quae postulem, breui cognoscetis". Nam hic est in quibusdam uerbis quaedam similitudo non tam perfecta, quam illae superiores, sed tamen adhibenda nonnumquam. Alterum genus huiusmodi: "demus operam, Quirites, ne omnino patres conscripti circumscripti putentur". Haec adnominatio magis accedit ad similitudinem quam superior, sed minus quam illae superiores, propterea quod non solum additae, sed uno tempore demptae quoque litterae sunt.

---

189 "Esse que com soberba se exalta e se exibe foi vendido antes de vir a Roma".
190 "Este, aos homens que venceu nos dados, logo prende a ferro".
191 "Daqui ao ínvio envia o doce canto dos pássaros".
192 "Este, embora pareça ávido pelas honras públicas, não se dedica tanto à cúria quanto a sua Cúria".

Por subtração ou contração da mesma letra, assim: *"hic qui se magnifice iactat atque ostentat, uenīt antequam Romam uenĭt"*.[189] Ou invertendo: *"hic, quos homines alea uincĭt, eos ferro statim uincīt"*.[190]

Pelo alongamento da mesma letra: *"hinc ăuium dulcedo ducit ad āuium"*.[191]

Pela abreviação da mesma letra: *"hic, tametsi uidetur esse honoris cupidus, tantum tamen cūriam diligit quantum Cŭriam?"*.[192]

Acrescentando letras: *"hic sibi posset temperare, nisi amori mallet obtemperare"*.[193]

Retirando: *"si lenones uitasset tamquam leones, uitae tradidisset se"*.[194]

Permutando: *"uidete, iudices, utrum homini nauo an uano credere malitis"*.[195]

Trocando: *"deligere oportet quem uelis diligere"*.[196]

Essas são as agnominações que residem numa pequena alteração de letras, ou em seu alongamento, transposição ou em algo congênere.

[30] **XXII.** Existem, porém, outras *agnominações* em que não há semelhança tão estreita entre as palavras, que, entretanto, não deixam de ser semelhantes. Eis um exemplo: *"quid ueniam, qui sim, quem insimulem, cui prosim, quae postulem, breui cognoscetis"*.[197] Há aqui certa semelhança em algumas palavras, não tão completa como nos exemplos acima, mas a ser empregada ocasionalmente. Outro exemplo: *"demus operam, Quirites, ne omnino patres conscripti circumscripti putentur"*.[198] Essa agnominação apresenta mais semelhança que a anterior, porém menos que as primeiras, pois algumas letras são retiradas ao mesmo tempo em que outras são acrescentadas.

---

193 "Seria temperado, se não destemperasse no amor".
194 "Se fugisse dos alcoviteiros como quem foge da cova, teria ganho sua vida".
195 "Vede, juízes, se preferis acreditar num servil ou num vil ser".
196 "É preciso estipular a quem estimar".
197 "Por que venho, quem sou, a quem acuso, a quem ajudo e o que peço, logo sabereis".
198 "Empenhamo-nos, cidadãos, para que não se vejam completamente cerceados os senadores".

Tertium genus est, quod uersatur in casum commutation aut unius aut plurium nominum. [31] Unius nominis hoc modo: "Alexander Macedo summo labore animum ad uirtutem a pueritia confirmauit. Alexandri uirtutes per orbem terrae cum laude et gloria uulgatae sunt. Alexandrum omnes maxime metuerunt, idem plurimum dilexerunt. Alexandro si uita data longior esset, trans Oceanum Macedonum transuolassent sarisae". Hic unum nomen in commutatione casuum uolutatum est. Plura nomina casibus commutatis hoc modo facient adnominationem: "Tiberium Graccum rem publicam administrantem prohibuit indigna nex diutius in eo commorari. Gaio Gracco similis occisio est oblata, quae uirum rei publicae amantissimum subito de sinu ciuitatis eripuit. Saturninum fide captum malorum perfidia per scelus uita priuauit. Tuus, o Druse, sanguis domesticos parietes et uultum parentis aspersit. Sulpicio, qui paulo ante omnia concedebant, eum breui spatio non modo uiuere, sed etiam sepeliri prohibuerunt".

[32] Haec tria proxima genera exornationum, quorum unum in similiter cadentibus, alterum in similiter desinentibus uerbis, tertium in adnominationibus positum est, perraro sumenda sunt, cum in ueritate dicimus, propterea quod non haec uidentur reperiri posse sine elaboratione et sumptione operae; **XXIII.** eiusmodi autem studia ad delectationem quam ad ueritatem uidentur adcommodatiora. Quare fides et grauitas et seueritas oratoria minuitur his exornationibus frequenter conlocatis, et non modo

---

199 "Alexandre da Macedônia, desde a infância, fortaleceu-se na virtude com grande empenho. As virtudes de Alexandre propagaram-se com glória e louvor por toda a face da terra. A Alexandre, todos temeram muito, mas também amaram muito. Se, a Alexandre, tivesse sido dada uma vida mais longa, as sarissas macedônias teriam atravessado o oceano".
200 "Uma morte indigna impediu Tibério Graco, que governava a República, de fazê-lo por mais tempo. A Caio Graco proporcionou-se morte semelhante, que, de súbito, arrancou do seio da cidade homem tão zeloso da República. Saturnino, com a confiança traída pela perfídia dos maus, foi criminosamente privado da

Um terceiro tipo reside na troca de caso de um ou mais nomes. **[31]** De um só nome, assim: *"Alexander Macedo summo labore animum ad uirtutem a pueritia confirmauit. Alexandri uirtutes per orbem terrae cum laude et gloria uulgatae sunt. Alexandrum omnes maxime metuerunt, idem plurimum dilexerunt. Alexandro si uita data longior esset, trans Oceanum Macedonum transuolassent sarisae".*[199] Aqui, apenas um nome foi alterado pela mudança de caso. Vários nomes em casos diferentes resultarão numa agnominação como esta: *"Tiberium Graccum rem publicam administrantem prohibuit indigna nex diutius in eo commorari. Gaio Gracco similis occisio est oblata, quae uirum rei publicae amantissimum subito de sinu ciuitatis eripuit. Saturninum fide captum malorum perfidia per scelus uita priuauit. Tuus, o Druse, sanguis domesticos parietes et uultum parentis aspersit. Sulpicio, cui paulo ante omnia concedebant, eum breui spatio non modo non uiuere, sed etiam sepeliri prohibuerunt".*[200]

**[32]** Esses três últimos tipos de ornamento, que se encontram, o primeiro, em desinências de caso iguais, o segundo, em palavras de mesma terminação e o terceiro na agnominação, devem ser usados muito raramente quando discursamos de fato, pois deixam ver que não podem ser obtidos sem elaboração e empenho, **XXIII.** trabalho que parece mais adequado ao deleite do que à verdade.[201] A fé, a gravidade e a severidade oratórias são diminuídas

---

vida. O teu sangue, ó Druso, salpicou as paredes de tua casa e o rosto de teu pai. A Sulpício, a quem pouco antes tudo concediam, em pouco tempo, privaram não apenas da vida como também da sepultura".

201 O uso excessivo desses ornamentos que visam à harmonia sonora é pouco adequado à *verdade*, ou seja, ao uso civil da oratória no fórum e nas assembleias, porque deixam transparecer o trabalho de preparação do discurso. Ao "discurso de verdade" opõem-se os discursos do gênero demonstrativo e os exercícios escolares chamados *progymnásmata*. Aqueles não precisam esconder o artifício, porque visam ao deleite, que se alcança justamente quando o ouvinte reconhece o artifício; estes não precisam escondê-lo, porque não são dircursos de fato, mas imitações de discursos por meio das quais os alunos aprendem a mestria da arte.

tollitur auctoritas dicendi, sed offenditur quoque in eiusmodi oratione, propterea quod est in his lepos et festiuitas, non dignitas neque pulcritudo. Quare, quae sunt ampla atque pulcra, diu placere possunt; quae lepida et concinna, cito satietate adficiunt aurium sensum fastidiosissimum. Quomodo igitur, si crebro his generibus utemur, puerili uidemur elocutione delectari, item, si raro interseremus has exornationes et in causa tota uarie dispergemus, commode luminibus distinctis inlustrabimus orationem.

[33]   Subiectio est, cum interrogamus aduersarios aut quaerimus ipsi, quid ab illis aut quid contra nos dici possit; dein subicimus id, quod oportet dici aut non oportet, aut nobis adiumento futurum sit aut offuturum sit idem contrario, hoc modo: "quaero igitur, unde iste tam pecuniosus factus sit. Amplum patrimonium relictum est? At patris bona uenierunt. Hereditas aliqua uenit? Non potest dici; sed etiam a necessariis omnibus exhereditatus est. Praemium aliquod ex lite aut iudicio cepit? Non modo id non fecit, sed etiam insuper ipse grandi sponsione uictus est. Ergo, si his rationibus locupletatus non est, sicut omnes uidetis, aut isti domi nascitur aurum, aut, unde non est licitum, pecunias cepit". **XXIV.** Item: "saepe, iudices, animum aduerti multos aliqua ex honesta re, quam ne inimici quidem criminari possint, sibi praesidium petere. Quorum nihil potest aduersarius facere. Nam utrum ad patris sui uirtutem confugiet? At eum uos iurati capite damnastis. An ad suam uitam reuertetur? Quam uitam aut ubi honeste tractatam? Nam hic quidem ante oculos uestros quomodo uixerit, scitis omnes. At cognatos suos enumerabit, quibus uos conueniat commoueri. At hi quidem nulli sunt. Amicos proferet. At nemo est, qui sibi non

202 É interessante notar, ainda, a oposição entre duas séries de virtudes da elocução, uma pertinente à figura atenuada, outra à figura grave. De um lado, lepidez, festividade e harmonia; do outro, dignidade, beleza e grandiosidade. Essas últimas configuram para o orador um *êthos* de homem confiável, grave e sério que garante a autoridade do discurso. As primeiras, ao contrário, porque têm graça e leveza, podem não só minar essa autoridade como também causar

pelo acúmulo desses ornamentos, que não só tiram a autoridade do discurso, como até mesmo enfastiam, pois têm lepidez e festividade, não dignidade e beleza. O que é grandioso e belo agrada por mais tempo, o que é lépido e harmônico satura rapidamente o ouvido, sentido que tão fácil se entedia. Se usarmos, pois, desses ornatos com frequência, parecerá que nos deleitamos com uma elocução pueril; no entanto, se os inserirmos com parcimônia e os distribuirmos variados por toda a causa, abrilhantaremos convenientemente o discurso com luzes distintas.[202]

[33]   Na **subjeção**,[203] nos perguntamos a respeito dos adversários ou de nós mesmos o que pode ser dito em favor deles ou contra nós e sugerimos, em resposta, o que deve ser dito e o que não deve, o que nos auxiliará ou, em contrapartida, os prejudicará, deste modo: "pergunto, pois, como se tornou tão rico? Foi-lhe deixado tamanho patrimônio? Mas os bens do pai foram vendidos. Recebeu alguma herança? Não se pode dizer isso, pois foi deserdado por todos os parentes. Ganhou algum dinheiro em litígio ou juízo? Não só isso não aconteceu, como ainda foi obrigado a pagar uma grande soma ao perder uma causa. Portanto, se não enriqueceu por esses meios, como vedes, ou em sua casa brota ouro, ou obteve dinheiro de fonte ilícita". **XXIV.** Também: "com frequência, juízes, tenho visto muitos buscarem defesa em algum feito honesto que nem os inimigos poderiam negar. Nada disso pode fazer o adversário. Acaso se refugiará na virtude do pai? Mas ao pai, vós, sob juramento, condenastes à morte. Recorrerá ao testemunho de sua vida? Mas que vida? E onde foi vivida honestamente? Pois todos vós sabeis como viveu, aqui mesmo, diante de vossos olhos. Enumerará seus familiares, com os quais possa comover-vos? Mas não os tem. Mencionará amigos? Mas não há quem não considere

---

fastio; por isso se recomenda usar com parcimônia os ornamentos que as produzem. Pensemos, a título de exemplo, nas rimas infantis das parlendas.
203   *Eperótesis* (Anderson Jr. 2000: 51-II), *hypophorá* (Anderson Jr. 2000: 124).

turpe putet istius amicum nominari". Item: "credo, inimicum, quem nocentem putabas, in iudicium adduxisti? Non: nam indemnatum necasti. Leges, quae id facere prohibent, ueritus? At ne scriptas quidem iudicasti. Cum ipse te ueteris amicitiae commonefaceret, commotus es? At nihilominus, sed etiam studiosius occidisti. Quid? Cum tibi pueri ad pedes uolutarentur, misericordia motus es? At eorum patrem crudelissime sepultura quoque prohibuisti".

[34]   Multum inest acrimoniae et grauitatis in hac exornatione, propterea quod, cum quaesitum est, quid oporteat, subicitur id non esse factum. Quare facillime fit, ut exaugeatur indignitas negotii.

Ex eodem genere, ut ad nostram quoque personam referamus subiectionem, sic: "nam quid me facere conuenit, cum a tanta Gallorum multitudine circumsederer? Dimicarem? At cum parua manu tum prodiremus: locum quoque inimicissimum habebamus. Sederem in castris? At neque subsidium, quod expectarem, habebamus, neque erat, qui uitam produceremus. Castra relinquerem? At obsidebamur. Vitam militum neglegerem? At eos uidebar ea accepisse condicione, ut eos, quoad possem, incolumis patriae et parentibus conseruarem. Hostium condicionem repudiarem? At salus antiquior est militum quam inpedimentorum". Eiusmodi consequuntur identidem subiectiones, ut ex omnibus ostendi uideatur nihil potius, quam quod factum sit, faciundum fuisse.

XXV. Gradatio est, in qua non ante ad consequens uerbum descenditur, quam ad superius ascensum est, hoc modo: "nam quae reliqua spes manet libertatis, si illis et quod libet, licet; et quod licet, possunt; et quod possunt, audent; et quod audent, faciunt; et quod faciunt, uobis molestum non est?". Item: "non sensi hoc, et non suasi; neque suasi, et non ipse facere statim coepi; neque

---

204 *Epoikodómesis* (Anderson Jr. 2000: 57), *klîmax* (Anderson Jr. 2000: 69). Nas gramáticas e estilísticas do português, a denominação *gradação* ou *clímax* corresponde a outro ornamento, uma lista de palavras que intensifica gradativamente uma ideia (um *sema*); ao passo que o ornamento aqui descrito costuma ser classificado como *anadiplose*; a *anadiplose*, no entanto, pode ocorrer como uma

torpe ser chamado seu amigo". Ou ainda: "levaste à justiça o inimigo que consideravas culpado? Não, mataste-o sem julgamento. Temeste as leis que proíbem tal ato? Pelo contrário, agiste como se não tivessem sido escritas. Quando ele te fez lembrar a antiga amizade, te comoveste? De modo algum, mataste-o ainda com mais ímpeto. E quando seus filhos caíram a teus pés, foste movido à misericórdia? Qual o quê! Proibiste cruelmente até mesmo a sepultura do pai".

[34] Há muita acrimônia e gravidade nesse ornamento, pois, ao perguntar o que conviria ocorrer, subentende-se que aquilo não aconteceu. Assim, conseguimos com muito mais facilidade aumentar a indignidade das ações.

Há ainda este outro tipo, para aplicarmos a subjeção também a nossa pessoa: "pois o que poderia fazer, cercado por tamanha multidão de gauleses? Lutar? Mas então avançaríamos com pouquíssimos homens e, além disso, nossa posição era extremamente desfavorável. Permanecer no acampamento? Mas não esperávamos nenhum reforço, nem tínhamos víveres para nos manter. Deixar o acampamento? Mas estávamos sitiados. Pôr a vida dos soldados a perder? Mas entendia tê-los recebido na condição de que os mantivesse sãos e salvos, o quanto pudesse, para a pátria e os pais. Rejeitar a condição imposta pelo inimigo? Mas a salvação dos soldados precede à das bagagens". Dessa sucessão de subjeções resulta parecer evidente que nada do que foi indagado teria sido preferível ao que, de fato, se fez.

XXV. A **gradação**[204] é o ornamento que faz com que não passemos à palavra seguinte, sem antes voltar à anterior, deste modo: "que esperança de liberdade ainda resta se o que lhes apraz é permitido; o que é permitido, podem; o que podem, ousam; o que ousam, fazem; e o que fazem não vos desagrada?". Ou também:

---

repetição única, não resultando em encadeamento progressivo das palavras. A despeito da ambiguidade, traduzimos por *gradação* porque o nome latino da figura é *gradatio*.

facere coepi, et non perfeci; neque perfeci, et non probaui". Item: "Africano uirtutem industria, uirtus gloriam, gloria aemulos conparauit". Item: "imperium Graeciae fuit penes Athenienses, Atheniensium potiti sunt Spartiatae, Spartiatas superauere Thebani, Thebanos Macedones uicerunt, qui ad imperium Graeciae breui tempore adiunxerunt Asiam bello subactam".

[35] Habet in se quendam leporem superioris cuiusque crebra repetitio uerbi, quae propria est huius exornationis.

Definitio est, quae rei alicuius proprias amplectitur potestates breuiter et absolute, hoc modo: "maiestas rei publicae est, in qua continetur dignitas et amplitudo ciuitatis". Item: "iniuriae sunt, quae aut pulsatione corpus aut conuicio auris aut aliqua turpitudine uitam cuiuspiam uiolant". Item: "non est ista diligentia, sed auaritia, ideo quod diligentia est adcurata conseruatio suorum, auaritia iniuriosa adpetitio alienorum". Item: "non est ista fortitudo, sed temeritas, propterea quod fortitudo est contemptio laboris et periculi cum ratione utilitatis et conpensatione commodorum, temeritas est cum inconsiderata dolorum perpessione gladiatoria periculorum susceptio". Haec ideo commoda putatur exornatio, quod omnem rei cuiuspiam uim et potestatem ita dilucide proponit et breuiter, ut neque pluribus uerbis oportuisse dici uideatur neque breuius potuisse dici putetur.

**XXVI.** Transitio uocatur, quae cum ostendit breuiter, quid dictum sit, proponit item breui, quid consequatur, hoc pacto: "Modo in patriam cuiusmodi fuerit, habetis: nunc in parentes qualis extiterit, considerate". Item: "mea in istum beneficia cognoscitis; nunc, quomodo iste mihi gratiam retulerit, accipite". Proficit haec aliquantum exornatio ad duas res: nam et quid dixerit commonet et ad reliquum conparat auditorem.

---

205 *Horísmos* (Anderson Jr. 2000: 84).

"não concebi isso sem recomendar, nem recomendei sem imediatamente me pôr a fazer; nem me pus a fazer sem levar a cabo; nem levei a cabo sem aprovar". Ainda: "a Africano a dedicação trouxe virtude; a virtude, glória; a glória, êmulos". Ou: "o poder na Grécia esteve nas mãos dos atenienses; os atenienses foram dominados pelos espartanos; os espartanos foram vencidos pelos tebanos; os tebanos, derrotados pelos macedônios, que em pouco tempo subjugaram a Ásia e anexaram-na ao império grego".

[35] Possui certa lepidez a constante repetição da palavra anterior, que é própria desse ornamento.

A **definição**[205] abarca, de modo breve e completo, as características próprias de certa coisa, desta maneira: "a soberania da República é aquilo que sustenta a dignidade e a grandeza do Estado". Ou: "injúria é o que agride o corpo de alguém com pancada, o ouvido com insulto, a reputação com alguma torpeza". Ou: "isso não é parcimônia, e sim cobiça, pois parcimônia é o cuidado em conservar o que é seu; cobiça é o desejo iníquo do que é alheio". Ou: "isso não é coragem, mas temeridade, pois coragem é o desprezo ao sofrimento e ao perigo visando a utilidade e calculando as vantagens; temeridade é assumir riscos como um gladiador, sofrendo a dor irrefletidamente". Esse ornamento é considerado conveniente, porque apresenta tão clara e brevemente a natureza e as propriedades das coisas, que acrescentar qualquer palavra pareceria desnecessário e dizê-lo de modo mais breve, impossível.

**XXVI.** Chama-se **transição**[206] o ornamento que menciona brevemente o que foi dito e anuncia, com igual brevidade, o que se seguirá, deste modo: "contei-vos como ele se portou com relação à pátria, agora vede como se mostrou com seus pais". Ou: "conheceis meus favores a ele; ouvi, agora, como me retribuiu". Esse ornamento é proveitoso de dois modos: adverte o ouvinte do que foi dito e prepara-o para o que se seguirá.

206 *Metábasis* (Anderson Jr. 2000: 70).

[36]     Correctio est, quae tollit id, quod dictum est, et pro eo id, quod magis idoneum uidetur, reponit, hoc pacto: "quodsi iste suos hospites rogasset, immo innuisset modo, facile hoc perfici posset". Item: "nam postquam isti uicerunt atque adeo uicti sunt –, eam quomodo uictoriam appellem, quae uictoribus plus calamitatis quam boni dederit?". Item: "o uirtutis comes inuidia, quae bonos sequeris plerumque atque adeo insectaris!". Commouetur hoc genere animus auditoris. Res enim communi uerbo elata leuis tantummodo dicta uidetur; ea post ipsius oratoris correctionem insignior magis idonea fit pronuntiatione. "Non igitur satius esset", dicet aliquis, "ab initio, praesertim cum scribas, ad optimum et lectissimum uerbum deuenire?". Est, cum non est satius, si commutatio uerbi id erit demonstratura, eiusmodi rem esse, ut, cum eam communi uerbo appellaris, leuius dixisse uidearis, cum ad electius uerbum accedas, insigniorem rem facias. Quodsi continuo uenisses ad id uerbum, nec rei nec uerbi gratia animaduersa esset.

[37]     XXVII. Occultatio est, cum dicimus nos praeterire aut non scire aut nolle dicere id, quod nunc maxime dicimus, hoc modo: "nam de pueritia quidem tua, quam tu omnium intemperantiae addixisti, dicerem, si hoc tempus idoneum putarem: nunc consulto relinquo; et illud praetereo, quod te tribuni rei militaris infrequentem tradiderunt; deinde quod iniuriarum satis fecisti L. Labeoni, nihil ad hanc rem pertinere puto. Horum nihil dico: reuertor ad illud, de quo iudicium est". Item: "non dico te ab sociis pecunias cepisse; non sum in eo occupatus, quod ciuitates, regna, domos omnium depeculatus es; furta, rapinas omnes tuas omitto". Haec utilis est exornatio, si aut ad rem quam non pertineat aliis ostendere, quod occulte admonuisse prodest aut longum est aut ignobile aut

---

207 *Epanórthosis* (Anderson Jr. 2000: 50), *metabolé* (Anderson Jr. 2000: 71). Na nomenclatura estilística portuguesa, *retificação* ou *correção*.
208 *Paráleipsis* (Anderson Jr. 2000: 88). Na nomenclatura estilística portuguesa, *preterição*.

[36]     A **correção**[207] retira aquilo que foi dito e, em seu lugar, oferece algo que pareça mais apropriado, desta maneira: "se tivesse pedido aos seus anfitriões, ou tão somente sugerido, facilmente aquilo teria se realizado". Ou: "após vencerem, ou melhor diria, serem vencidos – pois como chamar de vitória o que trouxe aos vencedores mais desgraças que benefícios?". Ou: "Ó, inveja! – companheira da virtude – costumas seguir, mais do que isso, perseguir os homens bons!". O ânimo do ouvinte comove-se com esse tipo de ornamento, pois algo que, expresso com uma palavra comum, pareceria simplesmente mencionado, após a correção do próprio orador torna-se mais adequado na pronunciação. "Não seria preferível, então," – dirá alguém – "sobretudo quando se escreve, buscar, de início, a palavra excelente e mais bem escolhida?". Por vezes, isso não é preferível, por exemplo, quando a troca de palavra servir para demonstrar que a coisa é tal que, nomeada com uma palavra comum, pareça dita à toa; mas, recorrendo-se à palavra mais bem escolhida, sua importância seja realçada. Se de pronto tivéssemos usado a melhor palavra, não se notaria o acerto nem da palavra, nem da coisa.

[37]     XXVII. No **ocultamento**,[208] dizemos que não vamos falar, ou que não sabemos, ou que não queremos dizer, exatamente aquilo de que já estamos falando, assim: "eu falaria de tua juventude, que devotaste a todo tipo de excessos, se julgasse o momento adequado. Por ora, prefiro deixar isso de lado. E, também, omitirei o fato de que os tribunos reportam tua pouca assiduidade no serviço militar. Enfim, não interessa a este caso que tiveste de prestar contas a Lucio Labeão por tuas injúrias. Nada direi sobre essas coisas, limito-me àquilo que está em julgamento". Ou: "não menciono o fato de teres recebido dinheiro dos aliados. Não me ocupo de teres pilhado as cidades, os reinos e as casas de todos; omito os teus furtos, todas as tuas rapinas". Esse ornamento é útil se algo, que não é pertinente expor aos outros, puder trazer vantagem quando referido dissimuladamente, ou quando a exposição tenha sido demasiado longa ou ignóbil, ou não possa ser

planum non potest fieri aut facile potest reprehendi, ut utilius sit occulte fecisse suspicionem, quam eiusmodi intendisse orationem, quae redarguatur.

Disiunctum est, cum eorum, de quibus dicimus, aut utrumque aut unum quodque certo concluditur uerbo, sic: "Populus Romanus Numantiam deleuit, Kartaginem sustulit, Corinthum disiecit, Fregellas euertit. Nihil Numantinis uires corporis auxiliatae sunt, nihil Kartaginiensibus scientia rei militaris adiumento fuit, nihil Corinthis erudita calliditas praesidii tulit, nihil Fregellanis morum et sermonis societas opitulata est". Item: "formae dignitas aut morbo deflorescit aut uetustate extinguitur". Hic utrumque, in superiore exemplo unam quamque rem certo uerbo concludi uidemus.

[38]   Coniunctio est, cum interpositione uerbi et superiores partes orationis conprehenduntur et inferiores, hoc modo: "formae dignitas aut morbo deflorescit aut uetustate".

Adiunctio est, cum uerbum, quo res conprehenditur, non interponimus, sed aut primum aut postremum conlocamus. Primum hoc pacto: "deflorescit formae dignitas aut morbo aut uetustate". Postremum sic: "aut morbo aut uetustate formae dignitas deflorescit".

Ad festiuitatem disiunctio est adposita: quare rarius utemur, ne satietatem pariat; ad breuitatem coniunctio: quare saepius adhibenda est. Hae tres exornationes de simplici genere manant.

XVIII. Conduplicatio est cum ratione amplificationis aut commiserationis eiusdem unius aut plurium uerborum iteratio, hoc modo: "tumultus, Gai Gracce, tumultus domesticos et intestinos conparas!". Item: "commotus non es, cum tibi pedes mater amplexaretur, non es commotus?". Item: "nunc audes etiam uenire in horum conspectum, proditor patriae? Proditor, inquam, patriae,

---

209   *Diezeugménon* (Anderson Jr. 2000: 35).
210   *Synezeugménon* (Anderson Jr. 2000: 50, 112).
211   *Epezeugménon* (Anderson Jr. 2000: 50).

demonstrada, ou possa ser facilmente contestada, de modo que levantar a suspeita, indiretamente, seja mais proveitoso do que insistir num discurso que seria refutado.

Há **disjunção**[209] quando as coisas de que falamos dividem-se em duas ou mais partes, cada uma concluída com determinado verbo, assim: "pelo povo romano, Numância foi destruída, Cartago subjugada, Corinto arruinada, Fregelas derrubada. Aos numâncios, a força do corpo de nada serviu; aos cartagineses, a ciência militar de nada ajudou; aos coríntios, a hábil engenhosidade em nada socorreu; aos fregelanos, a língua e os costumes em comum em nada auxiliaram". Ou: "com a doença, a beleza física murcha e, com a velhice, morre". Nesse exemplo, ambas as partes; no anterior, todas elas são concluídas por um verbo preciso.

[38] Na **conjunção**[210], a primeira e a segunda parte de uma oração são unidas pela mediação de um verbo, desta maneira: "a beleza física, ou com a doença, murcha, ou com a velhice".

Na **adjunção**,[211] o verbo que une as partes não é posto no meio, mas no início ou no final. No início: "murcha a beleza física, ou com a doença, ou com a velhice". No final: "a beleza física, ou com a doença, ou com a velhice, murcha".

A disjunção presta-se à festividade, por isso a empregamos mais raramente para não causar fastio; a conjunção, à brevidade, por isso é admitida com mais frequência. Esses três ornamentos derivam de um único tipo.[212]

XXVIII. A **reduplicação**[213] é a repetição de uma ou mais palavras para amplificar ou levar à comiseração, deste modo: "desordem, Caio Graco, desordem civil e interna é o que promoves!". Ou ainda: "não te comoveste quando a mãe te agarrou os joelhos, não te comoveste?". E, também: "agora ousas até mesmo aparecer perante estes homens, traidor da pátria? Sim, traidor da pátria,

---

212 São três variações do *zêugma* (Anderson Jr. 2000: 60).
213 *Anadíplosis* (Anderson Jr. 2000: 18).

uenire audes in horum conspectum?". Vehementer auditorem commouet eiusdem redintegratio uerbi et uulnus maius efficit in contrario causae, quasi aliquod telum saepius perueniat in eandem partem corporis.

Interpretatio est, quae non iterans idem redintegrat uerbum, sed id commutat, quod positum est, alio uerbo, quod idem ualeat, hoc modo: "rem publicam radicitus euertisti, ciuitatem funditus deiecisti". Item: "patrem nefarie uerberasti, parenti manus scelerate attulisti". Necessum est eius, qui audit, animum commoueri, cum grauitas prioris dicti renouatur interpretatione uerborum.

[39] Commutatio est, cum duae sententiae inter se discrepantes ex traiectione ita efferuntur, ut a priore posterior contraria priori proficiscatur, hoc modo: "esse oportet, ut uiuas, non uiuere, ut edas". Item: "ea re poemata non facio, quia, cuiusmodi uolo, non possum, cuiusmodi possum, nolo". Item: "quae de illo dici possunt, non dicuntur, quae dicuntur, dici non possunt". Item: "poema loquens pictura, pictura tacitum poema debet esse". Item: "si stultus es, ea re taceas: non tamen si taceas, ea re stultus es". Non potest dici, quin commode fiat, cum contrariae sententiae relatione uerba quoque conuertantur. Plura subiecimus exempla, ut, quoniam difficile est hoc genus exornationis inuentu, dilucidum esset, ut, cum bene esset intellectum, facilius in dicendo inueniretur.

XXIX. Permissio est, cum ostendemus in dicendo nos aliquam rem totam tradere et concedere alicuius uoluntati, sic: "quoniam omnibus rebus ereptis solum mihi superest animus et corpus, haec ipsa, quae mihi de multis sola relicta sunt, uobis et uestrae condono potestati. Vos me uestro quo pacto uobis uidebitur utamini

---

214 *Synonymía* (Anderson Jr. 2000: 114). Observando os exemplos, nota-se que o ornamento não se restringe à substituição de apenas uma palavra no interior da frase, mas estende-se a todas elas. Uma vez que não há sinônimos absolutos, a escolha de uma palavra em lugar de outra implica uma interpretação.

ousas aparecer perante estes homens?". A reiteração da palavra comove fortemente os ouvintes e fere sobremaneira a parte contrária, como se um punhal perfurasse diversas vezes a mesma parte do corpo.

A **interpretação**[214] não reitera a mesma palavra com a repetição, mas substitui a que foi usada por outra de igual valor, assim: "abateste a República pela raiz, arruinaste o Estado desde os alicerces". Ou: "agrediste abominavelmente o pai, levantaste criminosamente a mão contra o genitor". O ânimo dos ouvintes necessariamente se comove quando a gravidade do que foi dito antes é renovada pela interpretação das palavras.

[39] Na **comutação**,[215] dois pensamentos discrepantes entre si são expressos por meio de uma transposição, de tal modo que o segundo derive do primeiro, contradizendo-o. Assim: "é preciso comer para viver, não viver para comer". Também: "por isso não faço poemas, porque como quero não posso, como posso não quero". Ou: "as coisas que dizem dele não podem ser ditas; as que podem ser ditas, não dizem". Ainda: "o poema deve ser uma pintura que fala, a pintura deve ser um poema mudo". Por fim: "se és estúpido, por isso calas; mas se calas, nem por isso és estúpido". Não se pode negar a conveniência de justapor pensamentos contrários com palavras também permutadas. Já que esse tipo de ornamento é difícil de inventar, ofereci vários exemplos para torná-lo claro, de modo que, bem compreendido, seja mais fácil encontrá-lo ao discursar.

XXIX. Na **permissão**,[216] mostramos, ao discursar, que confiamos e submetemos algo inteiramente à vontade de alguém, assim: "já que despojado de todas as coisas, só me restam o ânimo e o corpo, essas coisas que, de tantas outras, foram as únicas que me restaram, a vós e a vosso poder entrego. Podeis usar e abusar de mim como

---

215 *Antimetabolé* (Anderson Jr. 2000: 22).
216 *Epitropé* (Anderson Jr. 2000: 54).

atque abutamini licebit; inpunite in me quidlibet statuite; dicite atque innuite: parebo". Hoc genus tametsi alias quoque nonnumquam tractandum est, tamen ad misericordiam commouendam uehementissime est adcommodatum.

**[40]** Dubitatio est, cum quaerere uideatur orator, utrum de duobus potius aut quid de pluribus potissimum dicat, hoc modo: "offuit eo tempore plurimum rei publicae consulum siue stultitiam siue malitiam dicere oportet siue utrumque". Item: "tu istuc ausus es dicere, homo omnium mortalium – quonam te digno moribus tuis appellem nomine?".

Expeditio est, cum rationibus conpluribus enumeratis quibus aliqua res confieri potuerit, ceterae tolluntur, uma relinquitur, quam nos intendimus, hoc modo: "necesse est, cum constet istum fundum nostrum fuisse, ostendas te aut uacuum possedisse, aut usu tuum fecisse, aut emisse, aut hereditati tibi uenisse. Vacuum, cum ego adessem, possidere non potuisti; usu tuum etiam nunc fecisse non potes; emptio nulla profertur; hereditati tibi me uiuo mea pecunia uenire non potuit: relinquitur ergo, ut me ui de meo fundo deieceris". **[41]** Haec exornatio plurimum iuuabit coniecturalis argumentationes. Sed non erit, tamquam in plerisque, ut, cum uelimus, ea possimus uti: nam fere non poterimus, nisi nobis ipsa negotii natura dabit facultatem.

**XXX.** Dissolutum est, quod, coniunctionibus uerborum e medio sublatis, separatis partibus effertur, hoc modo: "gere morem parenti, pare cognatis, obsequere amicis, obtempera legibus". Item: "descende in integram defensionem, noli quicquam recusare; da seruos in quaestionem, stude uerum inuenire". Hoc genus et acrimoniam habet in se et uehementissimum est et ad breuitatem adcommodatum.

Praecisio est, cum dictis quibus reliquum, quod coeptum est dici, relinquitur inchoatum, sic: "mihi tecum par certation non

---

217 *Aporía* (Anderson Jr. 2000: 24), *diapóresis* (Anderson Jr. 2000: 34). Esse recurso é conhecido em português como *aporia* ou *hesitação calculada*.
218 *Diaíresis* (Anderson Jr. 2000: 32-I).

vos aprouver. Determinai, impunemente, o que quiserdes contra mim; dizei e obedecerei". Esse tipo de ornamento, embora também possa ser usado em outras ocasiões, é oportuno para provocar a misericórdia com muita veemência.

[40] Na **dubitação**,²¹⁷ o orador parece procurar, entre duas ou mais opções, o que é preferível dizer, desta maneira: "naquela época, vários cônsules – por estupidez, por malícia, ou, devo dizer, por ambas? – prejudicaram a República". Também: "ousaste dizer isso, tu, de todos os homens o mais... de que nome posso chamar-te que seja digno dos teus hábitos?".

Na **expediência**,²¹⁸ enumerados os muitos meios pelos quais algo poderia ter sido feito, eliminam-se todos; resta um, aquele que nos interessa, assim: "é preciso que mostres, uma vez que consta que esta propriedade foi minha, ou que a ocupaste vazia, ou que a tornaste pelo uso, ou que a compraste, ou que a recebeste em herança. Não a ocupaste vazia, pois eu estava lá; pelo uso, ainda não seria tua; nenhum contrato de venda foi apresentado; por herança, estando eu vivo, não poderias receber um bem meu. Resta, portanto, que me tenhas expulsado à força de minha propriedade". [41] Esse ornamento será de muita ajuda nas argumentações conjecturais, mas na maioria dos casos não poderemos usá-lo quando quisermos, apenas quando a natureza do assunto facultar.

XXX. O **desligamento**²¹⁹ produz partes separadas, pois suprime as conjunções que unem as palavras, deste modo: "compraz a teus pais, sê disponível aos parentes, consente com os amigos, segue as leis". Ou: "recorre a uma defesa completa, de nada te esquivas, oferece os escravos à inquirição, empenha-te em descobrir a verdade". Esse tipo de ornamento tem em si acrimônia e veemência, além de ser propício à brevidade.

Na **rescisão**,²²⁰ depois de dizer algumas coisas que carecem de complemento, deixa-se inacabado o que se começou a dizer,

---

219 *Asýndeton, diálysis* (Anderson Jr. 2000: 26, 33).
220 *Aposiópesis* (Anderson Jr. 2000: 24).

est, ideo quod populus Romanus me – nolo dicere, ne cui forte adrogans uidear: te autem saepe ignominia dignum putauit". Item: "Tu istuc audes dicere, qui nuper alienae domi – non ausim dicere, ne, cum te digna dicerem, me indignum quippiam dixisse uidear". Hic atrocior tacita suspicio, quam diserta explanatio facta est.

Conclusio est, quae breui argumentatione ex iis, quae ante dicta sunt aut facta, conficit, quid necessario consequatur, hoc modo: "quodsi Danais datum erat oraculum non posse capi Troiam sine Philoctetae sagittis, haec autem nihil aliud fecerunt, nisi Alexandrum perculerunt, hunc extinguere, id nimirum capi fuit Troiam".

[42]  XXXI. Restant etiam decem exornationes uerborum, quas idcirco non uage dispersimus, sed a superioribus separauimus, quod omnes in uno genere sunt positae. Nam earum omnium hoc proprium est, ut ab usitata uerborum potestate recedatur atque in aliam rationem cum quadam uenustate oratio conferatur.

De quibus exornationibus nominatio est prima, quae nos admonet, ut, cuius rei nomen aut non sit aut satis idoneum non sit, eam nosmet idoneo uerbo nominemus aut imitationis aut significationis causa: imitationis, hoc modo, ut maiores rudere et mugire et murmurari et sibilare appellarunt; significandae rei causa, sic: "postquam iste in rem publicam fecit impetum, fragor ciuitatis in primis".

---

221 Calboli ([1969] 1993) e Anderson Jr. (2000), que procuraram correspondentes gregos para os ornatos elencados na *Retórica a Herênio*, não associaram à conclusão um nome grego. Caplan ([1954] 1999: 331) compara-a ao *sympérasma*, a conclusão de um silogismo lógico. Na *Retórica a Herênio*, no entanto, a "conclusão" de um argumento é chamada *complexão* (2.28). Fala-se, ainda, de uma dupla conclusão viciosa (2.24 e 2.38), que Caplan traduz por *dílemma*. Também se dá o nome *conclusão* à última das seis partes do discurso (1.3–4), explicitamente equiparada aos *epílogoi* gregos em 2.30 e 2.47.
222 O Alexandre em questão é Páris, pivô da guerra de Troia. Filoctetes matou Páris com o arco e a flecha de Hércules, realizando, assim, a profecia mencionada nessas linhas.
223 Trata-se daquilo que Quintiliano chama de *tropo*: "[...] a transposição da significação natural e principal de uma fala para outra em razão de ornamentar o

deste modo: "não seria justa uma disputa entre mim e ti, pois o povo romano a mim... prefiro não dizer, para não correr o risco de parecer arrogante, mas a ti, sempre julgaram merecedor do opróbrio". Também: "ousas dizer isso, tu que recentemente em outra casa... não me atreveria a dizer, para que ao falar o que é digno de ti, não pareça dizer algo indigno de mim". Aqui, a suspeita, calada, consegue ser mais atroz do que a exposição loquaz.

A **conclusão**,[221] com uma breve argumentação, produz o que é necessário que se deduza a partir das coisas ditas ou feitas anteriormente, deste modo: "porque, se o oráculo havia revelado aos dânaos que Troia não poderia ser tomada sem as flechas de Filoctetes, e essas só fizeram derrotar Alexandre,[222] então, aniquilá-lo foi, seguramente, derrubar Troia".

[42]   XXXI. Restam ainda dez ornamentos de palavras que não espalhei aqui e ali, mas separei dos anteriores, porque pertencem todos ao mesmo tipo. Com efeito, há algo comum a todos eles: o discurso afasta-se do domínio usual das palavras e, com certo encanto, é levado a outro registro.[223]

O primeiro desses ornamentos é a **nomeação**,[224] que nos convida, desde que uma coisa não tenha nome ou não o tenha bastante adequado, a nomeá-la para imitar ou significar, com palavra idônea. Para imitar, por exemplo, assim como nossos antepassados cunharam "roer", "mugir", "murmurar" e "sibilar". Para significar, por exemplo: "depois que irrompeu contra a República, ouviu-se logo o *fragor* da cidade".[225]

---

discurso ou, como definem muitos gramáticos, um dizer transposto do lugar em que é próprio para outro em que não é próprio" (*Instituição oratória* 9.1.4).
224   *Onomatopoiía* (Anderson Jr. 2000: 82). A *nomeação*, ou onomatopeia, é a produção de um neologismo a partir da reprodução aproximada, com os recursos de que a língua dispõe, de um som do mundo extralinguístico.
225   O neologismo em questão é o vocábulo *fragor*, imitação do barulho produzido por um objeto que se quebra (Ernout & Meillet 1951: 447). Sua mais antiga ocorrência escrita é justamente a que encontramos nessa passagem da *Retórica a Herênio: Postquam iste in rem publicam fecit impetum, fragor ciuitatem inprimis est auditus* (Vollmer 1921: 6.1.1233).

Hoc genere raro est utendum, sic ut ne noui uerbi adsiduitas odium pariat; sed si commode quis eo utatur et raro, non modo non offendet nouitate, sed etiam exornat orationem.

Pronominatio est, quae sicuti cognomine quodam extraneo demonstrat id, quod suo nomine non potest appellari; ut si quis, cum loquatur de Graccis: "at non Africani nepotes", inquiet, "istiusmodi fuerunt". Item si quis, de aduersario cum dicat: "videte nunc", inquit, "iudices, quemadmodum me Plagioxiphus iste tractarit". Hoc pacto non inornate poterimus, et in laudando et in laedendo, in corpore aut animo aut extraneis rebus dicere sic, uti cognomen quod pro certo nomine collocemus.

[43]    XXXII. Denominatio est, quae ab rebus propinquis et finitimis trahit orationem, qua possit intellegi res, quae non suo uocabulo sit appellata.

Id aut a superiore re conficitur, ut si quis, de Tarpeio loquens, eum Capitolinum nominet, [...] aut inuento, ut si quis pro Libero uinum, pro Cerere frugem appellet, [...]

Aut instrumento dominum, ut si quis Macedones appellarit hoc modo: "non tam cito sarisae Graeciae potitae sunt", aut idem Gallos significans: "nec tam facile ex Italia materis Transalpina depulsa est".

Aut id, quod fit, ab eo, qui facit, ut si quis, cum bello uelit ostendere aliquid quempiam fecisse, dicat: "Mars istuc te facere necessario coegit"; aut si, quod facit, ab eo, quod fit, ut cum desidiosam artem dicimus, quia desidiosos facit, et frigus pigrum, quia pigros efficit.

---

226  *Antonomasía* (Anderson Jr. 2000: 23). Antonomásia.
227  *Metonymía* (Anderson Jr. 2000: 77). Metonímia.
228  O Capitólio é a "acrópole" de Roma, situada sobre o Monte Tarpeio.

Esse ornamento deve ser utilizado raramente, para evitar que o acúmulo de palavras novas cause aversão. Se usado com adequação e parcimônia, a novidade não só não prejudica o discurso, como também o adorna.

A **pronominação**[226] demonstra, com o empréstimo de uma alcunha, aquilo que o nome próprio não consegue designar; como se, ao falar dos Gracos, alguém dissesse: "os netos de Africano não agiriam assim". Ou, ainda, se alguém, falando do adversário, dissesse: "vejam agora, juízes, de que modo esse golpista me tratou". Desse modo poderemos, não sem ornamento, no elogio ou no ultraje, falar a respeito do corpo, do ânimo, ou das circunstâncias externas, colocando essa espécie de alcunha no lugar do nome exato.

[43]     XXXII. A **transnominação**[227] tira de elementos próximos ou vizinhos uma expressão pela qual se pode compreender algo que não é chamado por seu próprio nome.

Isso se produz a partir do nome de algo que está em cima, como se falando do monte Tarpeio, alguém o denominasse Capitolino[228] [...][229] ou a partir do nome do inventor, como se alguém chamasse o "vinho" de "Líber" e os "grãos" de "Ceres"; [...][230]

Denominando o dono pelo instrumento, como se alguém chamasse os macedônios assim: "não tão rapidamente as *sarissas* se apoderaram da Grécia"; ou, do mesmo modo, se referisse aos gauleses: "nem tão facilmente a *matara* transalpina foi expulsa da Itália".

Denominando o efeito pela causa, como se, querendo mostrar que alguém fez algo na guerra, se dissesse: "Marte obrigou-te necessariamente a fazer isso"; ou, substituindo a causa pelo efeito, como quando falamos de uma arte indolente, porque produz indolentes; e do frio preguiçoso porque gera preguiçosos.

---

229   Texto corrompido.
230   Texto corrompido.

Ab eo, quod continet, id, quod continetur, hoc modo denominabitur: "armis Italia non potest uinci nec Graecia disciplinis" – nam hic pro Graecis et Italis, quae continent, notata sunt – ab eo, quod continetur, id, quod continet, ut si quis aurum aut argentum aut ebur nominet, cum diuitias uelit nominare.

Harum omnium denominationum magis in praecipiendo diuisio, quam in quaerendo difficilis inuentio est, ideo quod plena consuetudo est non modo poetarum et oratorum, sed etiam cottidiani sermonis huiusmodi denominationum.

Circumitio est oratio rem simplicem adsumpta circumscribens elocutione, hoc pacto: "scipionis prouidentia Kartaginis opes fregit".

Nam hic, nisi ornandi ratio quaedam esset habita, Scipio potuit et Kartago simpliciter appellari.

[44] Transgressio est, quae uerborum perturbat ordinem peruersione aut transiectione.

Peruersione, sic: "hoc uobis deos inmortales arbitror dedisse uirtute pro uestra".

Transiectione, hoc modo: "instabilis in istum plurimum fortuna ualuit. Omnes inuidiose eripuit bene uiuendi casus facultates".

Huiusmodi transiectio, quae rem non reddit obscuram, multum proderit ad continuationes, de quibus ante dictum est; in quibus oportet uerba sicuti ad poeticum quondam extruere numerum, ut perfecte et perpolitissime possint esse absolutae.

**XXXIII.** Superlatio est oratio superans ueritatem alicuius augendi minuendiue causa. Haec sumitur separatim aut cum conparatione. Separatim, sic: "quodsi concordiam retinebimus in ciuitate,

---

231 *Períphrasis* (Anderson Jr. 2000: 102). Perífrase.
232 *Hyperbatón* (Anderson Jr. 2000: 121). Ao contrário dos outros *tropos*, que operam transposições semânticas, no hipérbato a *transgressão* é sintática.
233 Ver *continuação* (*Retórica a Herênio* 4.27). Em português não é possível juntar as duas figuras, *continuação* e *transgressão* (hipérbato), pois a transposição sin-

O conteúdo será denominado pelo continente, assim: "não se pode vencer a Itália nas armas nem a Grécia nos estudos" – aqui, em vez de gregos e de italianos, nomeou-se o que os contém. O continente será denominado pelo conteúdo, por exemplo, se alguém falar ouro, prata e marfim, querendo dizer riqueza.

É mais difícil fazer a divisão de todas essas transnominações ao ensinar do que as encontrar quando buscamos, porque são de pleno uso, não só entre poetas e oradores, mas até mesmo na fala cotidiana.

A **circunlocução**[231] é o discurso usado para circundar uma coisa simples com a elocução, desta maneira: "a previdência de Cipião despedaçou o poder de Cartago".

Aqui, se não fosse em razão de ornar, seria possível dizer, simplesmente, "Cipião" e "Cartago".

[44] A **transgressão**[232] perturba a ordem das palavras por deslocamento ou transposição.

Por deslocamento, assim: "os deuses imortais penso que vos deram isso em razão da virtude vossa".

Por transposição, assim: "movediça, prevaleceu neste homem a fortuna. Do bem viver, o acaso roubou-lhe, invejosamente, todas as facilidades".

Uma transposição como essa, que não torna a matéria obscura, é muito útil às continuações,[233] de que já se falou, nas quais é necessário dispor as palavras de modo a obter certo ritmo poético, para que possam ter um arremate perfeito e muito polido.

XXXIII. A **superlação**[234] é um discurso que vai além da verdade para aumentar ou diminuir alguma coisa. Emprega-se isoladamente ou com a comparação. Separadamente, assim: "mas se mantivermos

---

tática necessariamente interrompe a continuidade do período, coisa que não acontece no latim, em virtude de as relações sintáticas serem marcadas não pela posição das palavras, mas por desinências casuais.

234 *Hyperbolé* (Anderson Jr. 2000: 122). Hipérbole.

imperii magnitudinem solis ortu atque occasu metiemur". Cum conparatione aut a sumilitudine aut a praestantia superlatio sumitur. A similitudine, sic: "corpore niueum candorem, aspectu igneum ardorem adsequebatur".

A praestantia, hoc modo: "cuius ore sermo melle dulcior profluebat". Ex eodem genere est hoc: "tantus erat in armis splendor, ut solis fulgor obscurius uideretur".

Intellectio est, cum res tota parua de parte cognoscitur aut de toto pars. De parte totum sic intellegitur: "non illae te nuptiales tibiae eius matrimonii commonebant?". Nam hic omnis sanctimonia nuptiarum uno signo tibiarum intellegitur.

De toto pars, ut si quis ei, qui uestitum aut ornatum sumptuosum ostentet, dicat: "Ostentas mihi diuitias et locupletes copias iactas".

[45] Ab uno plura hoc modo intellegentur: "Poeno fuit Hispanus auxilio, fuit inmanis ille Transalpinus, in Italia quoque nonnemo sensit idem togatus".

A pluribus unum sic intellegetur: "atrox calamitas pectora maerore pulsabat; itaque anhelans ex imis pulmonibus prae cura spiritus ducebat".

Nam in supere plures Hispani et Galli et togati, et hic unum pectus et unus pulmo intellegitur; et erit illic deminutus numerus festiuitatis, hic adauctus grauitatis gratia.

Abusio est, quae uerbo simili et propinquo pro certo et proprio abutitur, hoc modo: "vires hominis breues sunt"; aut: "parua statura"; aut: "longum in homine consilium"; aut: "oratio magna"; aut: "uti pauco sermone". Nam hic facile est intellectu finitima uerba rerum dissimilium ratione abusionis esse traducta.

---

235 *Synekdoché* (Anderson Jr. 2000: 112). Sinédoque.
236 Deve-se levar em conta que os romanos do século I AEC consideravam o pulmão como órgão constituído de uma só parte; logo, dizer "os pulmões" era usar o plural pelo singular, figurativamente.

a concórdia na Cidade, mediremos a vastidão do Império, donde o sol nasce até onde se põe". Com a comparação, a superlação é feita pela igualdade ou pela superioridade. Pela igualdade, assim: "o corpo era de níveo candor; o rosto, de ígneo ardor".

Pela superioridade, assim: "de cuja boca as palavras defluíam, mais doces que o mel". Do mesmo tipo é a seguinte: "tamanho esplendor das armas ofuscava o brilho do sol".

Há **intelecção**[235] quando se compreende o todo por uma pequena parte ou a parte, pelo todo. Entende-se o todo pela parte, assim: "aquelas flautas nupciais não te faziam lembrar teu matrimônio?". Com efeito, aqui, toda a sagração das núpcias compreende-se pelo único signo das flautas.

Entende-se a parte pelo todo, como se alguém dissesse a quem ostenta um traje ou aparato suntuoso: "exibes riquezas a mim e gabas tuas abundantes posses".

[45] Entende-se o plural pelo singular desta forma: "o púnico foi auxiliado pelo hispânico e pelo cruel transalpino; também na Itália não houve togado que não tivesse os mesmos sentimentos".

Pelo plural, entende-se o singular, assim: "uma infelicidade atroz pulsava em seus peitos com grande pesar, e assim, sem fôlego, respirava aflição desde o fundo dos pulmões".

No exemplo anterior, compreende-se que há muitos hispânicos, gauleses e togados; nesse, apenas um peito e apenas um pulmão;[236] naquele o número é diminuído em favor da festividade, nesse é aumentado em prol da gravidade.

A **abusão**[237] é o uso de palavra semelhante e aproximada em lugar do termo exato e próprio, deste modo: "a força do homem é breve", ou "pouca estatura", ou "homem de firme propósito", ou "discurso alto", ou "usar de conversa miúda". Aqui é fácil perceber que palavras próximas, mas próprias de coisas diferentes, foram transpostas abusivamente.

---

237 *Katáchresis* (Anderson Jr. 2000: 66). Catacrese.

**XXXIV.** Translatio est, cum uerbum in quandam rem transferetur ex alia re, quod propter similitudinem recte uidebitur posse transferri.

Ea sumitur rei ante oculos ponendae causa, sic: "hic Italiam tumultus expergefecit terrore subito".

Breuitatis causa, sic: "recens aduentus exercitus extinxit subito ciuitatem".

Obscenitatis uitandae causa, sic: "cuius mater cottidianis nuptiis delectetur".

Augendi causa, sic: "nullius maeror et calamitas istius explere inimicitias et nefariam crudelitatem saturare potuit".

Minuendi causa, sic: "magno se praedicat auxilio fuisse, quia paululum in rebus difficillimis aspirauit".

Ornandi causa, sic: "aliquando rei publicae rationes, quae malitia nocentium exaruerunt, uirtute optimatium reuirescent".

Translationem pudentem dicunt esse oportere, ut cum ratione in consimilem rem transeat, ne sine dilectu temere et cupide uideatur in dissimilem transcurrisse.

[46] Permutatio est oratio aliud uerbis aliud sententia demonstrans. Ea diuiditur in tres partes: similitudinem, argumentum, contrarium.

Per similitudinem sumitur, cum translationes plures frequenter ponuntur a simili oratione ductae, sic: "nam cum canes funguntur officiis luporum, cuinam praesidio pecuaria credemus?".

Per argumentum tractatur, cum a persona aut loco aut re aliqua similitudo augendi aut minuendi causa ducitur, ut si quis Drusum Graccum nitorem obsoletum dicat.

---

238 *Metaphorá* (Anderson Jr. 2000: 73). Metáfora.
239 *Allegoría* (Anderson Jr. 2000: 14). A definição aqui oferecida para a alegoria pode ser interpretada, em termos semióticos, como um descompasso entre o conteúdo da enunciação e o conteúdo do enunciado (Fiorin 1988: 58; Fiorin 2007: 16).

XXXIV. A **translação**[238] se dá quando a palavra é transferida de uma coisa a outra, porque, em razão da semelhança, parece possível transportá-la com acerto.

É utilizada para pôr algo diante dos olhos, assim: "esse tumulto fez a Itália despertar em súbito terror".

Para abreviar: "a recente chegada do exército extinguiu rapidamente a cidade".

Para evitar uma obscenidade: "cuja mãe se deleita em núpcias cotidianas".

Para amplificar: "não há sofrimento e desgraça que possa fartar o rancor e saciar a abominável crueldade deste homem".

Para minimizar: "gaba-se de ter sido de grande valia, pois, quando as coisas estavam pegando fogo, deu uma assopradinha".

Para ornamentar: "um dia os interesses da República, ceifados pela malícia dos perversos, reverdecerão graças à virtude dos *optimates*".

Sabe-se que a translação tem de ser comedida, de modo que transite para a coisa semelhante com uma razão, e não pareça transviar-se para algo dissímil temerária e avidamente, sem haver discernimento.

[46]     A **permutação**[239] é o discurso cujas palavras demonstram uma coisa, o pensamento, outra. Divide-se em três partes: semelhança, argumento e contrário.

Faz-se por **semelhança** quando se acumulam muitas translações trazidas de um mesmo discurso, assim: "com efeito, se os cães desempenham o papel dos lobos, a que guarda confiaremos o rebanho?".[240]

É tratada como **argumento** quando se busca a semelhança de uma pessoa, de um lugar ou de outra coisa, com o intuito de au-

---

240  Trata-se de uma *translação* (metáfora) estendida ou continuada.

Ex contrario ducitur sic, ut si quis hominem prodigum et luxuriosum inludens parcum et diligentem appellet.

Et in hoc postremo, quod ex contrario sumitur et in illo primo, quod a similitudine ducitur, per translationem argumento poterimus uti. Per similitudinem sic: "quid ait hic rex atque Agamemnon noster, siue, ut crudelitas est, potius Atreus?". Ex contrario, ut si quem impium, qui patrem uerberarit, Aenean uocemus, intemperantem et adulterum Ippolytum nominemus.

Haec sunt fere, quae dicenda uidebantur de uerborum exornationibus. Nunc res ipsa monet, ut deinceps ad sententiarum exornationes transeamus.

[47] XXXV. Distributio est, cum in plures res aut personas negotia quaedam certa dispertiuntur, hoc modo: "qui uestrum, iudices, nomen senatus diligit, hunc oderit necesse est; petulantissime enim semper iste obpugnauit senatum. Qui equestrem locum splendidissimum cupit esse in ciuitate, is oportet istum maximas poenas dedisse uelit, ne iste sua turpitudine ordini honestissimo maculae atque dedecori sit. Qui parentis habetis, ostendite istius supplicio uobis homines impios non placere. Quibus liberi sunt, statuite exemplum, quantae poenae sint in ciuitate hominibus istiusmodi conparatae". Item: "senatus est officium consilio ciuitatem iuuare; magistratus est officium opera et diligentia consegui senatus uoluntatem; populi est officium res optumas et homines idoneos maxime suis sententiis dilegere et probare". Et: "accusatoris officium est inferre crimina; defensoris diluere et propulsare; testis dicere, quae sciat aut audierit; quaesitoris est unum quemque horum in officio suo continere. Quare, L. Cassi,

---

241 Os manuscritos variam muito nessa passagem. Veja-se a tradução francesa de Achard ([1989] 1997:189) e a inglesa de Caplan ([1954] 1999: 344).
242 *Diaíresis* (Anderson Jr. 2000: 32-II). Não confundir com a figura sonora chamada

mentar ou diminuir, como se alguém se referisse a Druso como a tentativa fracassada de um Graco.[241]

É tirada do **contrário**, como quando alguém diz, escarnecendo, que um homem pródigo e esbanjador é econômico e parcimonioso.

Tanto neste último tipo, tirado do contrário, quanto no primeiro, que se produz por semelhança, podemos usar de um argumento por *translação*. Na semelhança, assim: "que diz esse rei, nosso Agamêmnon, ou melhor, de tão cruel, nosso Atreu?". No contrário, como se chamássemos de Enéas um ímpio que surrara o pai; e, de Hipólito, um adúltero intemperante.

Isso é aproximadamente o que parecia necessário dizer a respeito dos ornamentos de palavra. Neste ponto, a própria matéria pede que passemos aos ornamentos de sentença.

[47]   XXXV. A **distribuição**[242] ocorre quando incumbências específicas são atribuídas a muitas coisas ou pessoas, deste modo: "aqueles dentre vós, juízes, que prezam o nome do Senado, devem, necessariamente, odiar este homem, pois ele sempre atacou esta casa com extrema petulância. Aqueles que desejam para os cavaleiros um lugar especialmente ilustre na cidade devem querer para este homem a pena máxima, para que, com sua torpeza, não manche e envergonhe tão honesta ordem. Aqueles que têm pais mostrem, com o castigo deste, que a vós não agradam os homens ímpios. Os que têm filhos deem exemplo de quão grande pena a cidade reserva para homens desse tipo". Também: "é dever do Senado aconselhar a cidade nas deliberações, é dever do magistrado cumprir a vontade do Senado com diligência e empenho, é dever do povo escolher e aprovar com seus votos as melhores ações e os homens mais idôneos". E ainda: "é dever do acusador imputar o crime; do defensor, atenuá-lo e rechaçá-lo; da testemunha, dizer o que sabe ou escutou; do inquiridor, manter cada um desses em

diérese, que consiste em pronunciar um ditongo separando-o em duas vogais, de modo a produzir um hiato.

si testem, praeterquam quod sciat aut audierit, argumentari et coniectura prosequi patieris, ius accusatoris cum iure testimonii commiscebis, testis inprobi cupiditatem confirmabis, reo duplicem defensionem parabis". Est haec exornatio copiosa. Conprehendit enim breui multa, et suum cuique tribuens officium separatim res diuidit plures.

[48]  XXXVI. Licentia est, cum apud eos, quos aut uereri aut metuere debemus, tamen aliquid pro iure nostro dicimus, quod eos aut quos ii diligunt aliquo in errato uere reprehendere uideamur, hoc modo: "miramini, Quirites, quod ab omnibus uestrae rationes deserantur? Quod causam uestram nemo suscipiat? Quod se nemo uestri defensorem profiteatur? Adtribuite uestrae culpae, desinite mirari. Quid est enim, quare non omnes istam rem fugere ac uitare debeant? Recordamini, quos habueritis defensores; studia eorum uobis ante oculos proponite; deinde exitus omnium considerate. Tum uobis ueniat in mentem, ut uere dicam, neglegentia uestra siue ignauia potius illos omnes ante oculos uestros trucidatos esse, inimicos eorum uestris suffragiis in amplissimum locum peruenisse". Item: "nam quid fuit, iudices, quare in sententiis ferendis dubitaueritis aut istum hominem nefarium ampliaueritis? Non apertissimae res erant crimini datae? Non omnes hae testibus conprobatae? Non contra tenuiter et nugatorie responsum? Hic uos ueriti estis, si primo coetu condemnassetis, ne crudeles existimaremini? Dum eam uitatis uituperationem, quae longe a uobis erat afutura, eam inuenistis, ut timidi atque ignaui putaremini. Maximis priuatis et publicis calamitatibus acceptis, cum etiam maiores inpendere uideantur, sedetis et oscitamini. Luci noctem, nocte lucem expectatis. Aliquid cottidie acerbi atque incommodi nuntiatur: et iam eum, cuius opera nobis haec accidunt, uos remoramini diutius et alitis ad rei publicae perniciem, retinetis, quoad potestis in ciuitate?".

---

243  *Parresía* (Anderson Jr. 2000: 94).

seus deveres. Por isso, Lúcio Cássio, se deixares uma testemunha argumentar e expor uma conjectura além daquilo que sabe ou ouviu, confundirás o direito do acusador com o da testemunha, confirmarás a parcialidade de uma testemunha ímproba e forçarás o réu a defender-se duas vezes". Esse ornamento é fecundo pois condensa muita coisa com brevidade e, ao atribuir a cada qual o seu dever, divide em partes o que é vário.

[48]     XXXVI. Usamos da **licença**[243] quando, mesmo perante aqueles a quem devemos respeitar ou temer, fazemos uso do nosso direito de dizer algo, porque nos parece justo repreender alguma falta deles ou daqueles que lhes são caros, desta maneira: "estais admirados, cidadãos, de que vossos interesses sejam abandonados por todos? De que ninguém abrace vossa causa? De que ninguém se arrogue vosso defensor? Atribuí a vós mesmos a culpa, deixai de admirar. Pois, por que não deveriam todos evitar e recusar isso tudo? Lembrai-vos dos vossos defensores, passai à vista a dedicação que vos reservaram e, então, considerai o fim que todos eles tiveram. Assim, se me permitirdes falar francamente, percebereis que por vossa negligência, ou melhor, covardia, todos esses homens foram trucidados sob vossos olhos e os inimigos deles, eleitos por vós, alcançaram os mais altos postos". Também: "por que motivo, juízes, hesitastes em dar vossa sentença e adiastes o julgamento deste homem execrável? Não eram claríssimos os fatos para incriminá-lo? Não foi tudo comprovado pelas testemunhas? A refutação não foi fraca e leviana? Temestes ser considerados cruéis se o condenásseis no primeiro embate? Pois ao temer essa pecha, que estaria longe de ser-vos atribuída, angariastes a de fracos e covardes. Sofrestes enormes danos, públicos e privados, e quando desgraças ainda maiores parecem iminentes, recostais e bocejais. De dia esperais a noite, de noite esperais o dia. Cotidianamente algo desagradável e molesto se anuncia, ainda assim contemporizais e, para a desgraça da República, alimentais e conservais na cidade, o quanto podeis, aquele por cuja obra tudo isso nos sobreveio".

**[49]** **XXXVII.** Eiusmodi licentia si nimium uidebitur acrimoniae habere, multis mitigationibus lenietur; nam continuo aliquid huiusmodi licebit inferre: "hic ego uirtutem uestram quaero, sapientiam desidero, ueterem consuetudinem requiro", ut quod erat commotum licentia, id constituatur laude, ut altera res ab iracundia et molestia remoueat, altera res ab errato deterreat. Haec res, sicut in amicitia, item in dicendo, si loco fit, maxime facit, ut et illi, qui audient, a culpa absint, et nos, qui dicimus, amici ipsorum et ueritatis esse uideamur.

Est autem quoddam genus in dicendo licentiae, quod astutiore ratione conparatur, cum aut ita obiurgamus eos, qui audiunt, quomodo ipsi se cupiunt obiurgari, aut id, quod scimus facile omnes audituros, dicimus nos timere, quomodo accipiant, sed tamen ueritate commoueri, ut nihilosetius dicamus. Horum amborum generum exempla subiciemus; prioris, huiusmodi: "nimium, Quirites, animis estis simplicibus et mansuetis; nimium creditis uni cuique. Existimatis unum quemque eniti, ut perficiat, quae uobis pollicitus sit. Erratis et falsa spe frustra iam diu detinemini stultitia uestra, qui, quod erat in uestra potestate, ab aliis petere quam ipsi sumere maluistis". Posterioris licentiae hoc erit exemplum: "mihi cum isto, iudices, fuit amicitia, sed ista tamen amicitia, tametsi uereor quomodo accepturi sitis, tamen dicam, uos me priuastis. Quid ita? Quia ut uobis essem probatus, eum, qui uos obpugnabat, inimicum quam amicum habere malui".

**[50]** Ergo haec exornatio, cui licentiae nomen est, sicuti demonstrauimus, duplici ratione tractabitur: acrimonia, quae si nimium fuerit aspera, mitigabitur laude; et adsimulatione, de qua posterius diximus, quae non indiget mitigationis, propterea quod imitatur licentiam et sua spontest ad animum auditoris adcommodata.

**XXXVIII.** Deminutio est, cum aliquid inesse in nobis aut in iis, quos defendimus, aut natura aut fortuna aut industria dicemus egregium, quod, ne qua significetur adrogans ostentatio, demi-

---

244 *Antenantíosis* (Anderson Jr. 2000: 20); *litótes* (Calboli [1969] 1993: 399). Lítotes.

[49]     XXXVII. Se semelhante licença parecer muito pungente, poderá ser abrandada com diversos paliativos. Convirá, então, acrescentar em seguida algo assim: "eu agora apelo à vossa virtude, desejo vossa sabedoria, busco os velhos costumes". Assim, o que foi abalado pela licença é amparado pelo elogio; esse afasta a ira e o ressentimento, aquela desvia do erro. Tanto na amizade como no discurso, esse recurso, se oportuno, muito contribui para que os ouvintes se abstenham do erro e, também, para que nós, que discursamos, pareçamos amigos seus e da verdade.

Há ainda um outro tipo de licença, no discurso, que demanda um método mais astucioso: quando repreendemos os ouvintes do modo como gostariam de ser repreendidos; ou quando dizemos, de algo que sabemos que será bem recebido por todos, que tememos como o receberão, mas, ainda assim, a verdade nos obriga a dizê-lo. Daremos exemplos desses dois gêneros; do primeiro, assim: "vós, cidadãos, sois de índole por demais singela e afável, confiais excessivamente em todos. Julgais que cada um se esforçará por cumprir o que vos prometeu. Enganai-vos e a vossa candura já por muito tempo vos detém, em vão, com falsas esperanças, pois preferistes buscar em terceiros a assumir vós mesmos o que estava em vosso poder"; do segundo gênero de licença, eis o exemplo: "este foi para mim, juízes, um amigo. Mas, deste amigo – embora tema como ireis receber isto, ainda assim direi –, vós me privastes. Por quê? Porque eu, para obter vossa aprovação, a este que vos atacava, preferi ter como inimigo a manter como amigo".

[50]     Enfim, esse tipo de ornamento chamado licença será tratado, conforme demonstramos, de duas maneiras: ou com acrimônia, que, se excessivamente áspera, será mitigada pelo elogio, ou, como falamos depois, com simulação, que não carece de atenuações, porque imita a licença e por si própria é acomodada ao ânimo do ouvinte.

XXXVIII. A **diminuição**[244] ocorre quando dizemos que por natureza, pela fortuna ou pelo empenho há em nós ou em quem defendemos algo de notável, que é minorado e atenuado no discurso

nuitur et adtenuatur oratione, hoc modo: "nam hoc pro meo iure, iudices, dico, me labore et industria curasse, ut disciplinam militarem non in postremis tenerem". Hic si quis dixisset: "ut optime tenerem", tametsi uere dixisset, tamen adrogans uisus esset. Nunc et ad inuidiam uitandam et laudem conparandam satis dictum est. Item: "utrum igitur auaritiae an egestatis accessit ad maleficium? Auaritiae? At largissimus fuit in amicos; quod signum liberalitatis est, quae contraria est auaritiae. Egestatis? Huic quidem pater – nolo nimium dicere – non tenuissimum patrimonium reliquit". Hic quoque uitatum est, ne "magnum" aut "maximum" diceretur. Hoc igitur in nostris aut eorum, quos defendemus, egregiis commodis proferendis obseruabimus. Nam eiusmodi res et inuidiam contrahunt in uita et odium in oratione, si inconsiderate tractes. Quare quemadmodum ratione in uiuendo fugitur inuidia, sic in dicendo consilio uitatur odium.

[51]    XXXIX. Descriptio nominatur, quae rerum consequentium continet perspicuam et dilucidam cum grauitate expositionem, hoc modo: "quodsi istum, iudices, uestris sententiis liberaueritis, statim, sicut e cauea leo emissus aut aliqua taeterrima belua soluta ex catenis, uolitabit et uagabitur in foro, acuens dentes in unius cuiusque fortunas, in omnes amicos atque inimicos, notos atque ignotos incursitans, aliorum famam depeculans, aliorum caput obpugnans, aliorum domum et omnem familiam perfringens, rem publicam funditus labefactans. Quare, iudices, eicite eum de ciuitate, liberate omnes formidine; uobis denique ipsis consulite. Nam si istum inpunitum dimiseritis, in uosmet ipsos, mihi credite, feram et truculentam bestiam, iudices, inmiseritis". Item: "nam si de hoc, iudices, grauem sententiam tuleritis, uno iudicio simul multos iugulaueritis: grandis natu parens, cuius spes senectutis omnis in huius adulescentia posita est, quare uelit in uita manere, non habebit; filii parui, priuati patris auxilio, ludibrio et despectui paternis inimicis erunt obpositi; tota domus huius indigna

---

245  *Diatýposis* (Anderson Jr. 2000: 34), *hypotýposis* (Anderson Jr. 2000: 124).

para não parecer uma ostentação arrogante, desta maneira: "isto, com justiça, juízes, posso dizer: que me esmerei em empenho e dedicação para que não fosse contado entre os últimos na instrução militar". Aqui, se tivesse dito "para que fosse o melhor", ainda que falasse a verdade, pareceria arrogante. Foi dito o suficiente para evitar a inveja e receber um elogio. Também assim: "teria sido por avareza ou carência que recorreu ao crime? Avareza? Mas era muito generoso com os amigos, o que é sinal de liberalidade, que é o contrário da avareza. Carência? Mas o pai deixou-lhe um patrimônio – não quero exagerar – em nada insignificante". Aqui, novamente, evita-se dizer "grande" ou "vasto". Isso observaremos para dizer convenientemente o que deve ser dito de notável sobre nós ou sobre aqueles que defendemos. Essas coisas, se tratadas inconsideradamente, causam, na vida, inveja; no discurso, aversão. Como na vida o comedimento evita a inveja, assim, no discurso, a prudência evita a aversão.

[51]    XXXIX. Chama-se **descrição**[245] o ornamento que contém uma exposição perspícua, clara e grave das consequências das ações, desta maneira: "se com vossa sentença, juízes, livrardes este homem, imediatamente, como um leão solto da jaula ou outra besta hedionda liberada das correntes, ele correrá de um lado a outro do fórum, abocanhando os nossos bens, atacando a todos, amigos e inimigos, conhecidos e desconhecidos, dilacerando o nome de uns, ameaçando a vida de outros, destruindo casas e famílias, destroçando os alicerces da República. Por isso, juízes, expulsai-o da cidade, livrai-nos do medo, zelai, enfim, também por vós, pois, se o deixardes ir impune, acreditai-me, contra vós mesmos, tereis atirado a fera truculenta e selvagem". Ou ainda: "juízes, se quanto a este homem o vosso parecer for severo, com uma só sentença arruinareis muitos outros: seu idoso pai, cuja esperança da velhice depositava-a toda na juventude do filho, não mais terá razão para querer viver; seus filhos pequenos, privados do auxílio paterno, serão vítimas do escárnio e do desprezo dos inimigos do pai, toda a sua casa ruirá diante dessa imerecida desgraça. Mas os inimi-

concidet calamitate. At inimici, statim sanguinulentam palmam crudelissima uictoria potiti, insultabunt in horum miserias. Et superbi a re simul et uerbis inuenientur". Item: "nam neminem uestrum fugit, Quirites, urbe capta quae miseriae consequi soleant: arma qui contra tulerunt, statim crudelissime trucidantur; ceteri, qui possunt per aetatem et uires laborem ferre, rapiuntur in seruitutem, qui non possunt, uita priuantur; uno denique atque eodem tempore domus hostili flagrat incendio, et quos natura aut uoluntas necessitudine et beniuolentia coniunxit, distrahuntur; liberi partem e gremiis diripiuntur parentum, partim in sinu iugulantur, partim ante pedes constuprantur. Nemo, iudices, est, qui possit satis rem consequi uerbis nec efferre oratione magnitudinem calamitatis".

Hoce genere exornationis uel indignatio uel misericordia potest commoueri, cum res consequentes conprehensae uniuersae perspicua breuiter exprimuntur oratione.

[52]    XL. Diuisio est, quae rem semouens ab re utramque absoluit ratione subiecta, hoc modo: "cur ego nunc tibi quicquam obiciam? Si probus es, non meruisti; si inprobus, non commouebere". Item: "quid nunc ego de meis promeritis praedicem? Si meministis, obtundam; si obliti estis, cum re nihil egerim, quid est quo uerbis proficere possim?". Item: "duae res sunt, quae possunt homines ad turpe conpendium commouere: inopia atque auaritia. Te auarum in fraterna diuisione cognouimus; inopem atque egentem nunc uidemus. Qui potes igitur ostendere causam maleficii non fuisse?".

Inter hanc diuisionem et illam, quae de partibus orationis tertia est, de qua in primo libro diximus secundum narrationem, hoc interest: illa diuidit per enumerationem aut per expositionem, quibus de rebus in totam orationem disputatio futura sit; haec se statim explicat et breui duabus aut pluribus partibus subiciens rationes exornat orationem.

---

246 *Prosapódosis* (Anderson Jr. 2000: 105).

gos, em posse da palma ensanguentada pela mais cruel vitória, exultarão da desventura dos familiares e mostrar-se-ão soberbos em atos e palavras". E também: "pois nenhum de vós, cidadãos, ignora os infortúnios que costumam seguir-se à capitulação de uma cidade: os que ergueram as armas contra os vencedores são imediatamente trucidados com máxima crueldade; dos demais, os que, pela idade e vigor, podem suportar o trabalho, são tomados como escravos, os que não podem, são privados da vida. A um só tempo as casas ardem com o fogo inimigo e são separados aqueles que a natureza ou a vontade uniu em parentesco ou afeição; os filhos são arrancados dos braços paternos, degolados no seio materno, violentados diante dos pais. Não há quem possa, juízes, alcançar tais coisas com palavras nem exprimir com o discurso a magnitude da desgraça".

Com esse gênero de ornamento pode-se levar à indignação ou à misericórdia, quando todas as consequências reunidas se exprimem brevemente num discurso perspícuo.

[52]  XL. A **divisão**[246] separa uma possibilidade da outra e desenvolve ambas aduzindo-lhes uma razão, deste modo: "por que eu, agora, te acusaria de algo? Se és probo, não o merecerias; se ímprobo, não te afetarias". Ou: "que haveria eu de proclamar, agora, sobre meus próprios méritos? Se os recordais, eu vos enfastiaria; se esquecestes, que proveito poderia tirar das palavras, quando nada consegui com o feito?". Ou: "há duas coisas que podem levar o homem ao ganho ilícito: a pobreza e a cobiça. Na partilha com teu irmão, soubemos-te cobiçoso, agora vemos que és também pobre e carente. Como podes, então, alegar que não havia motivo para o crime?".

Entre essa *divisão* e aquela que configura a terceira parte do discurso, de que falamos no Livro 1, após a *narração*, há a seguinte diferença: aquela consiste na enumeração ou exposição de coisas que serão debatidas no decorrer do discurso; essa desenvolve-se de imediato e, apresentando as razões de duas ou mais possibilidades, ornamenta o discurso.

Frequentatio est, cum res tota causa dispersae coguntur in unum locum, quo grauior aut acrior aut criminosior oratio sit, hoc pacto: "A quo tandem abest iste uitio? Quid est, cur iudicio uelitis eum liberare? Suae pudicitiae proditor est, insidiator alienae; cupidus intemperans, petulans superbus; impius in parentes, ingratus in amicos, infestus cognatis; in superiores contumax, in aequos et pares fastidiosus, in inferiores crudelis; denique in omnis intolerabilis".

[53]  Eiusdem generis est illa frequentatio, quae plurimum coniecturalibus causis opitulatur, cum suspiciones, quae separatim dictae minutae et infirmae erant, unum in locum coactae rem uidentur perspicuam facere, non suspiciosam, hoc pacto: "nolite igitur, nolite, iudices, ea, quae dixi, separatim spectare; sed omnia colligite et conferte in unum.

XLI. Si et commodum ad istum ex illius morte ueniebat; et uita hominis est turpissima, animus auarissimus, fortunae familiares attenuatissimae; et res ista bono nemini praeter istum fuit; neque alius quisquam aeque commode neque iste aliis commodioribus rationibus facere potuit, neque praeteritum est ab isto quicquam quod opus fuit ad maleficium neque factum quod opus non fuit; et cum locus idoneus maxime quaesitus; tum occasio adgrediendi commoda; tempus adeundi opportunissimum; spatium conficiendi longissimum sumptum est; non sine maxima occultandi et perficiendi maleficii spe; et praeterea ante, quam occisus homo is est, iste uisus est in eo loco, in quo est occisio facta, solus; paulo post in ipso maleficio uox illius, qui occidebatur, audita; deinde post occisionem istum multa nocte domum redisse constat; postero die titubanter et inconstanter de occisione illius locutum; haec partim testimoniis, partim quaestionibus argumentatis omnia conprobantur et rumore populi, quem ex argumentis natum necesse est esse

---

247  *Synathroismós* (Anderson Jr. 2000: 111).

Na **frequentação**[247] aquilo que está disperso por toda a causa é reunido num mesmo lugar, para tornar o discurso mais grave, contundente ou incriminatório, deste modo: "de que vício, afinal, este homem se absteve? Que há para desejardes livrá-lo do julgamento? É traidor da própria honra e salteador da alheia; cobiçoso, intemperante, petulante e soberbo, ímpio com os pais, ingrato com os amigos, hostil aos parentes, insolente com os superiores, desdenhoso com seus pares, cruel com os inferiores, enfim, intolerável para todos".

[53] Do mesmo tipo é aquela frequentação muito eficaz nas causas conjecturais, em que as suspeitas, que eram pequenas e fracas ditas separadamente, reunidas num mesmo lugar parecem tornar a coisa perspícua, não apenas suspeitável, assim: "não considereis, juízes, não considereis separadamente as coisas que disse, retomai todas elas e uni num todo só.

**XLI.** Se a morte da vítima favoreceria a este homem; se sua vida é extremamente vergonhosa, o ânimo cobiçoso, os bens de família exíguos; se tal ato não beneficiaria a ninguém senão ao réu; se ninguém mais poderia tê-lo feito com tanta comodidade e ele mesmo não poderia ter empregado métodos mais convenientes; se não esqueceu nada necessário ao feito nem fez algo que não era necessário; se não só buscou o local mais adequado, como a ocasião propícia à agressão e o momento mais oportuno à abordagem; se gastou o tempo mais longo possível no preparo, não sem grandes esperanças de levar a cabo e ocultar o crime; e, além disso, se, antes de o homem ser morto, o réu foi visto sozinho no local do assassinato; se pouco depois, durante o crime, ouviu-se a voz da vítima; enfim, se depois do crime, consta que o réu tenha voltado para casa tarde da noite; no dia seguinte, tenha titubeado e falado incoerentemente da morte daquele homem; se todas essas coisas foram comprovadas, em parte pelos testemunhos, em parte pelas confissões sob tortura, em parte pelos boatos, que nascidos dos indícios devem necessariamente ser verdadeiro; a vós, juízes, cabe tomar tudo que foi reunido aqui – num só lugar – como conheci-

uerum: uestrum, iudices, est his in uno loco conlocatis, certam sumere scientiam, non suspicionem maleficii. Nam unum aliquid aut alterum potest in istum casu cecidisse suspiciose; ut omnia inter se a primo ad postremum conueniant, casu non potest fieri".

Vehemens haec est exornatio et in coniecturali constitutione causae ferme semper necessaria, et in ceteris generibus causarum et in omni oratione adhibenda nonnumquam.

[54]   **XLII.** Expolitio est, cum in eodem loco manemus et aliud atque aliud dicere uidemur. Ea dupliciter fit: si aut eandem plane dicemus rem, aut de eadem re.

Eandem rem dicemus, non eodem modo – nam id quidem optundere auditorem est, non rem expolire – sed commutate. Commutabimus tripliciter: uerbis, pronuntiando, tractando.

Verbis commutabimus, cum re semel dicta iterum aut saepius aliis uerbis, quae idem ualeant, eadem res proferetur, hoc modo: "Nullum tantum est periculum, quod sapiens pro salute patriae uitandum arbitretur. Cum agetur incolumitas perpetua ciuitatis, qui bonis erit rationibus praeditus, profecto nullum uitae discrimen sibi pro fortunis rei publicae fugiendum putabit et erit in ea sententia semper, ut pro patria studiose quamuis in magnam descendat uitae dimicationem".

Pronuntiando commutabimus, si, cum in sermone, tum in acrimonia, tum in alio atque alio genere uocis atque gestus eadem uerbis commutando pronuntiationem quoque uehementius inmutarimus. Hoc neque commodissime scribi potest neque parum est apertum; quare non eget exempli.

[55]   Tertium genus est commutationis, quod tractando conficitur, si sententiam traiciemus aut ad sermocinationem aut exsuscitationem.

**XLIII.** Sermocinatio est – de qua planius paulo post suo loco

---

248 *Exergasía* (Anderson Jr. 2000: 48).

mento certo, não como presunção do crime. Com efeito, uma ou outra dessas coisas poderia ter ocorrido por acaso, levantando suspeitas, mas que todas elas concorram, da primeira à última, não pode ser obra do acaso".

Esse ornamento é veemente e quase sempre necessário na constituição de causa conjectural, nos demais gêneros de causa e nos discursos em geral pode ser empregado ocasionalmente.

[54]   XLII. Na **expolição**[248] permanecemos num mesmo ponto, mas parece que dizemos coisas sempre diferentes. Faz-se de duas maneiras: quando dizemos exatamente a mesma coisa ou quando falamos a respeito da mesma coisa.

Diremos a **mesma coisa** variadamente, mas não de um único modo – pois isso seria embotar o ouvinte, não polir a matéria. Podemos variar de três maneiras: nas palavras, na pronunciação e no tratamento.

Variaremos as **palavras** quando, uma vez dita a coisa, voltamos a proferi-la, uma ou mais vezes, com expressões de mesmo sentido, assim: "não há perigo tão grande que faça o sábio preferir evitá-lo quando está em jogo a salvação da pátria. Quando se trata da segurança duradoura da cidade, os homens providos de bom senso pensarão certamente que, em defesa do bem-estar da República, não há risco de vida que os faça esquivar-se; permanecerão sempre na resolução de, pela defesa da pátria, denodadamente, enfrentar a batalha, sem importar quão perigosa à vida ela seja".

Variaremos a **pronunciação** se pudermos torná-la ainda mais veemente, ora adotando o tom da conversa, ora com acrimônia, depois com um e outro tipo de voz e gesto, acompanhados da mudança das palavras. Isso não pode ser escrito com suficiente adequação, mas não deixa de ser patente; portanto, não carece de exemplo.

[55]   Há um terceiro tipo de variação, que se produz no tratamento, quando transpomos a sentença para a forma da sermocinação ou da exaltação.

XLIII. Na **sermocinação** – sobre a qual falaremos mais detidamente

dicemus, nunc breuiter, quod ad hanc rem satis sit, attingemus –, in qua constituetur alicuius personae oratio adcommodata ad dignitatem, hoc modo, ut, quo facilius res cognosci possit, ne ab eadem sententia recedamus: "sapiens omnia rei publicae causa suscipienda pericula putabit. Saepe ipse secum loquetur: 'non mihi soli, sed etiam atque adeo multo potius natus sum patriae; uita, quae fato debetur, saluti patriae potissimum soluatur. Aluit haec me; tute atque honeste produxit usque ad hanc aetatem; muniuit meas rationes bonis legibus, optumis moribus, honestissimis disciplinis. Quid est, quod a me satis ei persolui possit, unde haec accepi?'. Exinde ut haec loquetur secum sapiens saepe, in periculis rei publicae nullum ipse periculum fugiet".

Item mutatur res tractando, si traducitur ad exsuscitationem, cum et nos commoti dicere uideamur, et auditoris animum commouemus, sic: "quis est tam tenui cogitatione praeditus, cuius animus tantis angustiis inuidiae continetur, qui non hunc hominem studiosissime laudet et sapientissimum iudicet, qui pro salute patriae, pro incolumitate ciuitatis, pro rei publicae fortunis quamuis magnum atque atrox periculum studiose suscipiat et libenter subeat? **[56]** Equidem hunc hominem magis cupio satis laudare quam possum; idemque hoc certo scio uobis omnibus usu uenire".

Eadem res igitur his tribus in dicendo commutabitur rebus: uerbis, pronuntiando, tractando; tractando dupliciter: sermocinatione et exsuscitatione.

Sed de eadem re cum dicemus, plurimis utemur commutationibus. Nam cum rem simpliciter pronuntiarimus, rationem poterimus subicere; deinde dupliciter uel sine rationibus uel cum rationibus pronuntiare; deinde afferre contrarium – de quibus omnibus diximus in uerborum exornationibus –; deinde simile et exemplum – de quo suo loco plura dicemus – **XLIV.** deinde conclusionem, de qua in secundo libro, quae opus fuerunt, diximus, demonstrantes

em seu devido lugar e que, por ora, trataremos brevemente conforme o necessário – constrói-se um discurso adequado à dignidade de certa personagem. Para que se possa compreender mais facilmente, recorrerei àquela mesma sentença: "o sábio julga que, em prol da República, todo o risco deve ser enfrentado. Amiúde dirá consigo mesmo: 'não nasci apenas para mim, mas também, e principalmente, para a pátria; a vida, que é uma dívida com o destino, será liquidada, de preferência, para a salvação da pátria. Ela nutriu-me, conduziu-me segura e honestamente até esta idade; protegeu meus interesses com boas leis, ótimos costumes e os mais honestos ensinamentos. Quanto seria suficiente para quitar-me com aquela, de quem recebi tantos bens?'. Assim, já que o sábio repete consigo essas coisas, não evitará o perigo estando a República em risco".

Também variamos por meio do tratamento, adotando a **exaltação**, quando parecemos discursar comovidos e, também, comovemos o ouvinte, assim: "quem há que seja dotado de um entendimento tão fraco, cujo ânimo esteja aprisionado por tanta inveja, que não louve com enorme entusiasmo este homem e não o julgue extremamente sábio, ele que, pela salvação da pátria, pela segurança da cidade, pelo destino da República, enfrenta obstinadamente e suporta de bom grado os maiores e mais atrozes perigos? [56] Quanto a mim, meu desejo de louvar este homem supera a minha capacidade e tenho certeza de que o mesmo sucede a todos vós".

A mesma matéria, portanto, pode variar no discurso por três meios: pelas palavras, pela pronunciação e pelo tratamento; e, pelo tratamento, de dois modos: com a sermocinação e com a exaltação.

Quando, porém, falarmos **a respeito da mesma coisa,** usaremos um número maior de variações. Apresentaremos a matéria, depois poderemos oferecer a razão e, então, pronunciar a mesma coisa de outro modo, com ou sem a razão; depois usar do contrário – de tudo isso tratamos nos ornamentos de palavra –; em seguida, do símile e do exemplo – dos quais falaremos oportunamente –; **XLIV.** e, enfim, da conclusão – de que falamos o necessário no Livro 2,

argumentationes quemadmodum concludere oporteat: in hoc libro docuimus, cuiusmodi esset exornatio uerborum, cui conclusioni nomen est.

Ergo huiusmodi uehementer ornata poterit esse expolitio, quae constabit ex frequentibus exornationibus uerborum et sententiarum. Hoc modo igitur septem partibus tractabitur – et ab eiusdem sententiae non recedamus exemplo, ut scire possis, quam facile praeceptione rhetoricae res simplex multiplici ratione tractatur:

[57] "Sapiens nullum pro re publica periculum uitabit, ideo quod saepe, cum pro re publica perire noluerit, necesse erit cum re publica pereat; et, quoniam omnia sunt commoda a patria accepta, nullum incommodum pro patria graue putandum est. Ergo qui fugiunt id periculum quod pro re publica subeundum est, stulte faciunt: nam neque effugere incommoda possunt et ingrati in ciuitatem reperiuntur. At, qui patriae pericula suo periculo expetunt, hi sapientes putandi sunt, cum et eum, quem debent, honorem rei publicae reddunt, et pro multis perire malunt, quam cum multis. Etenim uehementer est inicum uitam, quam a natura acceptam propter patriam conseruaris, naturae cum cogat reddere, patriae cum roget non dare; et, cum possis cum summa uirtute et honore pro patria interire, malle per dedecus et ignauiam uiuere; et cum pro amicis et parentibus et ceteris necessariis adire periculum uelis, pro re publica, in qua et haec et illud sanctissimum patriae nomen continetur, nolle in discrimen uenire.

Ita uti contemnendus est, qui in nauigio non nauem quam se mauult incolumem, item uituperandus, qui in rei publicae discrimine suae plus quam communi saluti consulit. Naui enim fracta multi incolumes euaserunt; ex naufragio patriae saluus nemo potest enatare.

Quod mihi bene uidetur Decius intellexisse, qui se deuouisse dicitur et pro legionibus in hostis immisisse medios. Amisit uitam,

quando mostrávamos de que modo é preciso concluir os argumentos; neste livro, ensinamos como deve ser o ornamento de palavra cujo nome é conclusão.

Uma expolição como essa, que compreende vários ornamentos de palavra e de sentença, há de ser veementemente ornada. Será tratada, portanto, em sete partes; voltamos, mais uma vez, à mesma sentença para que se possa compreender quão facilmente, com os preceitos da retórica, tratamos de uma só questão, por vários métodos.

[57] "O sábio, em prol da República, não evitará perigo algum, pois amiúde, quando alguém não quer perecer pela República, vê-se obrigado a perecer com ela; e, como todas as conveniências provêm da pátria, em sua defesa, nenhum inconveniente deve ser levado em conta. Portanto, os que fogem ao perigo que pela República é dever enfrentar fazem-no estupidamente, porque não podem evitar os inconvenientes e se mostram ingratos com a cidade. Mas os que, correndo perigo, enfrentam o que é perigoso à pátria, esses devem ser reputados sábios, pois retribuem a honra devida à República e preferem morrer por muitos a morrer com muitos. Pois é extremamente injusto que a vida, recebida da natureza e conservada graças à pátria, seja devolvida quando a natureza exige, mas não seja entregue quando a pátria demanda; e que, podendo, com grande virtude e honra, morrer pela pátria, prefiram viver na desonra e na covardia; que se disponham a enfrentar o perigo pelos amigos, pais e outros parentes, mas pela República, que guarda a todos e ao venerável nome da pátria, não aceitem correr risco algum.

Assim como merece desprezo aquele que no mar prefere salvar-se a salvar a embarcação, merece vitupério quem, com a República em risco, se ocupa mais da própria ventura que do bem comum. Pois de uma embarcação destroçada muitos escapam ilesos, mas, do naufrágio da pátria, ninguém pode salvar-se nadando.

Parece-me certo que Décio compreendeu isso, pois, conforme contam, sacrificou-se para salvar sua legião, lançando-se em meio aos inimigos. Perdeu a vida, mas não a desperdiçou. Por uma bagatela, arrematou um bem seguro, com o mínimo, o máximo. Deu

at non perdidit. Re enim uilissima certam et parua maximam redemit. Vitam dedit, accepit patriam; amisit animam, potitus est gloriam, quae cum summa laude prodita uetustate cottidie magis enitescit.

Quodsi pro re publica decere accedere periculum et ratione demonstratum est et exemplo conprobatum, ii sapientes sunt existimandi, qui nullum pro salute patriae periculum uitant".

[58] In his igitur generibus expolitio uersatur: de qua producti sumus, ut plura diceremus, quod non modo, cum causam dicimus, adiuuat et exornat orationem, sed multo maxime per eam exercemur ad elocutionis facultatem. Quare conueniet extra causam in exercendo rationis adhibere expolitionis, in dicendo uti, cum exornabimus argumentationem, qua de re diximus in libro secundo.

XLV. Commoratio est, cum in loco firmissimo, a quo tota causa continetur, manetur diutius et eodem saepius reditur. Hac uti maxime conuenit et id est oratoris boni maxime proprium. Non enim datur auditori potestas animum de re firmissima demouendi. Huic exemplum satis idoneum subici non potuit, propterea quod hic locus non est a tota causa separatus sicuti membrum aliquod, sed tamquam sanguis perfusus est per totum corpus orationis.

Contentio est, per quam contraria referentur. Ea est in uerborum exornationibus, ut ante docuimus, huiusmodi: "inimicis te placabilem, amicis inexorabilem praebes".

In sententiarum huiusmodi: "vos huius incommodis lugetis, iste rei publicae calamitate laetatur. Vos uestris fortunis diffiditis, iste solus suis eo magis confidit".

Inter haec duo contentionum genera hoc interest: illud ex uerbis celeriter relatis constat; hic sententiae contrariae ex conparatione referantur oportet.

---

249 *Epimoné* (Anderson Jr. 2000: 53).
250 Trata-se do argumento principal do discurso.

a vida, recebeu a pátria; sacrificou a existência, apoderou-se da glória, que, transmitida com sumo louvor, por sua antiguidade, cada dia mais reluz.

Se foi demonstrado pela razão e comprovado pelo exemplo que convém enfrentar o perigo em defesa da República, devem ser considerados sábios os que não evitam risco algum quando a salvação da pátria está em jogo".

[58] Reside, portanto, nesses gêneros a expolição, que nos levou a falar longamente, porque, quando defendemos uma causa, não só auxilia e ornamenta o discurso, como também, por meio dela, exercitamos muitíssimo melhor a faculdade da elocução. Convirá, por isso, adotar o método da expolição em exercícios fora da causa e, no discurso de fato, usá-la para ornar os argumentos, conforme dissemos no Livro 2.

XLV. A **comoração**[249] é a permanência morosa e o retorno frequente ao lugar mais seguro,[250] que sustenta toda a causa. É muito conveniente utilizá-la e seu uso é a marca principal do bom orador. Com efeito, não deixa ao ouvinte a chance de desviar a atenção do ponto mais firme. Não foi possível oferecer um exemplo suficientemente adequado, porque esse lugar não se separa do todo da causa como um membro, mas como o sangue, corre por todo o corpo do discurso.

A **contenção**[251] refere coisas contrárias. Encontra-se entre os ornamentos de palavra, como ensinamos há pouco, quando se apresenta deste modo: "és implacável com os amigos, complacente com os inimigos". E entre os ornamentos de sentença, assim: "lastimais os infortúnios deste, que regozija com a desgraça da República. Da vossa sorte, vós desesperais; ele, na sua, confia cada vez mais".

A diferença entre esses dois tipos de *contenção* é a seguinte: na primeira, as palavras relacionam-se prontamente; na última, é preciso aproximar ideias contrárias por meio da comparação.

---

251 *Antíthesis* (Anderson Jr. 2000: 21). Como ornamento de palavra, ver *Retórica a Herênio* 4.21.

[59]     Similitudo est oratio traducens ad rem quampiam aliquid ex re dispari simile. Ea sumitur aut ornandi causa aut probandi aut apertius dicendi aut ante oculos ponendi. Et quomodo quattuor de causis sumitur, item quattuor modis dicitur: per contrarium, per negationem, per conlationem, per breuitatem. Ad unam quamque sumendae causam similitudinis adcommodabimus singulos modos pronuntiandi.

XLVI. Ornandi causa sumitur per contrarium sic: "non enim, quemadmodum in palaestra, qui taedas candentes accipit, celerior est in cursu continuo, quam ille, qui tradit, item melior imperator nouus, qui accipit exercitum, quam ille, qui decedit; propterea quod defatigatus cursor integro facem, hic peritus imperator inperito exercitum tradit". Hoc sine simili satis plane et perspicue et probabiliter dici potuit hoc modo: "dicitur minus bonos imperatores a melioribus exercitus accipere solere"; sed ornandi causa simile sumptum est, ut orationi quaedam dignitas conparetur. Dictum autem est per contrarium. Nam tum similitudo sumitur per contrarium, cum ei rei, quam nos probamus, aliquam rem negamus esse similem.

Per negationem dicetur probandi causa hoc modo: "neque equus indomitus, quamuis bene natura conpositus sit, idoneus potest esse ad eas utilitates, quae desiderantur ab equo; neque homo indoctus, quamuis sit ingeniosus, ad uirtutem potest peruenire". Hoc probabilius factum est, quod magis est ueri simile non posse uirtutem sine doctrina conparari, quoniam ne equus quidem indomitus idoneus possit esse. Ergo sumptum est probandi causa, dictum autem per negationem; id enim perspicuum est de primo similitudinis uerbo.

---

252  *Parabolé, homoíosis* (Anderson Jr. 2000: 86, 79).

[59]     A **similitude**[252] é o discurso que extrai alguma semelhança de coisas distintas. É adotada ou para ornamentar, ou para provar, ou para falar mais claramente ou para colocar algo diante dos olhos. E, como é tomada com esses quatro propósitos, é, também, dita de quatro maneiras: usando o contrário, a negação, o paralelo e a brevidade. Cada um dos motivos de emprego da similitude será acomodado a um modo específico de pronunciação.

XLVI. Com o intento de **ornar**, emprega-se por meio do **contrário**, assim: "ao contrário do que se passa no estádio, onde quem recebe a tocha acesa é mais rápido ao continuar a corrida do que quem a entrega, um novo comandante que recebe o exército não é melhor do que aquele que se retira, porque um corredor exausto entrega a tocha a outro ainda cheio de vigor, mas, aqui, um comandante experiente entrega o exército a outro inexperiente". Isso poderia ser dito, sem o símile, de modo suficientemente simples, claro e plausível, desta maneira: "dizem que o exército costuma passar das mãos de bons comandantes às de comandantes menos bons"; mas é com o objetivo de ornamentar que aqui usamos o símile, de modo que acrescentamos certa dignidade ao discurso. Isso se fez por meio do contrário, que é o tipo de similitude em que dizemos que aquilo que queremos provar não se assemelha a nenhuma outra coisa.

Com o intento de **provar**, se faz por **negação**, assim: "não pode um cavalo indomado, ainda que bem constituído por natureza, ser adequado aos serviços que se exigem de um cavalo; nem pode um homem inculto, ainda que engenhoso, alcançar a virtude". Isso é melhor para provar, porque é mais verossímil que a virtude não possa ser alcançada sem a instrução, já que nem mesmo um cavalo pode ser útil, se não for domado. Assim, usamos a similitude com o objetivo de provar e fizemos isso por meio da negação, o que se percebe desde a primeira palavra do símile.

[60]     **XLVII.** Sumetur et apertius dicendi causa simile – dicitur per breuitatem – hoc modo: "in amicitia gerenda, sicut in certamine currendi, non ita conuenit exerceri, ut, quoad necesse sit, uenire possis, sed ut productus studio et uiribus ultra facile procurras". Nam hoc simile est, ut apertius intellegatur mala ratione facere, qui reprehendant eos, qui uerbi causa post mortem amici liberos eius custodiant, propterea quod in cursore tantum uelocitatis esse oporteat, ut efferatur ultra finem, in amico tantum beniuolentiae, ut ultra quam quod amicus sentire possit, procurrat amicitiae studio. Dictum autem simile est per breuitatem. Non enim ita, ut in ceteris rebus, res ab re separata est, sed utraeque res coniuncte et confuse pronuntiatae.

Ante oculos ponendi negotii causa sumetur similitudo – dicetur per conlationem – sic: "uti citharoedus cum prodierit optime uestitus, palla inaurata inductus, cum clamyde purpurea uariis coloribus intexta, et cum corona aurea, magnis fulgentibus gemmis inluminata, citharam tenens exornatissimam auro et ebore distinctam, ipse praeterea forma et specie sit et statura adposita ad dignitatem: si, cum magnam populo commorit iis rebus expectationem, repente, silentio facto, uocem mittat acerbissimam cum turpissimo corporis motu, quo melius ornatus et magis fuerit expectatus, eo magis derisus et contemptus eicitur; item, si quis in excelso loco et in magnis ac locupletibus copiis conlocatus fortunae muneribus et naturae commodis omnibus abundabit, si uirtutis et artium, quae uirtutis magistrae sunt, egebit, quo magis ceteris rebus erit copiosus et inlustris et expectatus, eo uehementius derisus et contemptus ex omni conuentu bonorum eicietur". Hoc simile exornatione utriusque rei, alterius inertiae alterius stultitiae simili ratione conlata, sub aspectus omnium

[60]     XLVII. Será empregado também para falar mais **claramente** – chamado, então, **símile por brevidade** – desta maneira: "no cultivo de uma amizade, como na disputa de uma corrida, não convém te empenhares apenas o suficiente para poderes chegar até onde é preciso, mas sim para que, levado pela dedicação e pelo vigor, ultrapasses facilmente a meta". Esse símile é para que se compreenda mais claramente, por exemplo, como raciocinam mal aqueles que censuram alguém por assumir a custódia dos filhos de um amigo que morreu; pois no corredor deve haver velocidade bastante para levá-lo além da linha de chegada; no amigo, solicitude bastante para que, na dedicação à amizade, vá além do que seu amigo poderia saber. O símile é feito, então, por brevidade. Os termos da similitude, com efeito, não foram separados um do outro, como nos demais casos, mas pronunciados juntos e entrelaçados.

Usaremos a similitude com o objetivo de colocar o caso **diante dos olhos** – por meio do **paralelo** – assim: "se um citaredo se apresentasse muitíssimo bem vestido, envergando uma túnica dourada, um manto púrpura bordado em várias cores, e um áureo diadema iluminado por pedras grandes e reluzentes; trazendo a cítara toda revestida de ouro e encrustada de marfim e, ele próprio, além disso, fosse de aspecto, porte e estatura dignificantes; se, com tudo isso, causasse enorme expectativa no povo mas, feito silêncio, subitamente emitisse uma voz agudíssima, acompanhada dos mais repulsivos gestos, seria rechaçado e tanto mais escarnecido e desprezado, quanto mais aparatado e promissor tivesse parecido. Do mesmo modo, se alguém em eminentíssimo posto, com recursos abundantes e valiosos, sobejando os favores da fortuna e as vantagens da natureza, carecer da virtude e das artes, que são mestras da virtude, quanto mais copioso nas demais coisas, quanto mais ilustre e promissor, com maior violência será rechaçado do convívio dos homens de bem, escarnecido e desprezado".

Esse símile, que ornamenta ambas as coisas, fazendo um paralelo entre a inépcia de um e a ignorância de outro, expõe a matéria às

rem subiecit. Dictum autem est per conlationem, propterea quod proposita similitudine paria sunt omnia relata.

[61]   XLVIII. In similibus obseruare oportet diligenter, ut, cum rem afferamus similem, cuius rei causa similitudinem adtulerimus, uerba ad similitudinem habeamus adcommodata. Id est huiusmodi: "ita ut irundines aestiuo tempore praesto sunt, frigore pulsae recedunt –"; ex eadem similitudine nunc per translationem uerba sumimus: "item falsi amici sereno uitae tempore praesto sunt; simul atque hiemem fortunae uiderunt, deuolant omnes". Sed inuentio similium facilis erit, si quis sibi omnes res, animantes et inanimas, mutas et eloquentes, feras et mansuetas, terrestres, caelestes, maritimas, artificio, casu, natura conparatas, usitatas atque inusitatas, frequenter ponere ante oculos poterit et ex his aliquam uenari similitudinem, quae aut ornare aut docere aut apertiorem rem facere aut ponere ante oculos possit. Non enim res tota totae rei necesse est similis sit, sed id ipsum, quod conferetur, similitudinem habeat oportet.

[62]   XLIX. Exemplum est alicuius facti aut dicti praeteriti cum certi auctoris nomine propositio. Id sumitur isdem de causis, quibus similitudo. Rem ornatiorem facit, cum nullius rei nisi dignitatis causa sumitur; apertiorem, cum id, quod sit obscurius, magis dilucidum reddit; probabiliorem, cum magis ueri similem facit; ante oculos ponit, cum exprimit omnia perspicue, ut res prope dicam manu temptari possit. Unius cuiusque generis singula subiecissemus exempla, nisi et exemplum quod genus est, in expolitione demonstrassemus et causas sumendi in similitudine aperuissemus.

---

253 O orador, ao ornar o discurso, deve fazer passar diante dos olhos da própria imaginação todas as coisas que quiser "colocar diante dos olhos" dos ouvintes. Para isso, recorrerá a um inventário guardado na memória, "tesouro das coisas inventadas" (*Retórica a Herênio* 3.28), buscando a adequação entre essas coisas e os ornamentos por meio dos quais são expressas no discurso. Já foi dito e reiterado que a memória se aplica a todas as partes da arte.

vistas de todos. É feito em paralelo, porque uma vez proposta a similitude, todos os elementos concordantes são referidos.

[61]     XLVIII. Nas semelhanças, deve-se observar cuidadosamente que, ao apresentar aquilo que foi o motivo de se produzir um símile, usemos palavras adequadas à similitude, desta maneira: "assim como as andorinhas acorrem no verão e vão-se embora expulsas pelo frio..."; empregamos, agora, por meio da translação, palavras extraídas dessa mesma semelhança: "também os falsos amigos acorrem em tempos tranquilos e, tão logo pressintam o inverno de nossa ventura, debandam todos". Encontrar os símiles será fácil se pudermos fazer passar copiosamente diante de nossos olhos[253] todas as coisas, animadas e inanimadas; dotadas ou não da fala; selvagens e domadas; terrestres, celestes e marítimas; feitas pela arte, pelo acaso, pela natureza; usuais e inusitadas, e delas apreender alguma semelhança que possa ou ornar, ou ensinar, ou esclarecer, ou colocar diante dos olhos. Não é necessário que a semelhança entre as coisas seja completa, mas é preciso que o exato ponto cotejado sustente a similitude.

[62]     XLIX. O **exemplo**[254] é o relato de algo feito ou dito no passado com a segurança do nome do autor. É usado pelos mesmos motivos que usamos a similitude. Torna as coisas mais ornadas quando é empregado apenas em razão da dignidade; mais claras, quando ilumina aquilo que parecia obscuro; mais prováveis, quando as faz mais verossímeis; coloca-as diante dos olhos, quando expressa tudo de modo tão perspícuo que eu diria ser quase possível tocar com a mão. Ofereceríamos exemplos de cada um dos tipos se já não tivéssemos demonstrado, na expolição, em que consiste o exemplo e exposto, na similitude, os motivos de utilizá-lo. Assim,

---

254 *Parádeigma, homoíosis* (Anderson Jr. 2000: 79, 87). Cícero (*Sobre a invenção* 1.31, 1.51) entende a similitude e o exemplo como constituintes da argumentação por indução. A *Retórica a Herênio* não contempla a argumentação do tipo "indutivo" entre os meios de prova; no entanto, trata a similitude e o exemplo como ornamentos da elocução.

Quare noluimus neque pauca, quominus intellegeretur, neque re intellecta plura scribere.

Imago est formae cum forma cum quadam similitudine conlatio. Haec sumitur aut laudis aut uituperationis causa. Laudis causa, sic: "inibat in proelium, corpore tauri ualidissimi, impetu leonis acerrimi simili". Vituperationis, ut in odium adducat hoc modo: "iste, qui cottidie per forum medium tamquam iubatus draco serpit dentibus aduncis, aspectu uenenato, spiritu rabido, circum inspectans huc et illuc, si quem reperiat, cui aliquid mali faucibus adflare, ore adtingere, dentibus insecare, lingua aspergere possit". Ut in inuidiam adducat, hoc modo: "iste, qui diuitias suas iactat, sicut Gallus e Phrygia aut hariolus quispiam depressus et oneratus auro clamat et delirat". In contemptionem sic: "iste, qui tamquam coclea abscondens retentat sese tacitus, cum domo totus ut comedatur aufertur".

[63] Effictio est, cum exprimitur atque effingitur uerbis corporis cuiuspiam forma, quoad satis sit ad intellegendum, hoc modo: "hunc, iudices, dico, rubrum, breuem, incuruom, canum, subcrispum, caesium, cui sane magna est in mento cicatrix, si quo modo potest uobis in memoriam redire". Habet haec exornatio cum utilitatem, si quem uelis demonstrare, tum uenustatem, si breuiter et dilucide facta est.

L. Notatio est, cum alicuius natura certis describitur signis, quae, sicuti notae quae naturae sunt adtributa; ut si uelis non diuitem, sed ostentatorem pecuniosi describere: "iste", inquies, "iudices, qui se dici diuitem putat esse praeclarum, primum nunc uidete, quo uultu nos intueatur. Nonne uobis uidetur dicere: 'darem uobis libenter, si mihi molesti non essetis'?. Cum uero sinistra mentum subleuauit, existimat se gemmae nitore et auri splendore aspectus

---

255 *Eikón* (Anderson Jr. 2000: 38), *homoíosis* (Anderson Jr. 2000: 79).
256 Chamavam-se Galos os sacerdotes da deusa frígia Cibele, que, conforme Ovídio (*Fastos* 4.361–366), ensandeciam ao beber da água do Rio Galo.

não quisemos escrever menos que o necessário à compreensão, nem, com tudo compreendido, escrever demais.

A **imagem**[255] é o paralelo entre duas formas com alguma similitude. É empregada para elogiar ou para vituperar. Para elogiar, assim: "entrava na arena com o corpo semelhante ao de um touro extremamente vigoroso e o ímpeto do mais feroz leão". Para vituperar, levando à aversão, desta maneira: "falo desse aí, que serpeia diariamente pelo fórum qual víbora encristada: presas curvas, olhar peçonhento, sibilo raivoso; procurando ao redor, de um lado e de outro, encontrar alguém para lançar algum veneno, alcançar com a boca, morder com as presas, infectar com a língua". Para levar à antipatia, desta maneira: "esse tal que se gaba de suas riquezas, coberto e vergado de tanto ouro, clarina e delira como um Galo da Frígia[256] ou como um charlatão qualquer". Para levar ao desprezo, assim: "este, que, como um caracol, se esconde e cala, é apanhado com sua casa, para ser engolido inteiro".

[63] Na **efígie**,[257] exprime-se e forja-se com palavras a forma do corpo de alguém, o suficiente para que seja reconhecido, desta maneira: "refiro-me, juízes, àquele homem rubro, baixo, encurvado, de cabelos grisalhos, encrespados, olhos esverdeados, com uma enorme cicatriz no queixo, se assim podeis trazê-lo à memória". Esse ornamento tem utilidade, quando se quer descrever alguém, e encanto, se isso for feito com brevidade e clareza.

L. A **notação**[258] é a descrição da natureza de alguém pelos sinais distintivos que, como marcas, são atributos daquela natureza; como se alguém, querendo descrever não um rico, mas um ostentador de riqueza, dissesse: "este, juízes, que considera admirável ser chamado rico, vede, antes de mais nada, com que ares está nos observando. Não parece que diz: 'recompensaria a todos se não me importunásseis'? Realmente, ao levantar o queixo com a mão esquerda,

---

257 *Charakterismós* (Anderson Jr. 2000: 125-I).
258 *Ethopoiía* (Anderson Jr. 2000: 60). Etopeia.

omnium praestringere. – Cum puerum respicit hunc unum, quem ego noui – uos non arbitror –, alio nomine appellat, deinde alio atque alio. 'At eho tu', inquit, 'ueni, Sannio, ne quid is barbari turbent'; ut ignoti, qui audient, unum putent seligi de multis. Ei dicit in aurem, aut ut domi lectuli sternantur, aut ab auunculo rogetur Aethiops qui ad balneas ueniat, aut asturconi locus ante ostium suum detur, aut aliquod fragile falsae choragium gloriae conparetur. Deinde exclamat, ut omnes audiant: 'uideto, ut diligenter numeretur, si potest, ante noctem'. Puer, qui iam bene eri naturam norit: 'tu illo plures mittas oportet', inquit, 'si hodie uis transnumerari'. 'Age' inquit, 'duc tecum Libanum et Sosiam'. 'Sane.'

Deinde casu ueniunt hospites homini, quos iste, dum splendide peregrinatur, inuitarat. Ex ea re homo hercule sane conturbatur; sed tamen a uitio naturae non recedit. 'Bene', inquit, 'facitis, cum uenitis: sed rectius fecissetis, si ad me domum recta abissetis'. 'Id fecissemus', inquiunt illi, 'si domum nouissemus'. 'At istud quidem facile fuit undelibet inuenire. Verum ite mequum'.

Secuntur illi. Sermo interea huius consumitur omnis in ostentatione: quaerit, in agris frumenta cuiusmodi sint; negat se, quia uillae incensae sint, accedere posse: nec aedificare etiamnunc audere; 'tametsi in Tusculano quidem coepi insanire et in isdem fundamentis aedificare'.

[64]    LI. Dum haec loquitur, uenit in aedes quasdam, in quibus sodalicium erat eodem die futurum; quo iste pro notitia domini aedium ingreditur cum hospitibus. 'Hic', inquit, 'habito.' Perspicit argentum, quod erat expositum, uisit triclinium stratum: probat. Accedit seruulus; dicit homini clare, dominum iam uenturum, si uelit exire. 'Itane?' inquit. 'Eamus hospitis; frater uenit ex Falerno: ego illi obuiam pergam; uos huc decuma uenitote'. Hospites

julga ofuscar todos os olhos com o brilho da joia e o esplendor do ouro. Quando se dirige a seu único escravinho – eu o conheço, creio que vós não – chama-o ora por um nome, depois por outro e mais outro. 'Ei, você aí, Sanião', diz, 'venha cá para que estes bárbaros não baguncem tudo', de modo que os desavisados que o escutam pensam que escolhe um escravo entre muitos. Fala, então, ao ouvido do menino, que apronte os leitos para o jantar em casa, ou que vá pedir ao seu tio um Etíope para acompanhá-lo aos banhos, ou que coloque em frente a sua porta um cavalo das Astúrias, ou que prepare qualquer outra frágil encenação para sua vanglória. Em seguida, grita para todos ouvirem: 'providencia que o dinheiro seja cuidadosamente contado, se possível, antes do anoitecer'. O escravinho, que conhece bem a natureza do dono, responde: 'deves, então, mandar mais escravos, se desejas terminar a contagem hoje'. 'Anda', responde, 'leva contigo Libano e Sósia'. – 'Claro!'.

Então, por acaso, surgem hóspedes para esse homem, os quais convidara quando viajava suntuosamente no estrangeiro. E, por Hércules, o homem fica completamente perturbado com isso, mas ainda assim não abandona seu defeito natural. 'Bem fizerdes em vir', diz, 'mas seria melhor se tivésseis ido direto a minha casa'. 'Teríamos feito isso', eles respondem, 'se soubéssemos onde fica'. – 'Mas isso certamente teria sido fácil descobrir em qualquer lugar. Vamos, vinde comigo'.

Eles o seguem. No trajeto, sua conversa consome-se toda em ostentação: pergunta como está o trigo nos campos, diz que não pôde chegar até suas vilas porque foram queimadas e ainda não ousou reconstruí-las, 'embora em Túsculo já tenha gastado loucamente e começado a construir sobre os mesmos alicerces'.

[64]     LI. Enquanto falava essas coisas, chega a uma certa casa onde, naquele mesmo dia, haveria um banquete de confraria. Como conhecia o dono da casa, entra com os hóspedes. 'Moro aqui', diz. Examina a prataria que estava exposta, confere a disposição do triclínio e aprova. Nisso, um escravinho se aproxima e diz ao homem, em alto e bom tom, que o senhor está para chegar; se faria o

discedunt. Iste se raptim domum suam conicit; illi decuma, quo iusserat, ueniunt. Quaerunt hunc; reperiunt, domus cuia sit; in diuersorium derisi conferunt sese.

Vident hominem postero die; narrant, expostulant, accusant. Ait iste eos similitudine loci deceptos angiporto toto deerrasse; se contra ualetudinem suam ad noctem multam expectasse. Sannioni puero negotium dederat, ut uasa, uestimenta, pueros rogaret: seruulus non inurbanus satis strenue et concinne conpararat. Iste hospites domum deducit: ait se aedes maximas cuidam amico ad nuptias commodasse. Nuntiat puer argentum repeti: pertimuerat enim, qui commodarat. 'Apage te', inquit, 'aedes commodaui, familiam dedi: argentum quoque uult? Tametsi hospites habeo, tamen utatur licet, nos Samis delectabimur'.

Quid ego, quae deinde efficiat, narrem? Eiusmodi est hominis natura, ut quae singulis diebus efficiat gloria atque ostentatione, ea uix annuo sermone enarrare possim".

[65] Huiusmodi notationes, quae describunt, quod consentaneum sit unius cuiusque naturae, uehementer habent magnam delectationem: totam enim naturam cuiuspiam ponunt ante oculos, aut gloriosi, ut nos exempli causa coeperamus, aut inuidi aut tumidi aut auari, ambitiosi, amatoris, luxuriosi, furis, quadruplatoris; denique cuiusuis studium protrahi potest in medium tali notatione.

**LII.** Sermocinatio est, cum alicui personae sermo adtribuitur et is exponitur cum ratione dignitatis, hoc pacto: "cum militibus urbs redundaret et omnes timore obpressi domi continerentur,

---

259 A décima hora corresponde aproximadamente às 16 horas da nossa convenção, pois as horas começavam a ser contadas ao raiar do dia.
260 Os vasos sâmios eram feitos com cerâmica de pouco valor (Cícero, *Em defesa de Murena* 75; Plauto, *As Báquides* 202).
261 O exemplo dá a entender que a *notação* é adequada à caracterização de tipos, tais como as personagens da comédia. A *notação* comporta descrições de ações, em discurso indireto; falas de personagem, em discurso direto, e trechos de discurso indireto-livre que permitem ao narrador avaliar negativamente a personagem caracterizada. Na oratória, os tipos cômicos são pertinentes à figura atenuada (*Retórica a Herênio* 4.14). Ver também: Teofrasto, *Os Caracteres*.

favor de sair. 'É mesmo?' diz. 'Andemos, hóspedes. Meu irmão vem de Falerno, devo encontrá-lo no caminho. Voltai à décima hora.'[259] Os hóspedes se retiram. Ele põe-se, às pressas, a caminho de casa; aqueles, conforme mandara, chegam à décima hora. Perguntam por ele e descobrem de quem é a casa; ludibriados, dirigem-se a uma estalagem.

No dia seguinte, encontram o homem, contam o sucedido, reclamam, acusam. Ele retruca que, enganados com a semelhança do lugar, erraram completamente a viela; que ele tinha esperado, em detrimento de sua saúde, até altas horas. Incumbira o menino Sanião de pedir emprestados louças, tapeçaria e servos. O escravinho, nada tosco, providenciara tudo com bastante rapidez e esmero. O homem faz entrar os hóspedes em casa, dizendo que cedeu sua mansão para as núpcias de um amigo. O escravo avisa que já pedem a prataria, pois quem a emprestara teme por ela. 'Ora, some daqui!', diz, 'emprestei a casa, cedi meus escravos, quer também a prataria? Mas, embora tenha hóspedes, deixarei que a use, nos contentaremos com a louça de Samos'.[260]

Que mais eu poderia ainda contar que fez? A natureza desse homem é tal que o que faz por glória e ostentação em um único dia, eu mal conseguiria narrar em um ano de conversa".

[65] Notações desse tipo, que descrevem o que é conforme à natureza de cada um, trazem, forçosamente, muito deleite, pois dão a ver tudo o que é característico de alguém, seja um vanglorioso – como o que tomamos nesse exemplo –, um invejoso, um soberbo, um cobiçoso, um adulador, um amante, um dissoluto, um ladrão, um delator, enfim, com a notação, a índole de quem quer que seja pode ser exibida aos olhos de todos.[261]

**LII.** Na **sermocinação**[262] atribui-se a cada pessoa uma fala que se mostra conforme a sua dignidade, deste modo: "quando os soldados se espalhavam pela cidade e todos se confinavam em casa,

---

262 *Diálogoi* (Anderson Jr. 2000: 33).

uenit iste cum sago, gladio succinctus, tenens iaculum; III adulescentes hominem simili ornatu subsecuntur. Inrupit in aedes subito, deinde magna uoce: 'ubi est iste beatus', inquit, 'aedium dominus? Quin mihi praesto fuit? Quid tacetis?'. Hic alii omnes stupidi timore obmutuerunt. Uxor illius infelicissimi cum maximo fletu ad istius pedes abiecit sese. 'Per te', inquit, 'ea quae tibi dulcissima sunt in uita: miserere nostri, noli extinguere extinctos, fer mansuete fortunam: nos quoque fuimus beati: nosce te esse hominem.' – 'Quin illum mihi datis ac uos auribus meis opplorare desinitis? Non abibit'.

Illi nuntiatur interea uenisse istum et clamore maximo mortem minari. Quod simul ut audiuit: 'Heus', inquit, 'Gorgia pedisequo puerorum, absconde pueros, defende, fac, ut incolumis ad adulescentiam perducas'. Vix haec dixerat, cum ecce iste praesto 'sedes', inquit, 'audax? Non uox mea tibi uitam ademit? Exple meas inimicitias et iracundiam satura tuo sanguine'. Ille cum magno spiritu: 'verebar', inquit, 'ne plane uictus essem. Nunc uideo: iure mecum contendere non uis, ubi superari turpissimum et superare pulcherrimum est: interficere uis. Occidar equidem, sed uictus non peribo'. 'Ut in extremo uitae tempore etiam sententias eloqueris! Numquam ei, quem uides dominari, uis supplicare? Tum mulier: 'immo iste quidem rogat et supplicat: sed tu, quaeso, commouere; et tu per deos', inquit, 'hunc examplexare. Dominus est; uicit hic te, uince tu nunc animum'. 'Quin desinis', inquit, 'uxor, loqui, quae me digna non sint? Tace et quae curanda sunt, cura. Tu cessas mihi uitam, tibi omnem bene uiuendi spem mea morte eripere?'. Iste mulierem propulit ab se lamentantem; illi nescio quid incipienti dicere, quod dignum uidelicet illius uirtute esset, gladium in latere defixit".

oprimidos pelo medo, chega esse homem, em roupas de guerra, cingido da espada e segurando a lança, acompanhado de três jovens, igualmente aparatados. Irrompe subitamente no interior do palácio e, com voz imponente, pergunta: 'onde está o beato senhor desta casa? Por que não veio à minha presença? E vós, por que não respondeis?'. Com isso, todos emudecem, paralisados pelo medo. A mulher do infeliz atira-se, em prantos, aos pés do invasor: 'por ti e por tudo o que te for mais caro na vida, tem piedade de nós, não queiras aniquilar os que já estão aniquilados, goza a fortuna com brandura, também nós já fomos bem-aventurados. Considera que és homem'. – 'Por que não o entregas e para de choramingar nos meus ouvidos? Ele não tem escapatória'.

Nesse ínterim, anunciam ao senhor da casa que o homem havia chegado e, em altos brados, ameaçava-o de morte. Ouvindo isso, diz ao pajem de seus filhos: 'anda, Górgias, esconde as crianças, protege-os, faz com que cheguem sãos e salvos à maioridade'. Mal terminara de falar e eis que o outro aparece: 'ainda aqui, temerário? Minha voz não te desenganou? Aplaca meu ódio e sacia minha sanha com teu sangue'. O senhor responde, com grande altivez: 'temia ser totalmente vencido; agora vejo: não queres disputar comigo em juízo, onde é nobilíssimo vencer e mais que desonroso perder; matar-me, é o que queres. Sim, serei assassinado, mas não morrerei vencido'. – 'Até o último instante de vida és sentencioso! Não admites suplicar àquele que tem o poder'. Então, a mulher se interpõe: 'não! Ele roga sim, e até suplica. A ti, eu imploro, deixa-te comover! E tu' – voltando-se para o marido – 'pelos deuses, abraça-lhe os joelhos. É o senhor. Aqui venceu-te. Vence tu, agora, a tua altivez'. – 'Por que não paras, mulher, de falar essas coisas que me são indignas? Cala-te e cuida do que deves cuidar'. E ao inimigo, diz: 'tiras-me a vida e assim roubarás a ti mesmo, com a minha morte, toda esperança de bem viver'. O usurpador empurra para longe de si a mulher chorosa. O outro, que começa a dizer não sei o que lá – algo certamente digno de sua virtude – recebe a espada cravada no flanco".

Puto in hoc exemplo datos esse uni cuique sermones ad dignitatem adcommodatos; id quod oportet in hoc genere conseruare.

Sunt item sermocinationes consequentes hoc genus: "nam quid putamus illos dicturos, si hoc iudicaritis? Nonne omnes hac utentur oratione?". deinde subicere sermonem.

[66]    LIII. Conformatio est, cum aliqua, quae non adest, persona confingitur quasi adsit, aut cum res muta aut informis fit eloquens, et forma ei et oratio adtribuitur ad dignitatem adcommodata, aut actio quaedam, hoc pacto: "Quodsi nunc haec urbs inuictissima uocem mittat, non hoc pacto loquatur: 'ego illa plurimis tropais ornata, triumphis ditata certissimis, clarissimis locupletata uictoriis, nunc uestris seditionibus, o ciues, uexor; quam dolis malitiosa Kartago, uiribus probata Numantia, disciplinis erudita Corinthus labefactare non potuit, eam patimini nunc ab homunculis deterrimis proteri atque conculcari?'".

Item: "quodsi nunc Lucius ille Brutus reuiuescat et hic ante pedes uestros adsit, is non hac utatur oratione: 'Ego reges eieci, uos tyrannos introducitis; ego libertatem, quae non erat, peperi, uos partam seruare non uultis; ego capitis mei periculo patriam liberaui, uos liberi sine periculo esse non curatis?'".

Haec conformatio licet in plures res, in mutas atque inanimas transferatur. Proficit plurimum in amplificationis partibus et commiseratione.

[67]    Significatio est res, quae plus in suspicione relinquit, quam positum est in oratione. Ea fit per exsuperationem, ambiguum, consequentiam, abscisionem, similitudinem.

---

263 O exemplo dá a entender que a *sermocinação* é adequada à caracterização – pela fala (*sermo*) – de personagens heroicas, tais como as personagens da tragédia. Na oratória, essas são pertinentes à figura grave (*Retórica a Herênio* 4.11-12).
264 Nesse caso, a *sermocinação* faz-se em forma de *subjeção* (*eperótesis*).
265 *Prosopopoiía* (Anderson Jr. 2000: 106). Prosopopeia.
266 *Émphasis* (Anderson Jr. 2000: 41). Chamaríamos isso de alusão, não fosse nosso

Creio que nesse exemplo foi dada, a cada um, uma fala adequada a sua dignidade, algo que é preciso preservar nesse tipo de ornamento.[263]

Há também *sermocinações inferidas*,[264] deste tipo: "que pensamos que eles irão dizer se julgardes desse modo? Acaso não usarão todos destas palavras?" – e, então, acrescenta-se a fala.

[66]   LIII. A **personificação**[265] consiste em configurar uma pessoa ausente como se estivesse presente; também em fazer falar uma coisa muda ou informe atribuindo-lhe ou alguma ação, ou forma e discurso adequados a sua dignidade, deste modo: "se agora essa cidade invencível emitisse sua voz, não falaria assim? 'Eu, que fui ornada de inúmeros troféus, enriquecida com indubitáveis triunfos, fortalecida por célebres vitórias, hoje me envergonho, cidadãos, das vossas sedições. Aquela que não se abalou com a astuta Cartago e suas ciladas, a respeitada Numância e sua força, a requintada Corinto e sua erudição, agora suportais seja esmagada e vilipendiada por abomináveis homúnculos?'".

Também: "se agora o próprio Lúcio Bruto ressuscitasse e se pusesse diante de vós, não faria este discurso? 'Eu expulsei os reis, vós introduzistes os tiranos; a liberdade, que não havia, conquistei-a; agora, já obtida, não a quereis conservar; eu, arriscando a vida, libertei a pátria; vós, sem risco algum, não prezais a liberdade?'".

A personificação pode ser aplicada a diversas coisas, mudas e inanimadas. É especialmente útil nas partes da amplificação e da comiseração.

[67]   A **significação**[266] é o que faz supor mais do que está posto no discurso. Pode ser produzida por exagero, ambiguidade, consequência, reticência e similitude.

---

propósito conservar o étimo latino na tradução dos nomes dos ornatos. Caplan ([1954] 1999: 400) nota que a *significatio* é mais um *tropo* do que um *ornamento de sentença*. De fato, os cinco modos elencados para se produzir a *significação* têm funcionamento semelhante aos tropos reunidos em *Retórica a Herênio* 4.42–46.

Per exsuperationem, cum plus est dictum, quam patitur ueritas, augendae suspicionis causa, sic: "hic de tanto patrimonio tam cito testam, qui sibi petat ignem, non reliquit".

Per ambiguum, cum uerbum potest in duas pluresue sententias accipi, sed accipitur tamen in eam partem, quam uult is, qui dixit; ut de eo si dicas, qui multas hereditates adierit: "prospice tu, qui plurimum cernis". **LIV.** Ambigua quemadmodum uitanda sunt, quae obscuram reddunt orationem, item haec consequenda, quae conficiunt huiusmodi significationem. Ea reperientur facile, si nouerimus et animum aduerterimus uerborum ancipites aut multiplices potestates.

Per consequentiam significatio fit, cum res, quae sequantur aliquam rem, dicuntur, ex quibus tota res relinquitur in suspicione; ut si salsamentari filio dicas: "quiesce tu, cuius pater cubito se emungere solebat".

Per abscisionem, si, cum incipimus aliquid dicere, deinde praecidamus, et ex eo, quod iam diximus, satis relinquitur suspicionis, sic: "qui ista forma et aetate nuper alienae domi – nolo plura dicere".

Per similitudinem, cum aliqua re simili allata nihil amplius dicimus, sed ex ea significamus, quid sentiamus, hoc modo: "noli, Saturnine, nimium populi frequentia fretus esse: inulti iacent Gracci".

Haec exornatio plurimum festiuitatis habet interdum et dignitatis; sinit enim quiddam tacito oratore ipsum auditorem suspicari.

[68] Breuitas est res ipsis tantummodo uerbis necessariis expedita, hoc modo: "Lemnum praeteriens cepit, inde Thasi praesidium

---

267 O *exagero*, em latim *exsuperatio*, consta dos *tropos* – em *Retórica a Herênio* 4.44 – com o nome *superlatio*, que traduzimos por *superlação*.
268 *Homonymía* (Anderson Jr. 2000: 81).
269 As ambiguidades a serem evitadas são chamadas de anfibolias em *Retórica a Herênio* 2.16.
270 *Epakoloúthesis*. Segundo Calboli ([1969] 1993: 431), esse ornato é semelhante à metonímia, com a alusão operando pelo princípio da contiguidade.

Faz-se por **exagero**[267] quando se diz mais do que a verdade comporta, para ampliar uma suspeita, assim: "num piscar de olhos, de seu enorme patrimônio esse homem não deixou nem uma cumbuca com que pedisse fogo".

Por **ambiguidade**,[268] quando uma palavra pode remeter a duas ou mais sentenças, embora seja tomada na acepção que deseja o orador; como se falássemos a respeito de quem recebeu muitas heranças: "cuida tu, que tudo captas".

**LIV.** Ambiguidades que tornam o discurso obscuro devem ser evitadas,[269] ao passo que devem ser buscadas as que forjam esse tipo de significação. Serão encontradas facilmente, se conhecermos e observarmos os duplos ou múltiplos sentidos das palavras.

A significação dá-se pela **consequência**[270] quando se contam coisas que resultam de outras, colocando tudo sob suspeita; como se disséssemos ao filho de um vendedor de peixe: "acalma-te, tu, cujo pai costumava assoar-se no antebraço".

Por **reticência**,[271] se interrompermos algo que começamos a dizer, e o que já tivermos dito for suficiente para lançar suspeitas, assim: "ele, com tal beleza e juventude, recentemente em casa alheia ... não quero dizer mais".

Por **similitude**,[272] quando apresentamos uma semelhança sem nada acrescentar, mas a partir dela significamos o que pensamos, assim: "não vás, Saturnino, fiar-te demais na multidão: sem vingança, jazem os Gracos".

Esse ornamento, usado esporadicamente, tem muita festividade e dignidade, pois permite ao ouvinte supor o que o orador calou.

[68] A **brevidade**[273] expõe algo com o mínimo necessário de palavras, deste modo: "no caminho, apanhou Lemnos, depois deixou uma guar-

---

271 A *reticência*, em latim *abscisio*, é o mesmo ornato chamado anteriormente – em *Retórica a Herênio* 4.41 – de *praecisio*, que traduzimos por *rescisão*.
272 *Retórica a Herênio* 4.59.
273 *Syntomía* (Anderson Jr. 2000: 112).

reliquit, post urbem Bhitynam Cium sustulit, inde reversus in Hellespontum statim potitur Abydi".

Item: "modo consul quondam, is deinde primus erat ciuitatis; tum proficiscitur in Asiam; deinde hostis et exul est dictus; post imperator, et postremo factus est consul".

Habet paucis conprehensa breuitas multarum rerum expeditionem. Quare adhibenda saepe est, cum aut res non egent longae orationis aut tempus non sinet commorari.

**LV.** Demonstratio est, cum ita uerbis res exprimitur, ut geri negotium et res ante oculos esse uideatur. Id fieri poterit, si, quae ante et post et in ipsa re facta erunt, conprehendemus aut a rebus consequentibus aut circum instantibus non recedemus, hoc modo: "quod simul atque Graccus prospexit, fluctuare populum, uerentem, ne ipse auctoritate senatus commotus sententia desisteret, iubet aduocari contionem. Iste interea scelere et malis cogitationibus redundans euolat e templo Iouis: sudans, oculis ardentibus, erecto capillo, contorta toga, cum pluribus aliis ire celerius coepit. Illi praeco faciebat audientiam; hic, subsellium quoddam excors calce premens, dextera pedem defringit et hoc alios iubet idem facere. Cum Graccus deos inciperet precari, cursim isti impetum faciunt et ex aliis ali partibus conuolant atque e populo unus: 'fuge, fuge', inquit, 'Tiberi. Non uides? Respice, inquam'. Deinde uaga multitudo, subito timore perterrita, fugere coepit. At iste, spumans ex ore scelus, anhelans ex infimo pectore crudelitatem, contorquet brachium et dubitanti Gracco, quid esset, neque tamen locum, in quo constiterat, relinquenti, percutit tempus. Ille, nulla uoce delibans insitam uirtutem, concidit tacitus. Iste uiri fortissi-

---

274 *Enárgeia* (Anderson Jr. 2000: 43).

nição em Tasos, em seguida destruiu a cidade bitínia de Cio, e então, voltando ao Helesponto, apoderou-se imediatamente de Abidos".

Também: "no passado recente, cônsul, depois, o primeiro homem da cidade, então parte para a Ásia, depois é declarado inimigo e exilado, em seguida é nomeado general e, por fim, cônsul".

A brevidade expressa muitas coisas condensadas em poucas palavras. Por isso, há de ser adotada amiúde, quando a matéria não exige um longo discurso ou quando o tempo não permite demorar-se.

**LV.** Na **demonstração**,[274] exprimimos um acontecimento com palavras tais que as ações parecem estar transcorrendo e as coisas parecem estar ao alcance dos olhos. Pode-se fazer isso reunindo aquilo que houve antes, depois e na ocasião do ato, ou atendo-se a suas circunstâncias e consequências, deste modo: "mal Graco percebeu que o povo hesitava, temendo que ele, obrigado pela autoridade do Senado, mudasse de parecer, mandou convocar a assembleia. Enquanto isso, esse homem cheio de pensamentos criminosos e perversos, surge do templo de Júpiter, suado, com olhos em chamas, cabelo em pé, toga desalinhada; e, seguido de muitos outros, começa a avançar. O arauto pede que escutem Graco, mas o tal, insano, finca o pé num banco, quebra-lhe uma perna com a mão e ordena aos outros que façam o mesmo. Quando Graco inicia sua prece aos deuses, esses homens rapidamente atacam, surgindo de todos os lados. Do povaréu, ergue-se um grito: 'foge, Tibério, foge! Não estás vendo? Atrás de ti, olha!'. Nisso, a turba inconstante, tomada de súbito pânico, começa a fugir. Mas o homem, com a raiva espumando na boca, exalando crueldade do fundo do peito, ergue o braço e – enquanto Graco começa a entender o que está acontecendo, mas não abandona o lugar –, golpeia-lhe a cabeça. Graco, sem que nenhum som macule sua virtude inata, morre calado. O assassino, banhado no miserando sangue do mais

mi miserando sanguine aspersus, quasi facinus praeclarissimum fecisset circum inspectans, et hilare sceleratam gratulantibus manum porrigens, in templum Iouis contulit sese".

[69]  Haec exornatio plurimum prodest in amplificanda et commiseranda re huiusmodi enarrationibus. Statuit enim rem totam et prope ponit ante oculos.

LVI. Omnes rationes honestandae studiose collegimus elocutionis: in quibus, Herenni, si te diligentius exercueris, et grauitatem et dignitatem et suauitatem habere in dicendo poteris, ut oratorie plane loquaris, nec nuda atque inornata inuentio uulgari sermone efferatur. Nunc identidem nosmet ipsi nobis instemus – res enim communis agetur –, ut frequenter et adsidue consequamur artis rationem studio et exercitatione; quod alii cum molestia tribus de causis maxime faciunt: aut si quicum libenter exerceantur non habent, aut si diffidunt sibi, aut nesciunt, quam uiam sequi debeant; quae ab nobis absunt omnes difficultates. Nam et simul libenter exercemur propter amicitiam, cuius initium cognatio fecit, cetera philosophiae ratio confirmauit: et nobis non diffidimus, propterea quod et aliquantum processimus, et alia sunt meliora, quae multo intentius petimus in uita, ut, etiamsi non peruenerimus in dicendo quo uolumus, parua pars uitae perfectissimae desideretur; et uiam quam sequamur, habemus, propterea quod in his libris nihil praeteritum est rhetoricae praeceptionis.

Demonstratum est enim, quomodo res in omnibus generibus causarum inuenire oporteat; dictum est, quo pacto eas disponere conueniat; traditum est, qua ratione esset pronuntiandum; praeceptum est, qua uia meminisse possemus; demonstratum est, quibus modis perfecta elocutio conpararetur. Qua si sequimur,

---

275  É interessante confrontar essa narrativa do assassinato de Tibério Graco com a que faz Plutarco do mesmo episódio (*Tibério* 19), também com amplo uso da demonstração, mas para compor uma imagem desfavorável de Tibério.

valente dos homens, olha ao redor como se tivesse executado um feito ilustre e, estendendo alegremente a mão criminosa aos que o felicitam, recolhe-se ao templo de Júpiter".[275]

[69] Esse ornamento é muito útil para amplificar e apelar à misericórdia,[276] pois, com uma narrativa desse tipo, ele expõe todo o ocorrido e coloca-o como que diante dos olhos.

LVI. Reunimos cuidadosamente todos os meios de honestar a elocução. Se com diligência te exercitares neles, Herênio, poderás obter gravidade, dignidade e suavidade no discurso, para que fales exatamente como os oradores e não exponhas a invenção nua e desornada numa fala trivial. Pontanto, apliquemo-nos os dois, mais e mais – somos ambos interessados – em buscar as regras da arte, frequente e assiduamente, com estudo e exercício. Para os outros, isso é um problema, sobretudo por três motivos: ou porque não têm com quem se exercitar de bom grado, ou porque não confiam em si mesmos, ou porque desconhecem o caminho a seguir. Todas essas dificuldades não existem para nós. Exercitamo-nos juntos com prazer, graças a nossa amizade, cujo início se deu por laços familiares e, além disso, firmou-se com o interesse pela filosofia. Não nos falta confiança em nós mesmos, porque já avançamos um tanto e há outras coisas melhores que buscamos com muito mais intento na vida, de modo que, mesmo se no discurso não formos tão longe quanto queremos, ficará a desejar apenas pequena parte de uma vida inteiramente perfeita. Temos um caminho a seguir, pois nestes livros não se omitiu nenhum preceito da retórica.

Demonstrou-se, enfim, como se devem encontrar as coisas em todos os tipos de causas; falou-se de como convém serem dispostas; apresentou-se o método com que se há de pronunciar; ensinou-se por que meios poderemos memorizar; mostrou-se de que modo preparar uma elocução perfeita. Se seguirmos esses preceitos,

---

276 A amplificação é principalmente um recurso da parte que acusa (*Retórica a Herênio* 2.47–49) e o apelo à misericórdia, da parte que defende (*Retórica a Herênio* 2.50).

acute et cito reperiemus, distincte et ordinate disponemus, grauiter et uenuste pronuntiabimus, firme et perpetue meminerimus, ornate et suauiter eloquemur. Ergo amplius in arte rhetorica nihil est. Haec omnia adipiscemur, si rationes praeceptionis diligentia consequemur exercitationis.

inventaremos com agudeza e rapidez, disporemos com distinção e ordem, pronunciaremos com gravidade e encanto, lembraremos com certeza e por longo tempo, nos exprimiremos ornada e suavemente. Portanto, nada mais resta na arte retórica. E tudo isso alcançaremos se, diligentes, acompanharmos o método de preceitos com exercícios.

# APÊNDICES

# Apêndice 1

## ÍNDICE ANALÍTICO

**LIVRO 1**

Exórdio (1)

Sobre o ofício do orador (2-3)
    Gêneros de causa (2)
        Demonstrativo (2)
        Deliberativo (2)
        Judiciário (2)
    O que o orador deve ter (3)
        Invenção (3)
        Disposição (3)
        Elocução (3)
        Memória (3)
        Pronunciação (3)
    Como obtê-los (3)
        Arte (3)
        Imitação (3)
        Exercício (3)

Sobre a invenção nas seis* partes do discurso (Livro 1, 4 - Livro 2, 50)
    No exórdio (5-11)
        Gêneros de causa (5)
            Honesta (5)
            Torpe (5)
            Dúbia (5)

---

\* As partes referentes à invenção na Confirmação e na Refutação, pela sua própria característica dialógica, são apresentadas conjuntamente.

    Humilde (5)
   Gêneros de exórdio (6)
    Introdução (6)
     Os gêneros de causa e as disposições do ouvinte (6-8)
    Insinuação (9-10)
     Os gêneros de causa e as disposições do ouvinte (9-10)
     Diferença entre introdução e insinuação (11)
   Exórdios viciosos (11)
Na narração (12 a 16)
  Gêneros de narração (12-13)
  Conveniências da narração (14-16)
   Brevidade (14)
   Clareza (15)
   Verossimilhança (16)
Na divisão (17)
  Enumeração (17)
  Exposição (17)
Na confirmação e refutação (Livro 1,18 – Livro 2,46)
  Constituições da causa (18-27)
   Constituição conjectural (18)
   Constituição legal (19-23)
    Escrito e intenção (19)
    Leis contrárias (20)
    Ambiguidade (20)
    Definição (21)
    Transferência (22)
    Analogia (23)
   Constituição jurídica absoluta (24)
   Constituição Jurídica relativa (24-25)
    Relativa (24)
     Confissão (24)
      Purgação (24)
       Imprudência (24)
       Acaso (24)

Necessidade (24)

Súplica (24)

Transferência da acusação (25)

Abstenção da culpa (25)

Comparação (25)

Método de encontrar a judicação (26-27)

Conclusão do livro 1 (27)

**LIVRO 2**

Exórdio (1-2)

Sobre a invenção na confirmação e refutação (3-46)
    Segundo a constituição da causa (3-26)
        Na constituição conjectural (3-12)
            Probabilidade (3-5)
            Motivação (3-4)
            Conduta (5)
            Comparação (6)
            Sinal (6-7)
                Lugar (7)
                Momento (7)
                Duração (7)
                Oportunidade (7)
                Esperança de êxito (7)
                Esperança de ocultar o crime (7)
            Argumento (8)
                Momento anterior (8)
                Momento simultâneo (8)
                Momento posterior (8)
            Subsequência (8)
            Comprovação (9-12)
                Lugares próprios (9)

    Lugares comuns (9-12)
        A favor ou contra as testemunhas (9)
        A favor ou contra testemunho sob tortura (10)
        A favor ou contra os argumentos e sinais (11)
        A favor ou contra os boatos (12)
Na constituição legal (13-18)
    A favor do texto (13)
    A favor da interpretação (14)
    Leis divergentes (l 5)
    Ambiguidade (16)
    Definição (17)
    Transferência (18)
    Analogia (18)
Na constituição jurídica absoluta (19-20)
    Partes do Direito (19-20)
        Direito natural (19)
        Direito legal (19)
        Direito consuetudinário (19)
        Julgado (19)
        Equidade (20)
        Pacto (20)
[Na constituição jurídica relativa (21-26)]
    Comparação (21-22)
    Transferência da acusação (22)
    Confissão (23-26)
        Purgação (23-24)
            Necessidade (23)
            Imprudência (24)
            Acaso (24)
        Súplica (25-26)
    Afastamento da acusação (26)
Tratamento da argumentação (27-46)
    Partes da argumentação (28-30)
        Proposição (28)

Razão (28)
Confirmação da razão (28)
Ornamentação (29)
Complexão (30)
Argumentos viciosos (31-46)
Vícios na exposição/proposição (32-34)
Vícios na razão (35-37)
Vícios na confirmação da razão (38-45)
Vícios na ornamentação (46)
Vícios na complexão (46)

Sobre a invenção na conclusão e suas partes (47-50)
Enumeração (47)
Amplificação (47-49)
Lugares comuns (48-49)
Misericórdia (50)

Conclusão do livro 2 (50)

**LIVRO 3**

Exórdio (1)

Sobre a invenção no gênero deliberativo (2-9)
Partes da utilidade (3-9)
Segura (3)
Força (3)
Dolo (3)
Honesta (3)
Correto (3-4)
Prudência (3-4)
Justiça (3-4)
Coragem (3-5)
Modéstia (3-5)

　　　　　Louvável (7)
　　　　Tratamento da causa como um todo no gênero deliberativo (7-9)


Sobre a invenção no gênero demonstrativo (10-15)
　　　Elogio e Vitupério (10)
　　　　Coisas externas (10)
　　　　Corpo (10)
　　　　Ânimo (10)
　　　Elogio e Vitupério nas partes do discurso (10-15)
　　　　Na introdução (11-12)
　　　　　Baseada na nossa pessoa (11)
　　　　　Baseada na pessoa de quem falamos (11)
　　　　　Baseada na pessoa dos ouvintes (12)
　　　　　Baseada na própria matéria (12)
　　　　Na narração (13)
　　　　Na divisão (13-15)
　　　　　Sobre as circunstâncias externas (13)
　　　　　　Ascendência (13)
　　　　　　Educação (13)
　　　　　Sobre o corpo (14)
　　　　　Sobre o ânimo (14-15)
　　　　Na conclusão (15)


Sobre a disposição (16-18)
　　　De acordo com os princípios da arte (16-17)
　　　Que se acomodam ao momento (17-18)


Sobre a pronunciação (19-27)
　　　Configuração da voz (l 9-25)
　　　　Intensidade (20)
　　　　Resistência (21-22)
　　　　Flexibilidade (23-25)
　　　　　Partes da flexibilidade (23-25):
　　　　　　Conversa (23)

Dignificante (23)
Demonstrativa (23)
Narrativa (23)
Jocosa (23)
Contenda (23)
Contínua (23)
Descontínua (23)
Amplificação (24)
Exortativa (24)
Lamentosa (24)
Pronunciação idônea a cada parte da flexibilidade da voz (24-25)
Movimento do corpo idôneo a cada parte da flexibilidade da voz (26-27)

Sobre a memória (28-40)
Natural (28)
Artificial (28-32)
Lugares (29)
Como encontrar os lugares (30-32)
Imagens (33)
Como encontrar e dispor as imagens (33-39)

Conclusão do livro 3 (40)

**LIVRO 4**

Exórdio (1-10)

Sobre a elocução (11-69)
Figuras da elocução (11-16)
Figura grave (11-12)
Figura média (13)
Figura atenuada (14)
Vício adjacente ao grave: inflado (15)

Vício adjacente ao médio: frouxo (16)
Vício adjacente ao tênue: mirrado (16)

Comodidades da elocução (17-69)
    Elegância (17)
        Vernaculidade (17)
            Solecismo (17)
            Barbarismo (17)
        Explanação (17)
            Termos comuns (17)
            Termos especializados (17)
    Composição (18)
    Dignidade (19-69) *
        Ornamentos de palavra (19-46)
            Com palavras afastadas do domínio usual [tropos] (42-46)
        Ornamentos de sentença (46-69)


Conclusão do livro 4 (69)

---

* Ver tabela dos ornamentos no apêndice 2.

# Apêndice 2

## TABELA DE FIGURAS DE LINGUAGEM (LIVRO 4)

| PORTUGUÊS<br>**Ornamentos de Palavras** | LATIM<br>**Verborum Exornationes** | GREGO<br>**Schémata Léxeos** |
|---|---|---|
| Repetição § 19 | Repetitio | Anaphorá, Epanaphorá, Epibolé |
| Conversão § 19 | Conversio | Antistrophé, Epiphorá |
| Complexão § 20 | Complexio | Symploké, Koinótes |
| Transposição § 20 | Traductio | Antimetáthesis, Sýnkrisis, Antanáclasis |
| Contenção § 21 | Contentio | Antíthesis |
| Exclamação § 22 | Exclamatio | Apostrophé, Embóesis, Schetliasmós, Ekphónesis |
| Interrogação § 22 | Interrogatio | Eperótesis, Erótema |
| Raciocinação § 23 | Ratiocinatio | Aitiología |
| Sentença § 24 | Sententia | Gnóme |
| Contrário § 25 | Contrarium | Enthýmema |
| Membro § 26 | Membrum | Kôlon |
| Articulação § 26 | Articulus | Kómma |
| Continuidade § 27 | Continuatio | Períodos |
| Paridade § 27 | Compar | Isókolon, Párison, Parísosis |
| Caso igual § 27 | Similiter cadens exornatio | Homoióptoton |
| Terminação igual § 28 | Similiter desinens | Homoiotéleuton |
| Agnominação § 29 | Adnominatio | Paronomasía |
| Subjeção § 33 | Subiectio | Eperótesis, Hypophorá |
| Gradação § 34 | Gradatio | Epoikodómesis, Klîmax |
| Definição § 35 | Definitio | Horísmos |

| PORTUGUÊS | LATIM | GREGO |
|---|---|---|
| **Ornamentos de Palavras** | **Verborum Exornationes** | **Schémata Léxeos** |
| Transição § 35 | Transitio | Metábasis |
| Correção § 36 | Correctio | Epanórthosis, Metabolé |
| Ocultamento § 37 | Occultatio | Paráleipsis |
| Disjunção § 37 | Disiunctio | Diezeugménon |
| Conjunção § 38 | Coniunctio | Synezeugménon |
| Adjunção § 38 | Adiunctio | Epezeugménon |
| Reduplicação § 38 | Conduplicatio | Anadíplosis |
| Interpretação § 38 | Interpretatio | Synonymía |
| Comutação § 39 | Commutatio | Antimetabolé |
| Permissão § 39 | Permissio | Epitropé |
| Dubitação § 40 | Dubitatio | Aporía, Diapóresis |
| Expediência § 40 | Expeditio | Diaíresis |
| Desligamento § 41 | Dissolutum | Asýndeton, Diálysis |
| Rescisão § 41 | Praecisio | Aposiópesis |
| Conclusão § 41 | Conclusio | - |

**Tropos**

| | | |
|---|---|---|
| Nomeação § 42 | Nominatio | Onomatopoiía |
| Pronominação § 42 | Pronominatio | Antonomasía |
| Transnominação § 43 | Denominatio | Metonymía |
| Circunlóquio § 43 | Circumitio | Períphrasis |
| Transgressão § 44 | Transgressio | Hyperbatón |
| Superlação § 44 | Superlatio | Hyperbolé |
| Intelecção § 44 | Intellectio | Synedoké |
| Abusão § 45 | Abusio | Katáchresis |
| Translação § 45 | Translatio | Metaphorá |
| Permutação § 46 | Permutatio | Allegoría |

# APÊNDICE 2

| PORTUGUÊS | LATIM | GREGO |
|---|---|---|
| **Ornamentos de Sentenças** | **Sententiarum Exornationes** | **Schémata Dianoías** |
| Distribuição § 47 | Distributio | Diaíresis |
| Licença § 48 | Licentia | Parresía |
| Diminuição § 50 | Deminutio | Antenantíosis, Litótes |
| Descrição § 51 | Descriptio | Diatýposis, Hypotýposis |
| Divisão § 52 | Divisio | Prosapódosis |
| Frequentação § 52 | Frequentatio | Synathroismós |
| Expolição § 54 | Expolitio | Exergasía |
| Comoração § 54 e 58 | Commoratio | Epimoné |
| Contenção § 58 | Contentio | Antíthesis |
| Similitude § 59 | Similitudo | Parabolé, Homoíosis |
| Exemplo § 62 | Exemplum | Parádeigma, Homoíosis |
| Imagem § 62 | Imago | Eikón, Homoíosis |
| Efígie § 63 | Effictio | Charakterismós |
| Notação § 63 | Notatio | Ethopoiía |
| Sermocinação § 65 | Sermocinatio | Diálogoi |
| Personificação § 66 | Conformatio | Prosopopoiía |
| Significação § 67 | Significatio | Émphasis |
| Brevidade § 68 | Breuitas | Syntomía |
| Demonstração § 68 | Demonstratio | Enárgeia |

# Referências bibliográficas

ACHARD, G. (ed.; trad.). *[...]: Rhétorique à Herennius.* Paris: Les Belles Lettres, 1997 [1989].

ALEXANDRE JR., M.; ALBERTO, P. F.; PENA, A. N. (trad.). *Aristóteles: Retórica.* Intr. Manuel Alexandre Jr. Lisboa: INCM, 1998.

ANDERSON JR., R. D. *Glossary of Greek Rhetorical Terms Connected to Methods of Argumentation, Figures and Tropes from Anaximenes to Quintilian.* Leuven: Peeters, 2000.

BAILLY, E. (trad.). *Ciceron: Lettres a Atticus III.* Paris: Garnier Frères, 1939.

BARTHES, R. "A retórica antiga". In: _____ et al. *Pesquisas de retórica.* Petrópolis: Vozes, 1975, pp.147-225.

BAYET, J. (ed.); BAILLET, G. (trad.). *Tite-Live: Histoire Romaine. Livre III.* Paris: Les Belles Lettres, 1942.

BENVENISTE, É. *O vocabulário das instituições indo-europeias.* Trad. D. Bottmann. Campinas: Ed. Unicamp, 1995. 2v.

BORNECQUE, H. (trad.) *[...]: Rhétorique a Hérennius.* Paris: Garnier Frères, 1932.

BRAET, A. C. "Hermagoras and the Epicheireme". *Rhetorica: A Journal of the History of Rhetoric,* Vol. 22, No. 4, Los Angeles: University of California Press, 2004, pp. 327-347.

BRUNA, J. (trad.). Horácio: "Arte Poética". In: _____. *A poética clássica.* São Paulo: Cultrix, 1992.

BUTLER, H. E. (trans.). *Quintilian: Institutio Oratoria.* London; Cambridge (MA): Harvard University Press, 1989. 4 v.

CALBOLI, G. (ed.). *Cornifici Rhetorica ad C. Herennium.* Bologna: Pàtron, 1993 [1969].

CAPLAN, H. (trans.). *[Cicero]: Rhetorica ad Herennium.* Cambridge (MA): Harvard University Press, 1999 [1954].

CARRUTHERS, M. "Rhetorical Memoria in Commentary and Practice". In: Cox, V.; Ward, J. (ed.). *The Rhetoric of Cicero in Its Medieval and Early Renaissance Commentary Tradition.* Leiden; Boston: Brill, 2006. pp. 209-237.

DUBOIS, J. et al. *Retórica geral.* Trad. C. F. Moisés, D. Colombini e E. de Barros. São Paulo: Cultrix, 1974.

ERNESTI. *Lexicon technologiae Latinorum rhetoricae.* Hildeshein: Georg Olms, 1962.

ERNOUT, A.; Meillet, A. *Dictionnaire Étymologique de la Langue Latine: histoire des mots.* Paris: Klincksieck, 1951.

FAIRCLOUGH, H. R. (trans.). *Horace: Satires. Epistles. Ars Poetica.* London; Cambridge (MA): Harvard University Press, 1991.

FALCONER, W. A. (trans.). *Cicero: De Senectute. De Amicitia. De Divinatione*. London; Cambridge (MA): Harvard University Press, 1996.

FARIA, A. P. C.; SEABRA, A. (trad.). *[Cícero]: Retórica a Herênio*. São Paulo: Hedra, 2005.

FIORIN, J. L. "As figuras de pensamento: estratégia do enunciador para persuadir o enunciatário". *Alfa*, Vol. 32, São Paulo: UNESP, 1988, pp. 53-67.

_____. "Semiótica e Retórica". *Gragoatá*, No. 23, Niterói: UFF, jul./dez. 2007, pp. 9-26.

FORTENBAUGH, W.; HUBY, P.; SHARPLES, R.; GUTAS, D. (ed.). *Theophrastus of Eresus, Sources for his Life, Writings, Thoughts & Influence*. 2 vols. Leiden; Boston: Brill, 2005 [1993].

FRAZER, J. G. (trans.). *Ovid: Fasti*. London: William Heinemann; New York: G. P. Putnam's Sons, 1931.

HALM. (ed.). *Rhetores Latini Minores*. Dubuque: Brown reprint library, s.d. [Leipzig: Teubner, 1863].

HANSEN, J. A. "Instituição Retórica, Técnica Retórica, Discurso". *Matraga*, Vol. 20, No. 33, Rio de Janeiro: UERJ, jul./dez. 2013, pp. 11-46.

HELLEGOUARC'H, J. "Gualtiero Calboli, Cornificiana 2. L'autore e la tendenza politica della `Rhetorica ad Herennium'". *Revue des Études Latines,* Vol. 45, Paris: Societé des Etudes Latines; Les Belles Lettres, 1967, pp. 555-557.

HENDRICKSON, G. L. (trans.). Cicero: "Brutus". In: *Cicero: Brutus. Orator*. London; Cambridge (MA): Harvard University Press, 1997.

HINKS, D. A. G. "Tria Genera Causarum". *The Classical Quarterly*, Vol. 30, No. 3-4, Cambridge: Cambridge University Press, 1936, pp. 170–176.

HUBBEL. H. M. (trans.). *Cicero: On Invention. Best Kind of Orator. Topics*. London; Cambridge (MA): Harvard University Press, 1976.

_____. (trans.). Cicero: "Orator". In: *Cicero: Brutus. Orator*. London; Cambridge (MA): Harvard University Press, 1997.

JOCELYN, H. D. *The Tragedies of Ennius. The Fragments Edited with an Introduction and Commentary*. Cambridge: At The University Press, 1967.

KASTER, R. A. (trans.). *Macrobius: Saturnalia*. Books 6-7. London; Cambridge (MA): Harvard University Press, 2011. Vol. 3.

KATZ, J. T. "Testimonia Ritus Italici: Male Genitalia, Solemn Declarations, and a New Latin Sound Law". *Harvard Studies in Classical Philology*, Vol. 98, Cambridge (MA): Harvard University Press, 1998, pp. 183-217.

KELLOGG, G. D. "Study of a Proverb Attributed to the Rhetor Apollonius". *American Journal of Philology*, Vol. 28, No. 3, Baltimore: The Johns Hopkins University Press, 1907, pp. 301-310.

KELLY, G. P. *A History of Exile in the Roman Republic*. Cambridge; New York: Cambridge University Press, 2006.

KENNEDY, G. *The Art of Persuasion in Greece*. Princeton: Princeton University Press, 1963.

KENNEDY, G. *The Art of Rhetoric in the Roman World. 300 B.C.-A.D. 300*. Princeton: Princeton University Press, 1972.

KEYES, C. W. (trans.). *Cicero: On the Republic. On the Laws*. London; Cambridge (MA): Harvard University Press, 2000.

KURY, M. G. (trad.). *Ésquilo: Prometeu acorrentado; Sófocles: Ájax; Eurípedes: Alceste*. Rio de Janeiro: Zahar, 1994.

LAUSBERG, H. *Manual de Retórica Literária*. Versión españhola de José Pérez Riesco. Madrid: Gredos, 1966. 3v.

_____. *Elementos de Retórica Literária*. Trad., pref. e aditamentos de R. M. Rosado Fernandes. 2. ed. Lisboa: Fundação Calouste Gulbenkian, 1972.

Leo, F. (ed.). *Plautus: Plauti Comoediae, recensuit et emendauit Fridericus Leo*. Berlin: Weidmann, 1895.

LOURENÇO, F. (trad.). *Homero: Ilíada*. São Paulo: Penguin; Companhia das Letras, 2013.

MACDONALD, C. (trans.). *Cicero: Orations: In Catilinam I-IV, Pro Murena, Pro Sulla, Pro Flacco*. London; Cambridge (MA): Harvard University Press, 1989.

MADEIRA, E. M. A. "A Lei das XII Tábuas". *Revista da Faculdade de Direito de São Bernardo do Campo*, Vol. 13, São Bernardo do Campo: FDSBC, 2007, pp. 125-138.

MALHADAS, D.; Sarian, H. (trad). *Teofrasto: Os caracteres*. São Paulo: EPU, 1978.

MANFREDINI, A. D. "L'editto 'De coercendis rhetoribus latinis' del 92 a.C". *Studia et documenta historiae et iuris*, Vol. 42, Roma: Pontificia Universitas Lateranensis, 1976, pp. 99-148.

MAROUZEAU, J. *Traité de Stylistique Latine*. 2.a ed. Paris: Les Belles Lettres, 1946.

MARTINS, N. *Introdução à Estilística. A expressividade na Língua Portuguesa*. 2.a ed. São Paulo: T. A. Queiroz Editor, 1997.

MARX, F. (ed.). *Incerti auctoris: De ratione dicendi ad C. Herennium libri IV*, recensuit Fr. Marx. Lipsiae: Teubner, 1894. (*Editio maior*)

_____. (ed.). *Incerti auctoris: De ratione dicendi ad C. Herennium libri IV*, iterum recensuit Fr. Marx. Lipsiae: Teubner, 1923 [1894]. (*Editio minor*)

MAYHOFF, K. F. T. (ed.). *C. Plinius Secundus: Naturalis Historia*. Lipsiae: Teubner, 1906.

MAZZOCATO, G. D. (trad.). *Tacito: Dialogo degli oratori*. Roma: Newton Compton, 1995.

MILLER, W. (trans). *Cicero: De Officiis*. Cambridge (MA): Harvard University Press, 1994.

MOLINIÉ, G. *Dictionnaire de Rhétorique*. Paris: Librairie Genérale Française, 1992.

MONTEFUSCO, L. C. "Omnis autem argumentatio... aut probabilis aut necessaria esse debebit (Cic. Inv. 1.44)". *Rhetorica: A Journal of the History of Rhetoric*, Vol. 16, No. 1, Los Angeles: University of California Press, 1998, pp. 1-24.

NASCENTES, A. *Dicionário Etimológico da Língua Portuguesa*. Rio de Janeiro: Francisco Alves, 1955. p. 493.

NUNES, C. A. (trad.). *Platão: Protágoras*. Belém: Editora da UFPA, 2002.
_____. (trad.). *Platão: Fedro*. Belém: Editora da UFPA, 2016.
NÚÑEZ, S. (trad.). *[...]: Retórica a Herenio*. Introducción, traducción y notas de Salvador Núñez. Madrid: Gredos, 1997.
OLIVA NETO, J. A. "Introdução". In: *Catulo: O Livro de Catulo*. Intr., trad. e notas de J. A. Oliva Neto. São Paulo: Edusp, 1996.
PABÓN, J. M. (ed.; trad.). Salustio: "Bellum Jugurtinum". In: *Salustio: Catilina y Jugurta*. Barcelona: Alma Mater, 1956. Vol. II.
PERELMAN, C.; OLBRECHTS-TYTECA, L. *Tratado da argumentação: a nova retórica*. Trad. M. E. G. G. Pereira. São Paulo: Martins Fontes, 1996.
PERNOT, L. "Lieu et lieu commun dans la rhétorique antique". *Bulletin de l'Association Guillaume Budé*, No. 3, Paris: Association Guillaume Budé; Les Belles Lettres, oct., 1986. pp. 253-284.
PERRIN, B. (trans.). *Plutarch: Plutarch's Lives. Agis and Cleomenes. Tiberius and Gaius Gracchus. Philopoemen and Flamininus*. London: William Heinemann; New York: G. P. Putnam's Sons, 1921. Vol. X.
RACKHAM, H. (trans.). *Cicero: De Oratore* (III). *De Fato. Paradoxa Stoicorum. De Partitione Oratoria*. London; Cambridge (MA): Harvard University Press, 1942.
_____. (trans.). *Cicero: Nature of Gods. Academics*. London; Cambridge (MA): Harvard University Press, 2000.
REYES CORIA, B. (trans.). *[Auctor Desconocido]: Retórica a Herenio*. Introducción, traducción y notas de Bulmaro Reyes Coria. Mexico D.F.: UNAM, 2010.
ROUCHE, M. "Alta idade média ocidental". In: Ariès, P.; Duby, G. *História da vida privada: do Império Romano ao ano mil*. São Paulo: Companhia das Letras, 1989. pp. 451-452.
RUSSELL, D. A.; Wilson, N. G. (ed.; trans.). *Menander Rhetor. A Commentary*. Oxford: At the Clarendon Press, 1981.
RUSTEN, J.; CUNNINGHAM, I. C.; KNOX, A. D. (trans.). *Theophrastus: Characters. Herodas: Mimes. Cercidas and the Choliambic Poets*. London; Cambridge (MA): Harvard University Press, 1993.
SALTETTO, E. *Problemi Aristotelici nei Secondi Miscellanea di Angelo Poliziano: "universale" ed "entimema"*. Tesi di dottorato, Università Ca'Foscari, Veneza, 2015.
SINGER, C. (trans.). *Galen: On Anatomical Proceadures*. London: Oxford University Press for the Wellcome Historical Medical Museum, 1956.
SMALL, J. P. *Wax Tablets of the Mind: Cognitive Studies of Memory and Literacy in Classical Antiquity*. London: Taylor & Francis e-Library, 2005.
SOARES BARBOSA, J. (trad.). *Quintiliano: Instituições Oratórias*. São Paulo: Cultura, 1944. 2 t.
SOUSA, E. (trad.). *Aristóteles: Poética*. Intr., trad. e comentários de Eudoro de Sousa. Lisboa: INCM, 1994.

SUTTON, E. W.; RACKHAM, H. (trans.). *Cicero: De Oratore* (I-II). London; Cambridge (MA): Harvard University Press, 1996.

TEIXEIRA, C. (trad.). *Plauto: As duas Báquides*. Lisboa: Faculdade de Letras da Universidade de Coimbra; INCM, 2006.

TORRANO, J. A. A. (trad.). *Hesíodo: Teogonia. A Origem dos Deuses*. São Paulo: Iluminuras, 1995.

TORRES FILHO, R. R. (trad.). "Crítica do Juízo, § 43-54". In: Kant: *Crítica da razão pura e outros textos filosóficos*. São Paulo: Abril Cultural, 1974.

VALENTÍ, E. (trad.). *Lucrecio: De la naturaleza*. Barcelona: Alma Mater, 1961. Vol. II.

VALLANDRO, L.; Bornhein, G. (trad.). Aristóteles: "Ética a Nicômaco". In: *Aristóteles*. Trad. de versão inglesa. São Paulo: Abril Cultural, 1973.

_____. (trad.). Aristóteles: "Tópica". In: *Aristóteles*. Trad. de versão inglesa. São Paulo: Abril Cultural, 1973.

VOLLMER, F. "Fragor". *Thesaurus Linguae Latinae*: 6.1.1233. Lipsiae: Teubner, 1921.

WALLIES, M. (ed.) *Alexandri Aphrodisiensis: Aristotelis Topicorum libros octo comentaria*. Berolini: Maximilianus Wallies, 1891.

WARMINGTON, E. H. (trans.). *Remains of Old Latin I. Ennius. Caecilius*. London; Cambridge (MA): Harvard University Press, 1935.

_____. (trans.). *Remains of Old Latin II. Livius Andronicus, Naevius, Pacuvius and Accius*. London; Cambridge (MA): Harvard University Press, 1936.

_____. (trans.). *Remains of Old Latin IV. Archaic Inscriptions*. London; Cambridge (MA): Harvard University Press, 1993 [1940].

WATTS, N. H. (trans.). *Ciceron: The Speeches: Pro Archia Poeta, Post Reditum in Senatu, Post Reditum ad Quirites, De Domo Sua, De Haruspicum Responsis, Pro Plancio*. London: William Heinemann; New York: G. P. Putnam's Sons, 1923.

WINTERBOTTOM, M. (trans.). *Seneca, the Elder: Declamations*. London; Cambridge (MA): Harvard University Press, 1999. 2v.

YATES, F. A. *A arte da memória*. Trad. F. Bancher. Campinas: Ed. Unicamp, 2007.

## Sobre as tradutoras

Adriana Seabra é doutora em Educação pela Universidade de São Paulo (USP) e mestre em Letras Clássicas pela mesma universidade; especialista em Teoria Psicanalítica pela Pontifícia Universidade Católica (PUC). Leciona Língua Portuguesa na Escola DIEESE de Ciências do Trabalho, atende como psicanalista em consultório particular e pratica a psicanálise em instituições.

Ana Paula Celestino Faria formou-se em Filosofia pela Universidade de São Paulo (USP) e, na mesma universidade, obteve o título de mestre em Letras Clássicas. Foi professora adjunta na Universidade Paulista (UNIP), chefe da divisão de cultura da Secretaria de Cultura e Turismo de Bragança Paulista e, atualmente, é operadora didática da Reverenda Fábrica de São Pedro, no Vaticano.

Este obra foi composta em tipologia Gentium Book Plus, corpo 10/14,5, no formato 13,8 x 21 cm, com 336 páginas, e impressa em papel Pólen Natural 80 g/m² (miolo) pela Lis Gráfica. São Paulo, junho de 2024.